高等院校交通运输类"十三五"系列教材
"新工科"创新型卓越人才培养系列教材

交通运输设备

主　编◎周桂良　许　琳　　副主编◎吴鼎新　毛丽娜

JIAOTONG YUNSHU SHEBEI

华中科技大学出版社
http://press.hust.edu.cn
中国·武汉

…编目(CIP)数据

…输设备/周桂良,许琳主编.—武汉:华中科技大学出版社,2019.12(2025.2重印)
 978-7-5680-4217-8

①交… Ⅱ.①周… ②许… Ⅲ.①交通运输工具-高等学校-教材 Ⅳ.①U491

中国版本图书馆CIP数据核字(2019)第275595号

交通运输设备
Jiaotong Yunshu Shebei

周桂良 许 琳 主编

策划编辑：张 毅	
责任编辑：狄宝珠	
封面设计：廖亚萍	
责任监印：朱 玢	
出版发行：华中科技大学出版社(中国·武汉)	电话：(027)81321913
武汉市东湖新技术开发区华工科技园	邮编：430223
录　　排：武汉三月禾文化传播有限公司	
印　　刷：武汉市洪林印务有限公司	
开　　本：787mm×1092mm　1/16	
印　　张：17	
字　　数：432千字	
版　　次：2025年2月第1版第4次印刷	
定　　价：52.80元	

本书若有印装质量问题,请向出版社营销中心调换
全国免费服务热线：400-6679-118　竭诚为您服务
版权所有　侵权必究

前 言

作为国民经济的基础设施和支柱产业,交通运输业对促进经济社会的发展具有至关重要的作用。现代化交通运输主要有铁路、道路、水路、航空和管道等五种运输方式,它们各自具有不同的技术经济特征与适用范围。交通运输设备是各种交通运输正常运行的必需物质基础和技术条件。随着交通运输业的发展、科学技术的进步和社会需求的变化,各种运输方式的技术装备和组织工作不断更新,技术经济性能的应用也在不断变化。因此,交通运输设备教学内容需要不断更新和完善。

为适应交通运输业的快速发展,满足交通运输专业人才培养需求,本书结合国内外交通运输的发展和要求,紧密结合相关行业发展的状况,完整地介绍了各运输方式的设施设备及相关技术标准。本书的主要特色如下。

1. 主线清晰,结构合理,系统性强

现代化交通运输主要有道路、铁路、水路、航空和管道等五种运输方式,本书用5个章节对与上述运输方式相关的运输设备进行详细介绍,不仅增强了学科的完整性和系统性,而且有利于读者系统学习和查阅。

2. 定位明确,实用性好,操作性强

本书以培养交通运输设备管理与使用实践型专业人才为目标,首先对交通运输设备从基本类型、基本构造、工作原理、技术参数、性能特点及选配使用等多方面进行介绍,内容丰富,图文结合,并在每章开始时列出本章教学目标和重难点,然后导入开篇案例进行思考式学习,最后结尾处附有一定量的复习思考题。这样本书既适合普通高校本专科学生使用,也适合从事交通运输相关专业的人员自学或参考。

3. 反映交通运输行业新技术成果和装备

为了反映当下交通运输设备的先进性,本书对交通运输业的新技术和新设备进行了详细叙述,如智轨列车、奔驰 Future Bus 自动驾驶公交车、奔驰 Future Truck 2025 Concept 长途货运车辆、Navya Arma 无人驾驶电动巴士、nuTonomy 无人驾驶出租车、真空管道磁悬浮星际列车等。此外,为了适应交通运输设备的发展,特编写了仿真技术在各种交通运输设备中应用的内容,以此增加本书学习的前瞻性和综合性。

全书共分为八章:周桂良编写第一、二章;吴鼎新编写第四章;毛丽娜编写第七章;第三章由周桂良、吴鼎新共同编写;第五章由毛丽娜、周桂良共同编写;第六章由许琳、吴鼎新、毛丽娜共同编写;第八章由许琳、周桂良共同编写。另外,张丽媛、张艳琳、王硕、凌苗苗、尤星达、潘伟镇等同学在前期资料收集方面做了大量工作。最后,全书由周桂良和许琳负责统稿并定稿。

本书编写过程中,参考了一些资料,具体见参考文献,在此对其作者表示诚挚的谢意。

由于交通运输业处于快速发展期,技术装备日新月异,同时交通运输设备种类繁多,资料收集很难做到齐全和最新,再加上编者水平有限,编写时间仓促,书中技术资料和数据肯定存在不足之处,在此敬请大家见谅,亦恳请大家多提宝贵意见并批评指正,以期在下一版修订时完善。

编 者

目录

第一章	绪论	1
第一节	交通运输设备的种类、特征及作用	3
第二节	交通运输设备的现状及发展趋势	10
第二章	道路运输设备	13
第一节	道路运输概述	14
第二节	公路线路	19
第三节	高速公路	36
第四节	道路运输车辆	41
第三章	铁路运输设备	72
第一节	铁路运输概述	73
第二节	铁路线路	77
第三节	铁路车站	99
第四节	铁路车辆	101
第五节	铁路机车	123
第六节	铁路信号与通信设备	133
第四章	水路运输设备	143
第一节	水路运输概述	144
第二节	航道	147
第三节	港口	149
第四节	船舶	156
第五节	航标	169
第五章	航空运输设备	176
第一节	航空运输概述	177

第二节	机场	180
第三节	飞机	183
第四节	通信与导航设备	192
第五节	航路、航线、航班	197

第六章 管道运输设备 200

第一节	管道运输概述	201
第二节	输油管道运输设备	206
第三节	输气管道运输设备	214
第四节	固体料浆管道运输设备	218
第五节	管道运输装备的维护与管理	222

第七章 仿真技术在交通运输设备中的应用 228

第一节	铁路运输设备仿真应用	229
第二节	城市轨道交通运输设备仿真应用	231
第三节	道路运输设备仿真应用	235
第四节	水路运输设备仿真应用	237
第五节	航空运输设备仿真应用	241
第六节	管道运输设备仿真应用	244

第八章 前沿交通运输设备 247

第一节	智轨列车	248
第二节	奔驰 Future Truck 2025 Concept 长途货运车辆	251
第三节	奔驰 Future Bus 自动驾驶公交车	253
第四节	Navya Arma 无人驾驶电动巴士	257
第五节	nuTonomy 无人驾驶出租车	258
第六节	真空管道磁悬浮星际列车	260

参考文献 264

第一章 绪 论

【教学目标】

(1) 了解交通运输设备的种类及特征。
(2) 理解交通运输设备在交通运输业及社会经济发展中的作用。
(3) 熟悉交通运输设备的发展历程及发展现状。
(4) 掌握交通运输设备的发展趋势。

【教学重难点】

(1) 交通运输设备的种类及特征。
(2) 交通运输设备的发展趋势。

【案例导入】

国际大型综合交通枢纽——上海虹桥综合交通枢纽

上海虹桥综合交通枢纽汇集"轨、路、空"(轨—高铁、城际铁、磁悬浮、地铁等各种轨道类交通;路—公交、长途、出租车、社会车辆等各种路面交通;空—上海虹桥国际机场,航空运输)各种交通方式于一体,设置了4个快速高架系统出入口共24条车道、9个地面道路出入口共38条车道,并与城市道路系统紧密连接,成为一个城市特大型综合交通枢纽。

1. 缘起

上海航空港、高铁站房、磁浮车站的建设为上海虹桥综合交通枢纽的规划提供了契机。上海机场总体规划修编规定了要对虹桥机场进行扩建。早在20世纪80年代末就有在既有虹桥机场西侧新建第二跑道和西航站楼的计划,并预留了规划控制用地。这一规划控制用地为今天的上海虹桥综合交通枢纽建设创造了条件。2005年2月,上海机场(集团)有限公司邀请国内外4家设计单位参加上海虹桥国际机场总体规划修编方案竞赛,明确了扩建西跑道和西航站楼。这次规划的一个突出成果就是,将1993年规划的1 700 m远距离跑道改变为365 m近距离跑道,从而腾出了机场西侧大约7 km²的土地,为上海虹桥综合交通枢纽的建设与发展提供了可能。"863计划"提出修建沪杭城际磁浮线,后获国家批准;而为了建设上海国际航空港,并满足世博会客流集散的需要,上海市提出建设机场磁浮快线,将市内的磁悬浮继龙阳路向西延伸,经世博会站、上海南站至上海虹桥国际机场。沪杭城际磁浮线与机场磁浮快线将同时引入上海虹桥综合交通枢纽。以上三大契机促成了上海虹桥综合交通枢纽的开发。

2. 区域发展功能定位

根据综合研究结果,上海虹桥综合交通枢纽区域发展功能主要定位如下。

(1) 以交通枢纽为特征,成为长三角重要的城市网络节点。

上海虹桥综合交通枢纽最基本的职能是综合交通功能。枢纽中高铁、磁浮、航站楼等拥有的交通功能,将加强长三角城市间的交流,密切联系全国各省市,使上海虹桥综合交通枢纽成为长三角重要的交通中心。上海虹桥综合交通枢纽特殊的交通功能和地理位置将使其成为长三角城市网络中的关键性节点。

(2) 以商务开发为特征,成为面向长三角和全国的商务中心。

上海虹桥综合交通枢纽除了交通建筑以外,还有约 2 700 000 m^2 的商务开发区,商务开发区主要面向长三角的企业或企业总部,上海虹桥综合交通枢纽将成为上海企业服务长三角、辐射全国乃至世界的商务中心。

(3) 以现代化服务业为特征,成为上海重要的现代化服务业集聚区之一。

上海虹桥综合交通枢纽以交通设施为载体,将带来大量的知识、信息、技术等的流动,吸引高度依托于航空、铁路发展的现代产业集聚,成为上海的区域性专业服务集聚区,如 IT 产业、研发中心、临空制造基地、航空服务中心、物流中心、采购中心等,并将间接带动周边地区相关现代服务业的集聚和发展,形成向城市西部发展的轴线,从而进一步完善现代服务业城市空间发展格局。

3. 上海虹桥综合交通枢纽超大型综合轨道综合体分析

(1) 轨道交通综合体是大客流运输的重要保证。

上海虹桥综合交通枢纽的功能是多方面的,包括对长三角地区社会发展的综合促进作用,但其中最直接的功能是交通运输功能。

(2) 上海虹桥轨道交通综合体的创新和高度集成。

上海虹桥轨道交通综合体具有高度集成特性。枢纽内汇集了包括京沪高速铁路、沪宁城际铁路、沪杭客线等高等级铁路。枢纽内汇集了 5 条城市轨道交通线,这些线路与市内其他轨交相连接,方便快捷。枢纽同时汇集了机场快速、沪杭城际等磁浮线,并预留了建设沪宁磁浮线的可能。加上机场、长途汽车、30 条城市线路公共巴士、出租车、各种社会车辆等多种交通,共同形成综合交通系统,使整个枢纽的集聚效应大大增强。

(3) 上海虹桥轨道交通综合体工程的经济性。

上海虹桥综合交通综合体工程坚持以人为本,方便换乘,减少土地使用,提高配套资源利用率,降低运营成本。轨道交通与航空、公交、出租、长途等紧密衔接,提高了换乘的效率,节省了旅客的出行成本,提高了旅客出行的舒适度。通过功能优化设计,将各种交通建筑有机地结合在一起,节约土地。土地资源集约化节省了征地拆迁成本,配套设施共同使用减少了道路、水务、电力、燃气、绿化、环卫、环保、防灾等配套系统的重复建设;通过共享配套服务设施系统,不仅满足了枢纽内各种交通功能配套需要,也降低了枢纽整体的运行成本。

【思考题】

作为高速铁路、城际和城市轨道、公共汽车、出租车及航空港紧密衔接的国际一流的现代化综合交通枢纽,上海虹桥综合交通枢纽推动了长三角地区经济发展,满足了现代物流业的需要。结合本案例,从多种角度谈谈各种交通运输设备对社会发展的作用。

第一节　交通运输设备的种类、特征及作用

交通运输在人类社会生活中占有极为重要的地位，是国民经济活动和社会发展必不可少的重要组成部分，对保障国民经济持续健康发展、提高人民生活水平、促进国土开发和国防建设，具有极其重要的作用。

现代化交通运输方式主要有道路运输、铁路运输、水路运输、航空运输、管道运输五种。这五种交通运输方式各有其技术经济特征与适用范围，如表1-1所示。因此，只有综合协调发展各种交通运输方式，充分发挥各种交通运输方式的优势，扬长避短，才能最大限度地节省运输建设投资和运输费用，而且为各种交通运输方式的加速发展和提高服务质量提供条件。

表1-1　五种交通运输方式的主要技术经济特征与适用范围

交通运输方式	主要技术经济特征	适用范围
道路运输	机动、方便、中速、规模小	专业运输、零担运输、短途运输、集运与分送、支线运输、枢纽内及地方运输
铁路运输	规模大、能耗低、安全、舒适、适用性较强、中、高速	大宗货物和一般货物的长中途运输、城市间运输
水路运输	运量大、能耗低、投资省、速度慢、适用性弱	大件低档货物运输、单位时间价值低的旅客的运输
航空运输	运量小、能耗大、高速、舒适	单位时间价值高的旅客的运输、单位体积价值含量高的货物的运输、中长距离运输
管道运输	流程连续、安全、可靠，对运输对象有特定要求	总运量及日运量大的不间断液体货物或固体悬浮物的运输

一、交通运输设备的种类

交通运输是人类社会生存发展最基本的需求之一。自古以来，人们就把衣、食、住、行列为生存的四大基本要素。交通运输承担人员流动与物资流通双重职能，是人们参与社会精神及物质财富创造的重要环节。运输生产的目标不在于改变载运对象的性质和形态，而是通过位移改变其在空间的位置。交通运输设备是实现交通运输职能的物质载体与保障。

现代化交通运输主要包括铁路运输、道路运输、水路运输、航空运输和管道运输等方式。交通运输设备按照不同运输方式应用领域划分，可以分为铁路运输设备、道路运输设备、水路运输设备、航空运输设备和管道运输设备；按照设备的技术经济特征与用途划分，可以分为固定设备或基础设施（如港站、线路、桥隧等）、移动设备或载运工具（如机车、汽车、飞机、轮船等）、通信控制设备（如各种固定和移动通信设备、监控管理设备）等；按照设备服务对象的属性划分，可以分为客运设备、货运设备；按照设备的不同动力发展阶段，可以分为原始自然畜人力设备、机械电气化设备、综合智能生态型设备等；按照设备的环保属性，可以分为环保型设备、普通型设备等。

（一）道路运输设备

1. 公路运输系统

公路运输系统主要包括客货运车辆、公路及客货运站场等附属设施。公路由路基、路面、桥

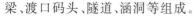

梁、渡口码头、隧道、涵洞等组成。

2. 高速公路

高速公路是专供汽车高速分向、分道行驶，并全线控制出入的干线公路。高速公路设计通常有双向四车道、双向六车道、双向八车道等。双向四车道高速公路设计年限的平均昼夜交通流量为 25 000～55 000 辆；双向六车道高速公路设计年限的平均昼夜交通流量为 45 000～80 000 辆；双向八车道高速公路设计年限的平均昼夜交通流量为 60 000～100 000 辆。我国国家高速公路是国道网的重要组成部分。

3. 客货运站场

公路客货运站场是办理公路客、货运输业务及保管、保修车辆的场所，是汽车运输企业的技术基地，是公路运输网点的重要组成部分。客运站是从事客运业务的基本营运单位，是兼有公益事业与运输企业两重性的特殊服务单位。我国公路客运站分为四个等级。

4. 公路运输车辆

汽车是公路运输中重要的运载工具。汽车总体构造由发动机、底盘、车身和电气设备四个部分组成。发动机是汽车的动力装置，燃料燃烧后产生动力，然后通过底盘的传动系驱动汽车行驶。底盘是汽车的基础装置，接受发动机的动力使汽车产生运动，并保证正常行驶。车身安装在底盘车架上，用以安置驾驶员、乘客和货物。

(二) 铁路运输设备

1. 铁路线路

铁路线路是列车运行的基础，由路基、轨道及桥隧建筑物组成。铁路线路按照轨距分为准轨、宽轨和窄轨；按照线路的用途分为正线、站线、段管线、岔线、安全线和避难线；按照区间线路数量分为单线、双线和多线。

2. 铁路车站

铁路车站是办理旅客运输和货物运输的基地，也是铁路和旅客、货主联系的纽带。车站按其主要用途和设备的不同，从业务性质角度可以分为货运站、客运站和客货运站；按技术作业性质不同可以分为中间站、区段站和编组站，编组站和区段站统称为技术站；按客货运量和技术作业量的大小以及铁路网上的地位，可以分为特等站和一、二、三、四、五等站。

3. 铁路车辆

铁路车辆是运送旅客和货物的工具。一般的铁路车辆没有动力装置，必须把车辆连挂成列，由铁路机车牵引才能沿线路运行。铁路车辆一般由车体及车底架、走行部、车钩缓冲装置、制动装置、铁路车辆内部设备五个基本部分组成。车体是旅客乘坐或装载货物的部分；走行部引导车辆沿轨道运行，把车辆的重力和货物重力传给钢轨，保证车辆以最小的阻力在轨道上运行；车钩缓冲装置使铁路机车和铁路车辆或铁路车辆和铁路车辆连挂在一起，传递牵引力和制动力，缓和列车运行或者调车作业时所产生的冲击力；制动装置是用外力迫使运行中的铁路机车和铁路车辆减速或停车的一种设备，是列车安全、正点运行的重要保证。

4. 铁路机车

铁路机车是铁路运输的牵引动力，铁路客车或货车连挂成为车列，由铁路机车牵引沿着钢轨运行。在车站，铁路车辆的转线以及货场取送铁路车辆等各项调车作业都由铁路机车完成。铁路机车类型很多，按运用分为客运机车、货运机车、调车机车；按牵引动力分为蒸汽机车、内燃机车、电力机车等。采用电力机车牵引的铁道称为电气化铁道。电气化铁道由牵引供电系统和电力机车两部分组成。电力机车目前已成为各国主要的牵引动力,电力机车的牵引动力是电能,但电力机车本身没有原动力,而是依靠外部供电系统供应电力,并通过牵引电动机驱动列车前进。

5. 铁路信号与通信设备

铁路信号设备是保证行车安全、提高运输效率的重要技术装备,包括铁路信号、联锁设备、闭塞设备。铁路信号技术正逐步实现微机化、综合化、集成化和智能化。铁路通信设备是指挥列车运行、组织铁路运输生产和联络铁路业务并且能迅速、准确地传输各种信息的通信系统。铁路通信设备逐渐趋于迅速、准确、安全、可靠,使全国铁路的通信系统成为一个完善与先进的铁路通信网。

6. 铁路信息化综合管理系统

铁路信息化是铁路运输现代化的主要标志。铁路信息化综合管理系统主要包括铁路运输管理信息系统、铁路运营管理信息系统、货票信息管理系统、确报管理信息系统、集装箱追踪系统、运输调度指挥管理信息系统、车号自动识别系统、客票发售和预订系统、车站管理信息系统等。

(三) 水路运输设备

1. 水路运输系统

水路运输系统由船舶、港口、各种基础设施和服务设施组成。水路运输设备系统主要包括水路运输技术设施和水路运输运载工具。水路运输技术设备主要包括航道、港口、船舶及通信导航设施等。现代港口是具有仓储运输、商业贸易、工业生产和社会服务功能的现代化综合性的工商业中心和集海、陆、空运输为一体的立体交通运输枢纽。水路运输运载工具主要包括船、筏等。

2. 航道

航道是在江河、湖泊、海洋、港湾等水域内供船舶安全航行的通道,由可通航水域、助航设施和水域条件组成。现代水上航道已不仅是天然航道,而是包括人工水道、运河、进出港航道以及保证航行安全的航行标志系统和现代通信导航设备系统在内的工程综合体。航道有国家航道、专用航道和地方航道等。我国航道由高到低分七个等级。影响航道通行能力的主要因素包括航道深度、航道宽度、转弯半径、水流速度、潮汐及季节性水位变化等。

3. 港口

港口通常是由人工建筑而成的,具有完备的船舶航行、靠泊条件和一定的客货运设施的区域,是供船舶安全进出和停泊的运输枢纽。港口由水域以及水工建筑物等组成。港口水域包括港外水域和港口内水域;陆域包括码头、泊位、仓库、堆场、起重运输机械、辅助生产设施和铁路及道路等。港口设施的作业分为船舶航行作业、装卸作业、货物储存以及集疏运四大部分。现代港口装卸工作由各式各样的机械来完成。

4. 船舶

船舶是水上运输的工具。船体结构主要有船壳、船体骨架、甲板、船舱和船面建筑五个部分构成。船舶的主要技术指标包括船舶的吨位、船舶的航速与载重线和船舶的尺度。船舶有客船、货船和客货船。船舶动力装置是保证船舶推进及其他提供各种能源的全部动力设备。船舶动力装置由推进装置、辅助装置、管路系统、甲板机械及自动化设备组成。船舶其他设备主要包括舵设备、锚设备、系泊设备、起货设备、救生设备等。

5.航标

航标是帮助引导船舶航行、船舶定位和标示碍航物与表示警告的人工标志。航标包括过河标、沿岸标、导标、过渡导标、首尾导标、侧面标、左右导航标、示位标、泛滥标和桥涵标等。航标设置在通航水域及其附近,用以表示航道、锚地、碍航物、浅滩等,或作为定位、转向的标志等。航标也用以传送信号,如标示水深、预告风情、指挥狭窄水道交通等。

船舶自动识别系统是一种新型的集网络技术、现代通信技术、计算机技术、电子信息显示技术为一体的数字助航系统。航标遥测遥控系统是集现代网络技术、电子海图技术、GPS技术、通信技术和数字处理技术为一体的导航系统。船舶远程识别与跟踪系统通过从船载自动识别系统(AIS)中提取数据,结合全球海上遇险和搜救系统提供的数据,实现船舶的远程识别与跟踪。

(四)航空运输设备

1.航空港

航空港俗称机场。机场是供飞机起飞、着陆、停驻、维护、补充给养及组织飞行保障活动所用的场所。机场主要由飞行区、航站区及进出机场的地面交通系统构成。航空港内的服务设施主要包括客、货运输设施,有候机楼、货运站等。大型的航空港还配有商务、餐饮、娱乐等附属设施。航站区是飞行区与机场其他部分的交接部。航站区设备包括航站楼助航设施、地面活动引导和管制系统、地面特种车辆和常务设备。

2.飞机

飞机是航空运输的主要运载工具。民用飞机主要是指民用的客机、货机和客货两用飞机。飞机由机身、机翼、尾舵起落装置、动力装置、操纵系统等组成。飞机系统有操纵系统、燃油系统、液压传动系统、空调系统、防冰系统;机载设备有指示飞行状况设备、发动机仪表设备、导航设备、通信设备。飞机的主要技术参数包括机长、机高、翼展、最大起飞质量、最大着陆质量、空机质量、转弯半径等基本参数以及商务重载、航段燃油、巡航速度、爬升速度、升限、最大平飞速度、航程和续航时间等性能参数。

3.通信与导航设备

民航客机的通信设备包括高频通信系统(HF)、甚高频通信系统(VHF)、选择呼叫系统(SELCAL)。导航设备的任务是确定飞机飞行中所在的位置,以及确定飞机的飞行方向,导航方法有目测导航、定点推算导航、天文导航、无线电导航和卫星导航等。空中交通管理信息系统包括为保证飞行安全及提高空域和机场飞行区的利用效率而设置的各种助航设备和空中交通管制机构及规则。空中交通管制机构及规则包括飞行层的配备、垂直间隔和水平间隔的控制等内容。

4.航路、航线和航班

航路是政府有关部门批准使飞机能够在地面通信导航设施的指挥下沿着一定高度、宽度和方向在空中飞行的空域,是多条航线共用的公共空中通道。航线是飞机飞行的路线,由飞行的起点、经停点、终点等要素组成。航班是指飞机定期由始发站按规定的航线起飞,经过经停站至终点站或不经经停站直达终点站的运输飞行。

(五) 管道运输设备

1. 输油管道运输设备

输油管道运输是管道运输的后起之秀,正在成为成品油运输的重要方式。输油管道由油管及其附件组成。按照工艺流程的需要,配备相应的油泵机组,可将输油管道设计安装成一个完整的管道运输系统,以完成油料接卸及输转任务。输油管道的主要设备包括离心泵与输油泵站、输油加热炉与储油罐、清管设备与计量标定装置、管线以及附件和配件等。输油系统一般采用有缝或无缝的钢管,大口径者可采用螺旋焊接钢管。

2. 输气管道运输设备

输气管道是将天然气从开采地或处理厂输送到城市配气中心或工业企业用户的管道。输气管道运输系统包括矿场集气管网、干线输气管网、城市配气管网、相关站场等。天然气从气田井口装置,经矿场集气、净化、干线输送,再由配气管网到用户,形成一套统一、密闭的输气系统。输气管道可分为集气管道、输气管道、配气管道三类,主要设备包括集气设备、输气站、输气干线和城市配气设备等。

3. 固体料浆管道运输设备

固体料浆管道运输设备是将固体破碎成粉粒状,与适量的液体配制成浆液,利用管道进行长距离输送的运输设备。目前固体料浆管道主要用于输送煤、赤铁矿、磷矿、铜矿、铝矾土和石灰石等。固体料浆管道的基本组成部分与输气管道、输油管道大致相同,就是增加一些制浆、脱水干燥设备。固体料浆管道运输系统包括浆液供应系统、制浆厂、干线管道、中间加压泵站、浆液后处理系统等部分。长距离、大输量的固体浆料管道采用浆液输送工艺。

二、交通运输设备的特征

交通运输设备的技术经济特征包括送达速度、运输成本、投资水平、运输能力、能源消耗、运输的通用性与机动性、对环境的影响程度等。尽管不同交通运输设备的技术经济特征差别很大,但从其服务于不同交通运输方式的功能来看,它们仍然具有很强的共性。

(一) 道路运输设备

道路运输是现代运输的主要方式之一,道路运输设备的主要优点是机动、灵活,而且对客运量、货运量大小具有很强的适应性。道路运输设备中道路及场站建设的适应性很强,移动设备汽车运输灵活方便,可实现"门到门"的直达运输,不需要中途倒装,既加速了中、短途运输的运达速度,又加速了货物资金周转速度,有利于保持货物的质量和提高客货的时间价值。道路运输还可担负铁路运输、水路运输达不到的区域内的运输,是补充和衔接其他交通运输的有效手段。短途运输中,汽车客运速度明显高于铁路,但在长途运输业务方面,道路运输有着难以弥补的缺陷:第一是耗用燃料多,途中费用过高;第二是机器磨损大,折旧费和维修费用高;第三是公路运输所耗用的人力多,如一列列车车组人员只需几个人,若运送同样重量的货物,则需配备几百名司机。总之,与其他交通运输设备相比,道路运输设备(高速公路运输设备除外)投资少、资金周转快、投资回收期短,且技术改造较容易。

(二) 铁路运输设备

铁路运输是一种利用轨道导向的运输方式,与其他各种现代化运输方式相比较,具有运输能力大、能够负担大量客货运输的优点,除场站、线路、信号灯明显表现的轨道特征外,在轨道上运行的移动设备列车,载运货物和旅客的能力远比汽车和飞机大得多。速度快是该方式的另一特点,常规铁路的列车运行速度一般约为 80 km/h,而在高速铁路上运行的旅客列车时速目前可达 350 km/h。铁路货运速度比客运慢些,每昼夜的平均货物送达速度比水运快。此外,铁路运输成本也比公路、航空运输成本低,运距愈长,运量愈大,单位成本就愈低。铁路运输设备一般能保障该运输方式全天候运营,受气候条件限制较小,同时具有安全和可靠性高的优点。由于铁路运输设备的这些技术经济特征,铁路运输极适合幅员辽阔的大陆国家,适合用于运送常用的、稳定的大宗货物,适合用于运送中长距离的货物运输以及满足城市间的旅客运输的需要。值得指出的是,随着城市交通系统的发展,城市轨道交通以其准确、低耗、大容量、快速、便捷等特点得到人们的青睐,已成为城市交通系统的重要组成部分与发展的重点之一。

(三)水路运输设备

水路运输及其设备具有占地少、运量大、投资省、运输成本低等特点,在运输长、大、重件货物时,与铁路运输、公路运输相比,水路运输更具有其突出的优点。水路运输设备可以完成铁路、公路无法承担的对过重、过长的大重件货物运输。对大宗货物的长距离运输,水路运输设备更是表现出其最经济的一面。港站设备具有完成水路运输乘客的集散、物质装卸与仓储职能,航道与导航设备能保障运输通道的畅通,船舶设备具有完成水路运输的载运职能,但水路运输设备的综合系统特征又导致该种交通运输方式运输速度通常比铁路运输慢,而且受自然条件的限制较大,冬季河道或港口冰冻时即须停航,海上风暴也会影响其正常航行。

(四)航空运输设备

航空运输在 20 世纪迅速崛起,是运输行业中发展最快的行业。航空运输设备与其他运输设备相比,除港站、航路与导航设备外,还具有能实现空中飞行的移动设备。飞机最大的特点是速度快,并具有一定的机动性。在当今的时代,高速性具有无可比拟的特殊价值。现代的喷气运输机,时速一般在 900 km/h 左右,比铁路列车快 5~10 倍,比海轮快 20~25 倍。航空运输设备的这些特点,使该种交通运输方式不受地形地貌、山川河流的限制,只要有机场并有航路设施保证,即可开辟航线,如果用直升机运输,则机动性更大。当然,航空设备特别是飞机的特点也导致该种交通运输方式载运能力小、能源消耗大和运输成本较高。

(五)管道运输设备

管道运输是使用管道设备输送流体货物的一种交通运输方式。它随着石油工业发展而兴起,并随着石油、天然气等流体燃料需求的增加而发展,逐渐形成沟通石油、天然气等资源与石油加工场地以及消费者之间的运送工具。管道设备不仅可修建在一国之内,还可连接国与国,甚至洲与洲,成为国际、洲际能源调剂的大动脉。管道运输设备除了泵站、首末站占用一些土地外,一般埋于地下,占用土地少,且不受地形与坡度的限制,易取捷径,可缩短运输里程;埋于地下基本不受气候影响,可以长期稳定运行;沿线不产生噪声且漏失污染少,每隔一段距离设置的增压站设备为管道输送流体提供压力能。因此,管道运输设备运行比较简单,易于就地自动化和进行集中遥控。由于节能和高度自动化,用地较少,运输费用较低,管道运输是一种很有发展前景的现代化交通运输方式。当然,管道运输设备的这种特点,使其一般适用于长期定向、定点、定品种输送。由于合理数量范围较窄,若数量变换幅度过大,则管道运输的优越性就难以发挥。

三、交通运输设备在交通运输业及社会经济发展中的作用

运输的目的是实现旅客和货物在空间中的移动。交通运输设备是各种交通运输方式实现的物质保障,交通运输设备的不断发展与进步对促进交通运输业的兴旺和社会经济的发展具有极其重要的作用,主要表现为以下几点。

(一) 社会作用

交通运输设备对社会的发展具有重要的作用,这集中表现在以下方面。

首先,每一次新的革命性交通运输设备及其对应交通运输方式的出现,都会促进社会的进步,如近代铁路的出现,实现了工业布局和城市发展由沿江沿海向内陆的转移;飞机的出现,改变了传统地域的时空界限;高速公路网的完善,使城市与城市的联系更加紧密。可以说,一个现代文明社会能够快速地发展,必须有一个完善的现代交通体系与之匹配,而交通运输设备诠释了现代交通运输体系的物质内涵,而且伴随人类文明的发展,不断推陈出新,以适应社会的进步。

其次,交通运输设备的设计与制造,必须满足社会发展需要,是社会生产生活的重要组成部分,如汽车工业、飞机工业、轮船工业、铁路工业等,其生产与制造不仅可创造出巨大的物质财富,而且可解决大量就业与消费等社会问题。

第三,现代化的交通运输设备必须全天候地从事正常运输工作。一旦发生灾害(如地震、洪水、大火、海啸等)、爆发战争或国家财产受到威胁,交通运输工具就会被用来抢救危亡,帮助恢复社会正常秩序。在上述情况下,交通运输设备的超经济作用的社会公益作用显得尤为突出。

(二) 经济作用

交通运输设备的经济作用十分明显。第一,各种交通运输设备的研制与生产,可以产生巨大的经济效益;第二,各种交通运输设备在完成客货运输任务时,自身所创造的经济价值也是十分可观的;第三,当国民经济失调而需要调整或治理整顿时,交通运输设备作为国家宏观调控工具的作用会更显突出,如抢运煤炭、全国性的粮食调运等,此时,铁路运输设备在其中发挥宏观调控的作用尤为明显;第四,交通运输设备及其对应的交通运输方式,在促进地区经济合理布局、协调发展方面作用显著,对于形成运输大通道,引导形成若干跨地区的经济区域和重点产业带,优化生产布局,优化资源配置,减少重复浪费等,都将起很大的促进作用。交通运输是国民经济的重点战略产业,是国民经济的重要基础,是制约经济与社会发展的一个重要因素。交通运输业要先行,交通运输设备的发展必不可少,它是保持国民经济长期持续、稳定、协调发展的重要物质基础。

(三) 军事国防作用

交通运输的军民两用性质是非常鲜明的。交通运输设备不仅是国防的后备力量,而且在战时又是必要的军事辅助设施。例如,高速公路可供军用飞机起降,铁路、水运大通道可以保证部队的快速集结和居民的疏散等。交通运输设备是联系前方和后方、运送武器弹药和粮食等物资的保证。因此,交通运输设备先进与否、布局是否合理、保障是否有力、支援能否及时,关系到民族存亡、国家安危,其作用绝不是经济尺度所能衡量的。

(四) 其他作用

交通运输设备也是国际间交往的重要桥梁和纽带,可以促进各国之间的物资交换、经济发

展和人民之间的友好往来,是经济全球化的重要保证。

总之,交通运输设备的发展影响着社会生产、流通、分配和消费的各个环节,对人民生活、政治和国防建设以及国际的经济发展和合作都有着重要作用。

第二节 交通运输设备的现状及发展趋势

一、交通运输设备的发展历程及现状

在交通运输设备的发展历程中,最早的水路运输设备是独木舟。几千年来,水路运输设备经历了从古来的运输方式到现代化的发展。在历史上水路运输及其设备的发展对工业布局的影响很大,海上运输至今仍然具有其独特的地位,几乎不能被其他交通运输方式替代。而陆上交通运输设备长期依靠畜力或人力。18 世纪下半叶,瓦特发明了蒸汽机,标志着现代工业文明的开始。1825 年,英国在斯托克顿至达灵顿修建了世界上第一条铁路并投入公共客货运输。铁路的出现,使工业布局摆脱了对水路运输的依赖,在内陆腹地加速了工农业的发展。19 世纪末到 20 世纪初,汽车和飞机相继诞生,并很快成为现代交通运输的主要交通运输工具。对道路运输而言,由于汽车工业的发展和公路网的扩大,道路运输充分发挥出其灵活、迅速、方便的优势,不仅在长途旅客运输方面占有重要的地位,而且在货运方面发展很快。现代管道运输起源于 19 世纪末美国宾夕法尼亚,用于运输原油,并已得到迅速发展,迄今世界管道运输干线总长已达 2 000 000 km。时至今日,随着科学技术的进步和社会需求的变化,各种交通运输方式的技术装备不断更新,技术经济性能和使用范围也在不断变化,新型交通运输工具及设备不断产生,如气垫船、时速 500 km/h 的列车等。现代交通运输设备伴随各种交通运输方式,已经成为人们生活和人类社会生产活动中不可缺少的重要部分。

交通运输设备的改善及水平的提高是交通运输业逐步实现现代化和社会进步的重要标志之一。中国的交通运输设备,经历了从"挖潜、改革、改造"维持简单再生产,到"开发、引进、改造"扩大再生产的过程,以提高交通运输能力和促进技术装备水平为中心,推进交通运输设备的技术进步过程。新中国成立初期,中国交通运输业大量的货物是靠人力车、畜力车和木帆船运输,装卸作业主要通过肩挑人扛完成,到如今,以基本实现现代工具运输和机械化、自动化装卸作业为标志,交通运输设备的面貌发生了根本的变化。

(一)道路运输设备

在公路运输方面,公路建设完成"五纵七横"12 条国道主干线,西部开发 8 条省际通道基本贯通,基本形成国家高速公路网骨架,全面实施农村公路通达工程,构建了城市间的公路运输通道,提高了综合运输通道能力,优化了综合运输体系结构。目前,我国公路总里程达 4 773 500 km 左右,其中,高速公路里程达 136 500 km,农村公路里程达 400 9300 km;全国拥有公路营运汽车 1 450.22 万辆,其中拥有载客汽车 81.61 万辆、2 099.18 万客位,拥有载货汽车 1 368.62 万辆、11 774.81 万吨位。

(二)铁路运输设备

在铁路运输方面,铁路建设加速实现了客货分线运输,使铁路货运能力大幅提升。我国在

高速铁路和重载运输的核心技术方面有跨越式的发展。到2020年,全国铁路营业里程将达到150 000 km,其中高速铁路30 000 km,复线率和电气化率分别达到60%和70%左右,基本形成布局合理、覆盖广泛、层次分明、安全高效的铁路网络。目前,全国铁路机车拥有量达2.1万台,国家铁路客车拥有量达7.1万辆,货车拥有量达76.8万辆。

(三) 水路运输设备

在水路运输方面,我国港口的基础设施规模明显扩大、生产能力显著增强,港口布局日趋合理、结构不断优化升级、功能逐步拓展,港口的服务能力和水平明显提高。目前,我国内河航道通航里程127 000 km;全国港口拥有生产用码头泊位27 578个,拥有万吨级及以上泊位2 366个;全国拥有水路运输船舶14.49万艘,净载重量25 651.63万吨,载客量96.75万客位,集装箱箱位216.30万TEU。我国港口吞吐量已经连续多年保持世界第一。

(四) 航空运输设备

在航空运输方面,2017年我国民航固定资产投资总额1 806.9亿元,民航航线里程和网络不断完善,民航航空业务规模快速增长。目前,我国共有定期航班航线4 418条,航线里程7 483 000 km。我国共有民用航空机场229个,国内定期航班通航城市224个,国际定期航班通航60个国家的158个城市,民用飞机达3 296架,年旅客吞吐量达到100万人次以上的通航机场有84个,年旅客吞吐量达到1 000万人次以上的有32个,年货邮吞吐量达到10 000吨以上的有52个。

(五) 管道运输设备

在管道运输方面,我国已建成横跨东西、纵贯南北、覆盖全国、连通海外的油气管道干线网。油气战略通道和国内骨干管网建设都取得重要进展,并发挥着越来越重要的作用。目前,我国陆上油气管道总里程达到133 100 km,管道输油(气)能力为6.6亿吨。我国第一条超长距离、大口径、高压力、大输量的天然气西气东输管线,于2011年全线建成并投运,并与中亚天然气管道实现对接后,把来自土库曼斯坦的天然气输送到我国中西部地区、长三角地区和珠三角地区等用气市场,是迄今世界上距离最长、等级最高的天然气输送管道。中国-中亚油气管道真正将中亚多个国家"串联并联"起来,成为"丝绸之路经济带"的亮点。

(六) 城市公共交通运输设备

在城市公共交通运输方面,优先发展城市公共交通,城市公共交通基础设施建设加快,为居民提供安全、方便、经济、舒适的公共交通服务。目前,全国拥有公共汽电车运营线路56 786条,运营线路总长度1 069 000 km,公交专用车道10914.5 km,BRT线路长度3424.5 km;轨道交通运营线路149条,运营线路总长度4 484.2公里;城市客运轮渡运营航线92条,运营航线总长度434.9 km。全国城市及县城拥有公共汽电车65.12万辆,其中BRT车辆8 802辆。全国有32个城市开通了轨道交通,合计开通运营149条轨道交通线路,总里程4 484.2 km,拥有轨道交通车站3 040个,运营车辆28 125辆。

二、交通运输设备的发展趋势

随着世界各国经济的发展和人民生活水平的不断提高,人们对出行的要求越来越高。未来中国交通将更加注重城市间和城市内部交通发展,交通运输设备将朝着运输网络集成化、运输设备大型化、运输速度快捷化、运输组织智能化、运输管理信息化等方向发展。同时,交通运输

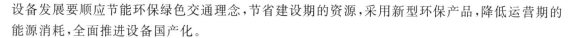

设备发展要顺应节能环保绿色交通理念,节省建设期的资源,采用新型环保产品,降低运营期的能源消耗,全面推进设备国产化。

(一) 旅客运输设备的舒适性和高速化

旅客运输更加注重体现高效性和舒适性。构建以快速铁路、高速公路为主的客运系统,以高速铁路、民航建设发展为契机,集高速公路长途客运、城市轨道、公交枢纽、水上运输于一体,形成便捷换乘的综合客运枢纽。进一步改进和调整运输设施与装备结构,满足人们日益增长的对交通出行的舒适度和时效性需求。

(二) 货物运输设备的便捷性和重载化

货物运输更加注重经济性、快捷性和便捷性。加快多式联运设施建设,发展海铁联运、铁水联运、公铁联运、陆空联运,加快推进大宗散货水铁联运、集装箱多式联运,构建与铁路、机场和公路货运站能力匹配的公路集疏运网络系统。在货物运输方面,集中化、单元化和大宗货物运输重载化是各国发展的共同趋势。在货物运输设备将发展甩挂车、多轴重载车、集装箱车辆等大型装备。货运车船等设备向大型化、标准化、专业化、清洁化方向发展。

(三) 交通运输组织的信息化和智能化

注重利用信息技术提升交通运输服务质量。推进交通运输信息化、智能化建设,运用移动互联网、物联网、车联网、北斗系统、电子支付等技术手段,对交通运输领域进行全方位、全过程管控。建立不同交通运输方式之间的信息共享机制,推进与相关信息平台间的数据交换,促进信息资源共享共用。构建综合交通运输公共信息平台,实现交通运输基础设施、应急管理和运营服务的一体化。实现综合交通运输换乘换装衔接技术、装备和工艺创新。推进条码管理系统、全球定位系统、行包和邮件自动分拣系统等先进技术的研发和应用。

(四) 倡导绿色环保的交通运输基础设施

交通资源将向公共交通、轨道交通和水上运输等绿色方式发展。树立节约的"安全、可靠、适用、经济、先进"的建设理念,因地制宜,通过设备系统的集成与共享,减小相关用房的土建规模,以节省建设期的工程投资。支持新能源的开发和利用,发展和应用安全可靠、先进高效、经济适用、绿色环保的各类装卸设备、运输工具和标准化的成组运载装备,提升技术和装备整体水平。实现交通运输全面、协调和可持续发展,着力构建网络设施布局完善、技术装备先进适用、运输服务安全高效的现代化综合交通运输体系。

【复习思考题】

一、简答题

1. 简述交通运输的主要方式及其特点。
2. 交通运输设备的分类方法有哪些?
3. 简述各种交通运输设备的特征。
4. 分析交通运输设备在交通运输业及社会经济发展中的作用。

二、论述题

1. 联系当前实际,分析交通运输设备的发展现状。
2. 试谈你对交通运输设备发展趋势的认识。

第二章　道路运输设备

【教学目标】

(1) 明确道路运输设备的概念、特点、功能。
(2) 了解公路线路、高速公路、城市道路运输设备等相关知识。
(3) 掌握汽车的分类方法、类别代码和产品型号。
(4) 了解汽车的总体结构与行驶原理。
(5) 掌握载货汽车的使用性能与主要技术参数。
(6) 了解典型的载货汽车,学会选用载货汽车。
(7) 了解汽车的保养、维修,以及汽车的发展趋势。

【教学重难点】

(1) 公路线路、高速公路、城市道路运输设备等相关知识。
(2) 汽车的分类方法、类别代码和产品型号。
(3) 载货汽车的使用性能与主要技术参数。

【案例导入】

谷歌无人驾驶汽车

1. 发展进程

2009 年谷歌启动无人驾驶汽车项目,随后谷歌将丰田普锐斯改造成谷歌的第 1 代无人驾驶汽车。该车采用 64 束激光器激光雷达,突出地图优势,并在加州山景城进行了路测。

2011 年谷歌将雷克萨斯 RX450H SUV 改装成第 2 代无人驾驶汽车。相对第 1 代无人驾驶汽车,第 2 代无人驾驶汽车加强了环境感知能力,并通过收购知名企业,进一步增强了自身的图像识别能力,提高了深度学习的水平,拓展了车联网应用。

2012 年谷歌获得美国内华达州的无人驾驶汽车上路测试牌照,并将这张红色牌照贴在一辆改装的丰田普锐斯上,在内华达州首府卡森城完成首秀。

2014 年对谷歌来说是很重要的一年。4 月份,谷歌官方微博对无人驾驶汽车项目的信息进行更新,宣布谷歌无人驾驶汽车可以应对数千座城市的道路交通。这是自 2012 年以来第一次正式的更新。5 月份,谷歌发布了第 3 代无人驾驶汽车。这款车是谷歌自主研发的纯电动自动驾驶汽车。谷歌借鉴 Pod Car 原型,推出了自主设计并研发的无人驾驶汽车原型。这款车整合了谷歌广告及地图服务等优势资源,增强了人机交互体验,更加关注行人安全。这款车没有制动器、转向盘和油门,最高速度设置为每小时 25 英里,计划生产 100~200 辆。一年后,谷歌在山景城对其进行路测。

2016年5月份，谷歌宣布和菲亚特-克莱斯勒汽车公司(FCA)合作，FCA为谷歌生产了100辆PACIFICA混动厢式旅行车(MPV)，车上装备了整套的传感器、远程信息处理和计算单元等，这是谷歌首次与汽车厂商展开官方合作。10月份，搭载全新自动驾驶系统的测试车在美国有极端气候的多地进行了测试。12月14号，谷歌宣布成立无人驾驶公司Waymo，并展示了由PACIFICA MPV改造的自动驾驶概念车。该车车顶安装了雷达和摄像头套件，车前翼板子和前后保险杠都装有感应器。12月22日，本田和谷歌公司宣布将共同研发完全自动驾驶技术，本田将为Waymo提供开放车辆控制权限以用于自动驾驶开发的改装车辆，并将这些车辆加入Waymo公司的路测车队中。

2. 主要技术

谷歌无人驾驶汽车外部的核心是位于车顶的旋转式激光测距仪，该测距仪可以发出64道激光光束，能够计算出200 m以内物体的距离，得到精确的3D地图数据，无人自动驾驶汽车会将激光测距仪测得的数据和高分辨率的地图相结合，做出不同的数据模型。安装在前挡风玻璃的摄像头可以用于近景观察，帮助无人自动驾驶汽车识别前方的人和车等障碍物，记录行程中的道路情况和交通信号的标志，最后通过相应软件对信息进行分析和综合。轮胎上的感应器可以保证汽车在一定轨道上运行，倒车时，还能快速测算出后方障碍物的距离，实现安全停车。汽车前后保险杠内装有4个雷达元件，可以保证汽车在道路上保持2~4 s的安全反应距离，根据车速变化进行调整，最大限度地保证乘客的安全。

谷歌无人驾驶汽车的部件核心都是汽车主动安全技术供应商已经掌握并投放市场的，硬件并不能成为无人驾驶汽车的门槛，算法和深度学习能力才是限制无人驾驶汽车研发的主要因素。谷歌在深度学习、数据搜集和建模方面有着深厚的技术积累，并且谷歌在地图方面有着丰富的数据储备，可以帮助实现无人驾驶汽车的路径规划与定位功能。

【思考题】

谷歌无人驾驶汽车技术日益完备，未来汽车发展将向智能化方向发展。结合本案例，谈谈未来公路运输设备应如何发展。

第一节　道路运输概述

一、道路运输的基本概念

道路运输主要包括城市对外道路运输(也即城际间道路运输)和城市内部道路运输。在本章中，城市对外道路运输主要指公路运输，城市内部道路运输主要指城市道路运输。

公路运输是指使用公路设备和设施运送旅客和货物的交通运输方式，是交通运输系统的重要组成部分，主要承担短途客货运输。公路运输设备主要是运输车辆，通常就是指汽车。在地势崎岖、人烟稀少、铁路和水运不发达的边远和经济落后地区，公路运输为主要的交通运输方式，起着运输干线作用。公路运输具有的特点为适应性强、建设投资少、受自然条件限制小、能够方便地实现"门到门"直达运输。

二、道路运输的特点和功能

(一) 道路运输的特点

1. 公路运输的特点

与其他交通运输方式相比,公路运输具有以下特点。

(1) 机动灵活,适应性强。

(2) 可实现"门到门"直达运输。

(3) 在中、短途运输中,运送速度较快。

(4) 原始投资少,资金周转快。

(5) 运量较小,运输成本较高。

(6) 运行持续性较差。

(7) 安全性较低,环境污染较大。

2. 城市道路运输的特点

城市道路运输与铁路运输、航空运输、水路运输等其他交通运输方式不同,前者是"面"的交通,后者是"点""线"的交通。"面"的交通有更大的机动灵活性,能够深入城市的各个地区、角落,直至"门到门"。城市道路运输的特点表现为以下几点。

(1) 人多、车多,城市中有大量的交通集散点、枢纽点,这些地点经常吸引大量人流和形成较为复杂的车流。

(2) 交通流在空间上的流动路线和流量经常变化,不稳定,在时间上周期性地形成早晚人流车流高峰。

(3) 交通运输设备类型多,速度不同。

(4) 人流和车流之间以及车流和车流之间交叉多,相互干扰大。

(5) 城市道路运输需要大量附属设施和交通管理设施。

(二) 道路运输的功能

基于本身所具有的特点,道路运输包括以下基本功能。

1. 与其他交通运输方式衔接

货物从生产地点到消费地点或旅客由出发地到目的地的全部运输过程,往往需要由几种运输工具分工协作才能完成,并达到经济、合理的运输效果。由于具有机动灵活和"门到门"直达运输的特性,公路运输不仅起到连接其他各种交通运输方式的纽带作用,将其连接成综合运输网络,而且可以最终将客货运输对象送到目的地。

2. 承担中短途运输任务

中短途运输主要包括城间公路客货运输、城市市区与郊区客货运输及厂矿企业内部生产过程运输等。其中短途运输是指运距在 50 km 以内(包括 50 km)的运输;中途运输是指运距为 50~200 km 的运输。

3. 独立承担长途运输任务

由公路运输承担长途运输任务时,一般要求经济运距超过 200 km。虽然发展中国家公路运输的经济运距低于 200 km,但是基于国家政治与经济建设等方面的需要,也常常由公路运输承担长途运输任务。

三、道路运输的发展趋势

(一) 我国公路运输取得的成就

与工业发达国家相比,我国公路运输的发展较晚。新中国成立以来,尤其是改革开放以来,国家把能源、交通作为国民经济的重点,使我国公路建设和管理得到了突飞猛进的发展,取得了很大的成就。

(1) 公路里程迅速增加,公路技术等级不断提高。截至2015年年底,全国公路通车总里程达457.73万千米;高速公路通车里程达12.35万千米,位居世界第一;国省干线公路网络不断完善,连接了全国县级及以上行政区;农村公路里程达到398.06万千米,通达99.9%的乡镇和99.8%的建制村;路网结构不断优化,等级公路里程占公路总里程的88.4%。

(2) 路网结构进一步改善。公路遍布全国各地,"五纵七横"公路干线网已建成,通达率迅速提高。2013年,县城公路通达率达到100%,乡镇公路通达率达到99.5%,行政村公路通达率为92.1%。

(3) 汽车工业迅速发展。新中国成立后,我国的汽车工业有了长足的发展,生产了一大批客货汽车。2012年,我国汽车生产量突破1 600万辆,对改善公路运输的落后面貌起到了很大的作用。

(4) 客货运量逐年增加。2016年,我国全年货物运输总量440亿吨,货物运输周转量185 295亿吨;全年旅客运输总量192亿人次,旅客运输周转量31 306亿人次。

(二) 我国公路运输存在的问题

我国公路建设和管理虽然得到了突飞猛进的发展,取得了很大的成就,但还存在许多问题,主要表现在以下几个方面。

(1) 公路运输的基础设施还较差,路网密度低;公路品质与发达国家相比差距仍较大,还不能满足国民经济及社会发展的需求。

(2) 运输车辆的车型结构不合理,技术性能较差。

(3) 运输生产的效率、效益较低。

(4) 运输经营管理组织与管理的手段还比较落后,经营主体结构不合理,缺乏能在市场上发挥骨干作用的龙头企业,缺乏建立高效、有序的运输市场的基础。

(三) 公路运输的发展趋势

1. 发展公路智能运输系统

智能运输系统简称ITS,是将先进的信息技术、数据通信传输技术、电子控制技术以及计算机处理技术等综合运用于整个地面运输管理系统,而建立起的一种在大范围内、全方位发挥作用的,实时、准确、高效的综合运输和管理系统。随着智能运输系统技术的发展,电子技术、信息技术、通信技术和系统工程等高科技将在公路运输领域得到广泛应用,物流运输信息管理、运输工具控制技术、运输安全技术等均将产生巨大的飞跃,从而大幅度提高公路网的通行能力。

2. 公路运输与现代物流日益融合

随着公路运输需求水平的逐步提高,公路货运中小批量、多品种、高价值的货物越来越多,在运输的时间性和服务质量方面的要求越来越高。公路运输加速向现代化物流方向发展和融合,不仅是为了面对国内市场现有的需求,更是为了应对经济全球化潮流带来的压力和挑战。

公路运输企业必须增强物流意识,致力于从单纯的客货运公司发展为能够提供多种物流服务的现代物流公司,与现代物流相融合。

3. 集约化经营、规模化发展

随着公路网的完善,特别是高速公路网的形成,按规模化要求实行集约化经营的运输企业日趋增多。集约化、规模化发展是我国公路客运发展战略中公路交通科技发展的方向,公路客运企业应以安全、快捷、舒适为基本要求,提高营运质量,走集约化经营、规模化发展之路。

4. 公路货运向快速、长途、重载方向发展

随着区域经济的发展、一级公路基础设施的完善和车辆的不断改进,中长距离公路运输需求增加,公路货运向快速、长途、重载方向发展。大吨位、重型专用运输车因高速安全、单位运输成本低,成为我国未来公路运输车辆的主力。专用车产品向重型化、专用功能强、技术含量高方向发展。厢式运输车、罐式运输车、半挂汽车列车、集装箱专用运输车、大吨位柴油车以及危险品运输车、鲜活产品运输车、冷藏车等专用运输车辆将围绕实现提高运输效率、降低能耗、确保运输安全这一大目标发展。

(四) 城市道路运输的发展趋势

随着城市化逐步走向成熟,我国城市道路运输系统日臻完善。由于城市郊区化和郊区城市化的发展,城市在空间形态上日益呈现出分散化倾向,人流和物流向城市集中的速度减缓、强度变弱,城市中心区的运输供给与运输需求矛盾开始缓解,城市内部交通问题趋于缓和。城市交通体系形成全方位、立体化的格局。交通工具和交通运输方式呈多元性发展。城市内部交通与城市对外交通的衔接逐渐由无序走向有序。人员在城市内的空间位移也可借用地面、高架、地下等方式(地铁、轻轨、城市铁路、公共汽车、无轨电车、有轨电车、私人汽车、磁悬浮列车、轮渡、直升机等),城市道路运输日益高速化、现代化。

随着信息技术的快速发展,未来信息社会的城市将有以下基本特征。第一,城市社会生产生活联系更多地借助通信手段。借助于联网的计算机多媒体系统,人们足不出户,就能进行工作、交友、购物、娱乐等活动,而以旅游、观光和享受大自然等为目的的出行比例将显著提高。第二,城市产业结构进一步高级化,包括信息技术产业和信息服务产业的信息产业地位大幅度上升。城市由传统的制造中心、贸易中心转变为信息流通中心、信息管理中心和信息服务中心。第三,城市空间结构进一步演变。由于信息传递不再受地理和气候条件的限制,空间距离在约束城市发展中的诸多"门槛"中降低为次要因素,使得生产要素的高度集聚效应弱化,超级城市走向裂解。小城镇及其组成的城市群显示出多方面的优越性。

与信息社会城市的基本特征相适应,城市道路运输将呈现出新的发展趋势。城市道路运输与信息通信业将高度结合,通信将和交通运输一样成为城市社会经济、生活联系的主要手段。信息社会中,人们之间的一些交往已不再需要空间的位移。由于办公家庭化的实现,上下班出勤人数与次数大为减少,困扰目前城市的工作出行量集中的难题会明显缓解。产业结构高级化和空间结构合理化,又会降低城市货物的运输强度。不仅城市产品更加轻薄短小,而且产品运输量在空间上得到更加有效的分散。另外,城市道路运输将实现智能化。计算机和自动控制技术将广泛应用于城市道路、车辆及其管理部门,使得城市交通技术水平和管理水平进一步提高,迈向智能化的新阶段。

总体来说,在进入现代城市发展阶段后,城市交通已经基本形成了以城市道路交通和城市

轨道交通为主体的城市公共交通体系。

四、公路交通新技术

1. 全球定位系统(GPS)

GPS 是以人造卫星为基础的无线电导航定位系统,利用天空中均匀分布的 24 颗 GPS 卫星的轨道参数及其载波相位信号,通过地面接收设备接收其发射信息,实时地测定地面接收载体的三维位置。GPS 具有全球性、全天候、连续性等特点,可以进行精密三维导航定位,并具有良好的抗干扰性和保密性。GPS 具有连续精确的三维导航定位能力,这一特性与道路管理监控系统紧密配合,能广泛应用于车辆定位和导航服务中,结合电子地图为车辆驾驶员提供导航服务,同时也可应用于重要货物跟踪,使货主实时了解货物的准确位置。

2. 地理信息系统(GIS)

GIS 是收集、管理、操作、分析和显示空间数据的计算机软硬件系统。它集成了计算机数据库技术和计算机图形处理技术,所处理的事物对象具有空间地理特征,也具有统计信息特征。在公路的新建、改建、养护、运营管理等各方面都需要大量、及时、准确的数据信息,作为科学管理和决策的依据。基于公路数据库基础上的交通地理信息系统 GIS-T,不仅能够适应各层次管理部门随时了解已有公路现状的需要,还能够通过强大的空间分析功能和丰富的图表显示,实现公路养护电子化管理。

3. 智能运输系统(ITS)

ITS 利用先进的信息通信技术,形成人、车、路三位一体,从而大大提高道路交通的安全性、运输效率、行车的舒适性,并且有利于环境保护。车辆更是集各种高新技术于一体,从辅助驾驶到自动驾驶,从被动安全技术到主动安全技术,智能化水平不断提高。ITS 的总体目标是使交通管理智能化,使道路用户出行更便捷安全,使道路设施最大限度地发挥功能,使多种交通运输方式衔接更加紧密。ITS 可提供出行信息服务,实现紧急救援服务,车辆发生事故时提供自动报警服务,为救援车辆提供路线引导服务等。ITS 可提供车辆安全服务,为驾驶员提供行车环境信息,提供辅助驾驶和自动驾驶服务,提供危险警告服务等。ITS 可提供收费服务,实行自动收费。ITS 可实现交通管理自动化,提供交通管制信息,控制最合理的交通量。另外,ITS 还可促进运输车辆效率化等。

4. 公路建设新材

(1) 夜光公路。为加强交通安全,芬兰修建了夜光公路。这条夜光公路采用发光水泥划分车道,铺设各种路面标志,可直接储存日光能量,待到黑夜便闪闪发光,给夜行车辆带来方便,也给城市夜色增添了美景。

(2) 移动公路。英国制成一种可移动的公路。它用铝板连接而成,能够伸缩。哪里的公路坏了,移动公路就被装在专用的平板卡车上运到哪里,作为临时公路。

(3) 玻璃公路。瑞士有一条晶莹光滑的玻璃公路。它是用碎石玻璃和细沙等的混合物铺成的公路,不仅光亮醒目,而且增大了摩擦力,便于高速行驶的汽车安全拐弯,避免出现事故。

(4) 地毯公路。捷克成功地用聚丙乙烯等材料混合制成 1 cm 厚的宽带状"地毯",用来覆盖路基。这种地毯熔化后,很快与路基紧密地贴在一起,具有寿命长、造价低、耐腐蚀等特点,还可以减轻车轮磨损。

（5）橡胶公路。加拿大有一条橡胶公路。它是用旧轮胎和橡胶废料加工成橡胶颗粒,拌洒沥青铺在石子路上筑成的。路面有弹性、耐用。夏天不会被太阳晒软,冬天不易结冰,行车十分安全。

（6）塑料公路。挪威奥斯陆附近铺设了一条塑料公路。它是用 5 cm 厚的塑料泡沫铺成的。塑料公路使用期限长,能减轻或消除因路基下部建筑不稳而导致的路基损坏。

（7）消声公路。英国开发出一种新的筑路材料——消声水泥。用这种新材料筑路,可以最大限度地降低接触点的噪声,轮胎与水泥路面产生的噪声比轮胎与热铺沥青公路产生的噪声低 2～3 dB,两者同样具有很好的防滑性能,而且轮胎与水泥路面产生的噪声声调能被人类听觉接受。一般水泥路设计使用寿命为 40 年,但只要铺上薄薄的一层消声水泥,其实用寿命就会增加一倍。

（8）除污公路。除污公路即能清除汽车废气中一氧化碳的环保公路。这种公路的铺路材料是上面有一层氧化铁的水泥块,氧化铁一经阳光照射便产生催化作用,将公路中的 80% 的一氧化碳被吸收到水泥块表面并转化成硝酸冲走,一氧化碳被反复吸收、反复冲走,且并不影响氧化铁水泥块的永久效用。

第二节　公 路 线 路

一、公路设计的依据及公路等级

公路设计是指根据公路的使用任务、性质和交通量以及所经地区的地形、地质等自然条件来决定公路在空间的位置、线形与尺寸,即公路在平面、纵断面、横断面上的几何形状与各部分尺寸。

（一）公路设计的依据

在进行公路网的规划或确定一条公路的类型、线形的过程中,都必须以公路所经地区的自然条件和交通资料为依据。在设计中应考虑以下交通数据。

（1）设计车辆。以标准型号的汽车作为设计控制的车辆。

（2）设计车速。它是指在气候正常、交通密度小、汽车运输只受公路本身条件（几何要素、路面、附属设施等）影响的条件下,一般驾驶员能安全地行驶的最大车速。根据不同地形条件,各级公路规定的设计车速如表 2-1 所示。

设计车速是确定公路几何线形的基本依据,如曲线半径、缓和曲线长度、超高率、视距、路幅等都与设计车速有关。

（3）交通量。交通量是确定公路等级的主要依据。它分为以下三类:① 年平均日交通量,它是公路普遍采用的交通计量单位,用全年交通量除以 365 得出;② 高峰小时交通量,实际设计中采用一年中第 30 个高峰小时交通量作为设计依据,这个数字相当于年平均日交通量的 1.5 倍;③ 远景交通量,它是公路改建和新建的依据,可以由现行交通量推算而得。对于交通量的折算,二、三、四级公路一般是混合交通,在算交通量时,将公路上行驶的各种车辆的数量折合成载重汽车的数量,各种车辆的折算系数与行驶速度和其在道路上占用的面积有关。

表 2-1 各级公路主要技术指标

公路等级		高速公路		一级公路		二级公路		三级公路		四级公路	
地形		平原微丘	山岭重丘	平原微丘	山岭重丘	平原微丘	山岭重丘	平原微丘	山岭重丘	平原微丘	山岭重丘
计算行车速度/(km/h)		120	100	100	60	80	40	60	30	40	20
行车道宽度/m		2×7.5	2×7.5	2×7.5	2×7.5	9	7	7	6	3.5	
最大纵坡/(%)		26	24.5	24.5	21.5	12	8.5	8.5	7.5	6.5	
平曲线最小半径/m	极限值	650	400	400	125	250	60	125	30	60	15
	一般值	1000	700	700	200	400	100	200	65	100	30
停车视距/m		210	110	160	75	110	40	75	30	40	20
设计车速/(km/h)		—	—	100	60	80	40	60	30	40	20
圆曲线长/m		—	—	85	50	70	35	50	25	35	20
平曲线最小长度/m		—	—	170	100	140	70	100	50	70	40
平曲线半径低限值/m		—	—	—	—	—	—	—	—	60	15
最小纵坡/(%)		3	5	4	6	5	7	6	8	6	9
合成纵坡/(%)		10.0	10.5	10.0	10.5	9.0	10.0	9.5	10.0	9.5	10.0
最小坡长/m		300	200	250	150	200	120	150	100	100	60

(二) 公路的等级

公路是指连接城市、乡村,主要供汽车行驶的具备一定技术条件和设施的道路。根据公路的作用和行驶性质,公路可划分为国道主干线公路(国道)、省级干线公路(省道)、县级干线公路(县道)、乡级公路(乡道)以及专用公路。

根据任务、功能和适应的交通量,将公路分为 5 个等级,如表 2-2 所示。各级公路的主要技术指标如表 2-1 所示。

表 2-2 公路等级

公路等级	在交通网中的意义	年平均日交通量/辆
高速公路	具有特别重要的政治、经济意义,专供汽车分道行驶,全部控制出入	25 000 以上
一级公路	连接重要政治、经济中心,通往重点工矿区,可供汽车行驶,部分控制出入	10 000～25 000
二级公路	连接政治、经济中心或大工矿区的干线公路;运输任务繁忙的城郊公路	2 000～7 000
三级公路	沟通县以上城市的一般干线公路	200～2 000
四级公路	沟通县、乡、村等的支线公路	200 以下

二、公路线路的平面、纵断面与横断面

(一) 公路线路的平面

1. 公路线路平面及其组成要素

道路是一个三维空间的实体,它的中间是一条空间曲线,中线在水平面上的投影称为线路的平面。

1) 平曲线半径

汽车在弯道上行驶时,所受离心力的大小与汽车的重量成正比,与平曲线半径的大小成反比。平曲线半径的确定分为曲线设置超高和不设置超高两种情况。根据公路的等级和具体地形,可从《公路工程技术标准》(JTG B01—2014,以下简称《标准》)中查得平曲线半径。各等级公路平曲线最小半径极限值见表 2-1 所列。

2) 平曲线超高和加宽

为了使汽车能在小半径曲线上不减速安全行驶,把曲线部分的行车道建成外侧高于内侧的单向横坡,其外侧超出的部分即为平曲线超高。

当曲线半径小于一定数值时,公路弯道上的路面需要加宽。曲线上的路面加宽一般设置在曲线内侧。路面加宽后路基也相应加宽。

3) 缓和曲线

汽车在由圆曲线进入直线或由直线进入圆曲线时,运动轨迹是一条曲率逐渐变化的曲线。它的形式和长度视行驶速度、曲线半径和司机转动方向盘的快慢而定。这段路线就是缓和曲线。设计缓和曲线,就是要确定它的长度和合理的形式。缓和曲线长度的确定,主要考虑三方面的因素,即驾驶操作从容、旅客感觉舒适,超高的附加坡度不宜过陡,行驶时间不宜过短。缓和曲线的形式主要有回旋曲线式、三次抛物线式、双纽式等。

4) 平曲线的最小长度

汽车在弯道上行驶时,曲线过短会造成驾驶员的疲劳和横向力对乘客的冲击。特别是在高速行驶时,曲线过短可能造成汽车离开理论行车轨迹过多而发生事故。为了提高公路的使用质量,使行车迅速、安全与舒适,应尽量设置较长的平曲线。各级公路的平曲线最小长度如表 2-1 所示。

2. 平面视距

在行车中,驾驶员从发现前方障碍物到进行制动或绕避时,车辆所行驶的最短距离称为行车视距。

1) 视距类型

停车视距(路面视距 $S_{停}$):汽车在单车道和明显分车道上行驶,遇到障碍物不能绕行,只能刹车停住所需的最短距离,如图 2-1(a)所示。

错车视距($S_{错}$):在行车密度不大的双车道上,汽车常在道路中部行驶,发现对向来车时各自驶向本身车道所需的最短距离,如图 2-1(b)所示。

会车视距($S_{会}$):单车道上或路面不宽的双车道上,对面的车辆没能及时或无法错车,只能相对停住,避免碰撞所需的最短距离,如图 2-1(c)所示。

超车视距($S_{超}$):不同速度的车辆在双车道上行驶时,当快速车追上慢速车以后,需要占用

供对向汽车行驶的车道进行超车,为了超车时的安全,驾驶员必须看到前方足够长的车流空隙,以便在对向车道上在出现来车之前完成超车而不阻碍被超汽车,这种快速车超越慢速车后再回到原来车道上行驶所需的最短距离,称为超车视距,如图 2-1(d)所示。

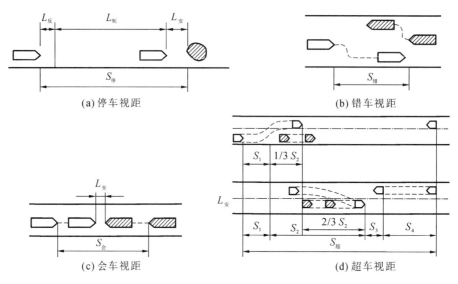

图 2-1 视距类型

图 2-1 中:$L_{反}$——驾驶员反应时间内汽车运行的距离;

$\quad\quad\quad L_{制}$——制动距离;

$\quad\quad\quad L_{安}$——安全距离;

$\quad\quad\quad S_1$——加速行驶距离;

$\quad\quad\quad S_2$——超车汽车在对向车道上行驶的距离;

$\quad\quad\quad S_3$——超车完成时,超车汽车与对向汽车的安全距离;

$\quad\quad\quad S_4$——超车汽车从加速到超车完成这段时间内,对向汽车行驶的距离。

上述四种视距中,前三种属于对向行驶视距,第四种属于同向行驶视距。第四种需要距离最长,而在前三种中,会车视距最长,只要道路能保证会车视距,停车视距和错车视距也就可以得到保证了。

2) 弯道上视距的保证

汽车在弯道上行驶时,弯道内侧的建筑物、树木、路堑边坡等可能妨碍视线,当视距不能满足规定的要求时,应清除视距范围内的障碍物,以保证行车安全,如图 2-2 所示。

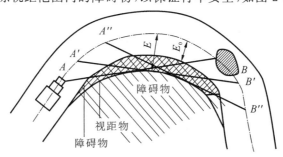

图 2-2 弯道视距保证

（二）公路线路的纵断面

1. 公路线路纵断面及其组成要素

沿公路中线的竖向剖面称为纵断面，纵断面的图形称为纵断面图，如图 2-3 所示。它反映了公路中线地面高低起伏的情况和设计线路的坡度情况，从而可以看出纵向土石方工程的挖填工作量。纵断面图是公路设计的重要技术文件之一。把纵断面图和平面图结合起来，就能够完整地表达出道路的空间位置。

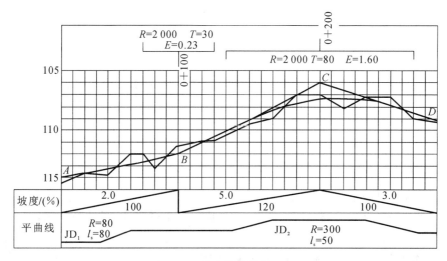

图 2-3　公路线路纵断面图

在纵断面图上，通过路基中线的原地面各点的连线，称为地面线（又称黑线）；设计路的路基边缘各点连线，称为设计线（又称红线）。在公路中线上表示地面各点的标高称为地面标高；在设计线上表示路基边缘各点的标高称为设计标高。在任意横断面上设计标高与地面标高之差，称为该处的施工高度。

公路纵断面的线形要素包括直线（即均匀坡度线）和竖曲线两种。坡度线有上坡和下坡之分，是以坡度和水平长度表示的。

纵断面设计是公路线路设计的重要环节，直接关系到公路的造价和使用质量。为保证汽车以一定的速度安全顺利地行驶，纵断面应具有一定的平顺性，起伏不宜过于频繁，尽量避免采用极限纵坡，在较大的纵坡上应限制坡段的长度，保证汽车能以一定的速度上坡或下坡，连续升坡和降坡路段不宜设置反坡或小半径曲线，以保证汽车行驶的平顺和稳定。

2. 纵坡及其设计要求

1）最大纵坡

最大纵坡是指在设计纵坡时，各级公路允许采用的最大坡度值。它是公路线路设计中的重要的一项控制性指标。最大纵坡由以下三个方面来决定。

（1）汽车的动力特性：按照道路上行驶的车辆类型及其动力特性来确定汽车在规定速度下的爬坡能力，以规定道路的极限纵坡。

（2）道路等级：道路等级越高，行车密度越大，则行车速度越快，纵断面的坡度越平缓；相反，在等级较低的道路上，可采用较大的纵坡。

(3) 自然因素:道路所经地区的地形起伏、海拔、气温、雨量等自然因素均影响汽车的行驶条件和爬坡能力。例如,长期冰冻山区,需避免采用大坡,以防止行车滑溜。

各级公路的最大纵坡值如表 2-1 所示。

2) 平均纵坡

平均纵坡 $i_{平均}$ 是指在一定长度范围内,公路线路在纵向所克服的高差值和水平距离之比。它是衡量纵断面线形设计好坏的一个重要指标。

$$i_{平均} = H/L$$

式中:L——公路线路长度(m);

H——相对高差(m)。

3) 合成纵坡

合成纵坡是指在设有超高的平曲线上,公路线路纵坡与超高横坡所组成的坡度。其计算公式为

$$i_{合} = \sqrt{i_B^2 + i_{纵}^2}$$

式中:$i_{合}$——合成纵坡(%);

i_B——超高横坡(%);

$i_{纵}$——公路中线纵坡(%)。

我国(标准)规定,在设有超高的平曲线上,合成纵坡不得超过表 2-1 的规定值。

4) 坡长限制

坡长限制包括两方面的内容:一是最小坡长的限制;二是最大坡长的限制。各级公路纵坡限制值如表 2-1 所示,陡坡坡段坡长限制值如表 2-3 所示。

表 2-3　陡坡坡段坡长限制值

纵坡/(%)	坡长限制值/m
>6	800
>7	500
>8	300
>9	200

3. 竖曲线

当纵断面上相邻两条坡度线相交时,出现了变坡点和边坡角。汽车驶过该处时,将受到冲击,行车的平顺性受到破坏。为了缓和这种突变,保证行车平稳和满足视距要求,在变坡点处应设置竖曲线。竖曲线按其转折点在曲线上方和下方分为凸形竖直线和凹形竖曲线,如图 2-4 所示。

夜间汽车在小半径凸形竖曲线上行驶时,车头灯的灯光高出路面,很难照到较低的路面障碍物;而在小半径的凹形竖曲线上行驶时,车头灯照在路面上的照距甚短,如图 2-5 所示,也影响视距。所以夜间交通密度较大的公路,应采用大的竖曲线半径。

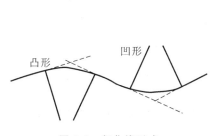
图 2-4 竖曲线形式

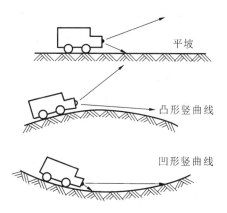
图 2-5 竖曲线与车灯照明的关系

4. 公路线形与景观的配合

高速公路出现以后，人们越来越感到应该将高速公路作为景观的对象来考虑。也就是说，道路设计在满足运动学和力学要求的同时，还必须重视视觉的感受。

公路景观工程包括内部协调和外部协调两方面。内部协调主要是指平、纵线形，视觉的连续性和立体协调性；外部协调则主要指公路与两侧坡面、路肩、中央分隔带的协调设置，以及宏观的路线设置。

对于在公路上行车的驾驶员来说，只有眺望起来具有顺滑的、优美的线形和景观的道路，才能称为舒适和安全的道路。

（三）公路线路的横断面

当我们在介绍路线平面、纵断面时，是把路线当成一条空间曲线来看待的。实际上，公路是具有一定宽度的带状结构物。若在垂直于路线中心线方向上作一垂直剖面，这个剖面就叫作横断面，横断面的图形叫作横断面图。它反映了路基的形状和尺寸。横断面图也是公路的主要技术设计文件之一。公路横断面的一般布置形式如图 2-6 所示。

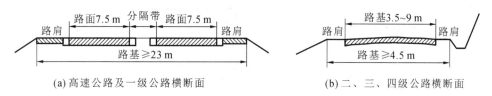

(a) 高速公路及一级公路横断面　　(b) 二、三、四级公路横断面

图 2-6 路基宽度示意图

公路线路的横断面包括路面、路肩（路面和路肩构成路基）、边坡、边沟、截水沟、护坡道、分隔带以及专门设计的取土坑、弃土坑、植树林等。

1. 路基宽度

路基宽度为路面宽度和两侧路肩宽度之和（一级及高速公路包括分隔带），如图 2-6 所示。

1）路面宽度

路面宽度就是供车辆直接行驶的公路表面宽度。路面宽度视车道数和每一条车道的宽度而定。车道数根据交通密度、车辆类型和行车速度以及地形来确定，车道一般分为单车道、双车道、四车道和多车道。

单车道指路面为单车道,包括单车道路面和窄路基加错车道两种形式。前者路基可供双车道使用,适用于行车密度小、车速低的地方,如图 2-7(a)所示。后者一般在山区工程特别艰巨的地段使用,如图 2-7(b)所示。

双车道是公路的基本形式,适用于密度较大的各类车辆行驶,如图 2-7(c)所示。

四车道和多车道在交通密度很大时采用。特别是在车型复杂、速度相差悬殊,需要较多错车机会的情况下,中间设分隔带,采用上下分向、快速分道行驶方式,如图 2-7(d)所示。

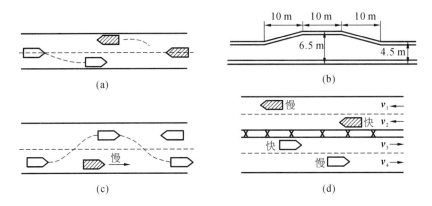

图 2-7 车道示意图

2) 路肩

路肩设于行车道外侧,除作为路面的横向支承,保护行车道稳定、供临时停放车辆以及行人通行外,还是侧向净宽的一个组成部分,同驾驶员的视觉、心理作用有着密切的关系。充足的宽度和稳定的路肩能给驾驶员宽阔的视野和安全感,有助于增进驾驶员行车的舒适度和使驾驶员避免驾驶的紧张,提高公路的通行能力。各级公路路肩的宽度可查阅有关规范。

路肩分为三部分,即路缘带或路缘石、路肩加固部分和土路肩,如图 2-8 所示。

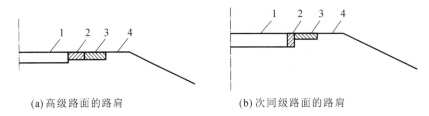

(a) 高级路面的路肩　　　　　　　(b) 次同级路面的路肩

图 2-8 路肩的构成

1—路面;2—路缘带或路缘石;3—路肩加固部分;4—土路肩

3) 分隔带

为了保证来往两个方向的车辆能高速、安全地行驶,一级公路和高速公路必须在两向的中间设分隔带。常见的分隔带与两边的车行道一般在一个平面,如图 2-9 所示,也可因地制宜地不设在一个平面上,如图 2-10 所示。

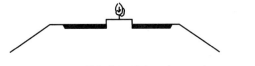

图 2-9 分隔带与车行道在一个平面上

图 2-10 分隔带与车行道不在一个平面上

2. 路拱

路拱坡度与路面的粗糙程度有关。路面越粗糙，排水阻力越大，路拱坡度也越大。过大的横坡，虽利于排水，但不利于行车，会引起车轮沿路面横向滑移，尤其是在湿滑的路面处更危险。各类型路面面层的路拱坡度见表 2-4。

表 2-4 路拱坡度表

路面面层类型	路拱坡度/(%)
水泥混凝土路面	1.0～1.5
沥青混凝土路面	1.0～1.5
其他黑色路面	1.5～2.5
整齐石块路面	1.5～2.5
半整齐和不整齐石块路面	2.0～3.0
碎石、砾石等粒料路面	1.5～4.0
石灰、沥青、水泥加固土路面	2.0～4.0
低级路面	3.0～5.0

由于高速公路和一级公路路面较宽，迅速排除路面降水尤为重要，所以当高速公路和一级公路处于降雨强度较大的地区时，路拱坡度应采用较大值；处于降雨强度严重的地区时，路拱坡度可适当增大。

三、公路的构成

公路是一种线形工程构造物，主要包括路基、路面、桥梁、涵洞、隧道以及交通标志、路面标线和其他辅助建筑物等。

1. 路基

路基是公路的基本部分，是路面的基础，由土质材料或石质材料形成，它的好坏直接影响到公路的质量。路基的基本形式是路堤和路堑。

用混合土或其他材料由人工堆积起来的路基称为路堤，原有地面经开挖而形成的路基为路堑。为适应山坡地形而修筑的路基称为山坡路基，它有多种形式，如图 2-11 所示。

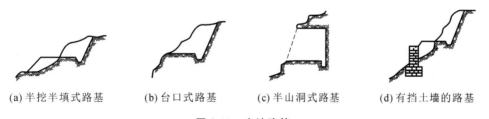

(a) 半挖半填式路基　　(b) 台口式路基　　(c) 半山洞式路基　　(d) 有挡土墙的路基

图 2-11 山坡路基

2. 路面

公路路面是在路基上用坚硬材料铺筑的供汽车行驶的层状结构物，直接承受车辆的行驶作用力。一般路面分为面层、基层、垫层和土基。

路面按其使用性能、材料组成和结构强度,有高级、次高级、中级、低级之分。常用的路面材料有沥青、水泥、碎石、砾石、砂、黏土等。路面结构层构成图如图 2-12 所示。

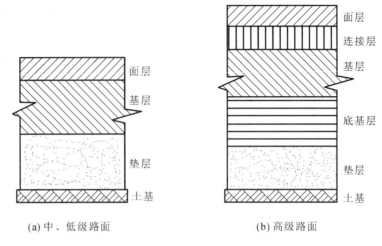

图 2-12 路面结构层构成图

在我国公路常用的路面中,碎石路面、砾石路面及加固土路面均只适用于等级不高的公路,日交通量不超过 500 辆;沥青表面处理路面适用于一般或较高等级的公路,日交通量可为 300～1 000 辆;沥青灌入碎(砾)石或路拌沥青碎(砾)石路面适用于日交通量为 1 000～2 000 辆的路面,多在等级较高的公路中采用。路面等级、面层类型及其适用条件如表 2-5 所示。

表 2-5 路面等级、面层类型及其适用条件

路面等级	面层类型	适用条件
高级路面	(1) 水泥混凝土路面;(2) 沥青混凝土路面;(3) 路拌黑色碎石路面;(4) 整齐石块或条石路面	高速公路和一、二级公路
次高级路面	(1) 沥青灌入式碎(砾)石路面;(2) 路拌沥青级配石路面;(3) 沥青表面处理路面;(4) 半整齐石块路面	二、三级公路
中级路面	(1) 碎石和砾石路面;(2) 碎砖和浆石路面;(3) 石灰、沥青、水泥加固土路面;(4) 石灰多合土路面;(5) 不整齐石块路面;(6) 其他粒料路面	三、四级公路
低级路面	(1) 粒料加固土路面;(2) 以各种当地材料加固或改善土路面	四级公路

3. 桥梁、涵洞、隧道

当公路跨越河流、沟谷,或者和铁路、另一条公路交叉时,需设桥梁或涵洞;当公路翻越山岭时,可能需要修建隧道。桥梁有梁式桥、拱桥、刚架桥和吊桥等多种。隧道内应尽可能避免设置曲线,纵坡坡度应在 0.3%～3% 范围内,以保证行驶安全和排水通畅。

4. 交通标志

为了保证公路运输的安全运行,除公路工程和车辆性能所要求的设备和条件外,还必须有交通标志、路面标线等各种指挥、显示设施。公路标志用一定的标记绘以图案、简单的文字、号码等,装设在适当的地点,预示前方公路的状况或事故发生的状态,包括指示标志、警告标志、禁令标志、指路标志等。图 2-13 所示是几种交通标志的例图。

交叉路口标志(十字交叉)　交叉路口标志(T形交叉)　交叉路口标志(T形交叉)　交叉路口标志(T形交叉)　交叉路口标志(Y形交叉)　交叉路口标志(环形交叉)

禁止通行标志　禁止驶入标志　禁止机动车通行标志　禁止载货汽车通行标志　禁止后三轮摩托车通行标志　禁止大型客车通行标志

直行标志(表示只准车辆直行)　向左转弯标志(表示只准车辆向左转弯)　向右转弯标志(表示只准车辆向右转弯)　直行和向左转弯标志(表示允许车辆直行和向左转弯)　直行和向右转弯标志(表示允许车辆直行和向右转弯)　向左和向右转弯标志(表示允许车辆向左和向右转弯)

图 2-13　几种交通标志的例图

5.路面标线

路面标线是在高级、次高级路面上用漆类物质喷刷或用混凝土预制块、瓷瓦等制作而成的一种交通安全设施。它的作用是配合标志牌对交通运输做有效的管制,指引车辆分道行驶,达到畅通和安全的目的。

我国公路路面标线有行车道中线、车道分界线、路缘线、停车线、禁止超车线、导流带、人行横道线、交叉路口中心圈、停车方位线、导向箭头等。

路面标线有连续实线、间断线和箭头指示线等 3 种形式,颜色采用白色或黄色。

四、公路站场

公路站场是公路运输办理客、货运输业务及保管、保修车辆的场所。它是汽车运输企业的技术基地,是基层生产单位,是公路运输网点的重要组成部分。按使用性质的不同,公路站场可分为客运站、货运站、技术站和停车场(库)。

1.客运站

按位置不同,汽车客运站可分为起点站、终点站和中间站。

中间站办理旅客上下车及行李包裹的托运和交付作业,一般不办理与车辆作业有关的业务,因而设备比较简单,规模也较小。起点站、终点站除办理与乘客有关的业务外,一般还设有保养场,办理车辆的保养和小修作业业务。

2.货运站

汽车货运站一般规模都比较小,以适应汽车运输的灵活性。汽车货运站多设于仓库、工业区或铁路货运站、货运码头附近。

汽车货运站分为两类。一类是运输整车货物的运输公司的基地。它由办公用房和停车场组成,车辆较多时还设有保养场甚至保修厂。另一类是以零担货物运输为主要作业的车站。它与第一类货运站的不同之处是它设有仓库和货物存放场地。

3.技术站

汽车技术站的主要任务是对汽车进行保养和维修。按作业性质不同,汽车技术站分为保养场、修理厂、保养和修理合二为一的厂站。

4.停车场(库)

停车场(库)的主要任务是保管停放车辆与保管运输车辆,是公路运输站场的一部分。停车场(库)从建筑形式上可分为暖式车库、冷式车库、车棚和露天停车场四种,我国较为普遍采用的是露天停车场。为节约用地,城市市区应该广泛采用地下车库和多层车库。汽车停车场内的平面布置要方便车辆的进出和进行各类维护作业,多层车库和地下车库还需设有斜道和升降机等,以方便车辆出入。

另外,一般情况下,客、货车站兼办部分车辆技术作业,即成为混合型车站。

五、公路交叉

公路与公路或铁路相交的地方称为交叉口。它是交通的"咽喉",各种车辆和行人都要在交叉口处汇集。线路交叉可分为平面交叉和立体交叉两大类。

(一)公路与公路的平面交叉

1.一般要求

(1)线路交叉部分的计算行车速度,应符合各级公路的计算行车速度规定,见表2-6。所谓计算行车速度,通常是指各级公路的设计车速乘以不同的折算系数。

表2-6 交叉部分计算行车速度

公路计算行车速度/(km/h)	80	60	40	30	20
交叉部分计算行车速度/(km/h)	55	40	30	25	20

(2)交叉口应选择在地形平坦、视线开阔的地方。交叉路段应尽量采用直线,必要时可采用不低于表2-7规定的不设超高的曲线,并尽量正交,当必须斜交时,交叉角应大于45°。

(3)平面交叉地点宜设在水平段,其最小长度应不小于表2-7所列数值,紧接水平段的纵坡应不大于3%,在山岭工程艰巨地段应不大于5%。

(4)在交叉公路上的汽车,在距交叉点前后相当于交叉公路要求的停车视距范围内应能互相看得到。当条件受到限制时,可采用表2-7所列最短停车视距,并应设置限制速度的标志。

(5)交叉口的竖向布置要符合行车舒适、排水通畅的要求,要使相交公路在交叉口内有平顺的共同面,使地面水能及时排泄。

表 2-7　曲线相交不设超高的曲线

公路等级	二级		三级		四级	
地形	平原微丘	山岭重丘	平原微丘	山岭重丘	平原微丘	山岭重丘
正常时曲线半径/m	1 000	250	500	150	250	100
困难时曲线半径/m	500	150	250	100	150	60
水平段最小长度/m	130	60	90	40	50	30
要求停车视距/m	100	50	75	30	50	20
最短停车视距/m	70	35	50	25	35	20

2. 平面交叉口的类型

平面交叉口的形式取决于道路网的规划、交叉口用地及其周围建筑的情况、交通量、交通性质和交通组织。常见的平面交叉口有简单交叉口、扩展路口式交叉口及环形交叉口。

1）简单交叉口

所谓简单交叉口,是指平面交叉中,对交叉口既不做任何特殊处理,又不进行交通管制的交叉口。在这种交叉口处行驶的车辆,不受任何限制,各自按照交通规则行驶。简单交叉口如图 2-14 所示。

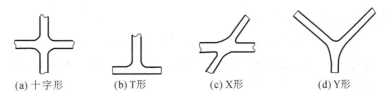

(a) 十字形　　(b) T形　　(c) X形　　(d) Y形

图 2-14　简单交叉口

简单交叉口适于作交通量小、车速低的次要道路或地方道路相连接的交叉口。如果斜交角度不大,简单交叉口也适用于转弯交通量较小的次要公路与比较重要的地方公路的连接。

2）扩展路口式交叉口

在交通量较大、转弯车辆较多,而交叉口的通行能力不能满足交通量的需要时,可采用增设行驶车道和变速车道,以适应车辆临时停候和变速行驶。扩展路口式交叉口可以单辟右转弯车道或左转弯车道,也可以同时增辟左转弯车道和右转弯车道,以提高通行能力。扩展路口式交叉口如图 2-15 所示。

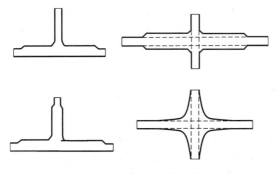

图 2-15　扩展路口式交叉口

3）环形交叉口

在交叉口的中央设置中心岛,围绕中心岛设置汽车环道。所有进入环道的车辆,一律按逆时针方向环绕中心岛单向行驶,直至行至所要去的路口驶出环道。环形交叉口如图 2-16 所示。

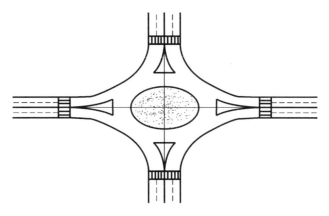

图 2-16　环形交叉口

当非机动车和行人较多时,不宜采用环形交叉口。因为它不但增加非机动车和行人在交叉口的行程,而且环道进出口会被大量的非机动车和人流包围,使机动车进出环道困难,影响机动车车速和连续运行,通过能力下降,甚至造成交通阻塞。

（二）公路与公路的立体交叉

立体交叉是两条道路在不用高度（空间）上相互交叉的形式。在立体交叉上需设置跨线桥,一条道路自桥上通过,另一条道路自桥下通过,彼此互不干扰。桥上及桥下的通道由匝道连接。匝道是为相交路线互相通车而设置的联络道。

立体交叉是保证车辆迅速、安全、不间断地通过交叉口的有效措施。一般可在下述情况下采用立体交叉。

（1）一级公路与其他各级公路相交时。

（2）其他各级公路通过交叉口的交通量（饱和小时交通量）超过 1 000 辆/时。

（3）当地形和环境适宜时,比如各级公路在 3 m 以上挖方地段与其他公路交叉,或较高的桥头引道与滨河路线交叉等。

1.立体交叉的组成

立体交叉的主要组成部分如图 2-17 所示。

（1）跨线桥。跨线桥是立交的主要结构物,是指立交实现车流空间分离的主体构造物,包括设于地面以上的跨线桥和设于地面以下的地道。

（2）主线。主线是组成立交的主体,指相交道路的直行车行道。

（3）匝道。匝道是为高速公路同其他公路互相通车而专门设置的联络道,是立交的重要组成部分。匝道同高速公路或相交路线的交点称为匝道终点。

（4）入口和出口。由高速公路驶出,进入匝道的路口称为出口;由匝道驶出,进入高速公路的路口称为入口。"出"和"入"都是就高速公路而言的。

（5）变速车道（加速车道和减速车道）。变速车道指为适应车辆变速行驶的需要,在主线右侧的出入口附近设置的附加车道。出口端为减速车道,入口端为加速车道。

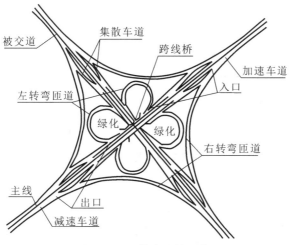

图 2-17 立体交叉的组成

（6）辅助车道。在主线的分、合流附近，为维持主线的车道数平衡和保持主线的基本车道数而在主线外侧增加的附加车道称为辅助车道。

（7）集散车道。为了减少车流进出高等级道路的交织和出、入口数量，在立体交叉范围内主线的一侧或两侧设置的与主线平行且分离的专用道路称为集散车道。

立体交叉的范围一般是指各相交道路出入口变速车道渐变段顶点以内包含的主线与匝道的全部区域。

2.立体交叉的基本类型

按有无匝道相连，立体交叉可分为分离式立交和互通式立交两种。

（1）分离式立交：仅设跨线桥一座，使相交道路在空间上分离，上下道路无匝道连接。这种立交不增占土地，设计构造简单，造价低，但相交道路的车辆不能转弯行驶，只适用于高速公路与铁路或次要道路之间的连接。

（2）互通式立交：不仅设跨线桥使相交道路在空间上分离，而且上、下道路用匝道相连接，以供转弯车辆行驶。这种立交车辆可转弯行驶，全部或部分消灭了冲突点，各方向行车干扰较小，但结构复杂、占地多、造价较高。互通式立交主要有部分互通式立交、完全互通式立交和环形立交三种形式。

① 部分互通式立交。相交道路的车流轨迹线之间至少有一个平面冲突点的交叉。部分互通式立交的代表形式主要有菱形立交和部分苜蓿叶式立交等。

a.菱形立交。图 2-18 所示为菱形的三路立交和四路立交。菱形立交的特点是：能保证主线直行车辆快速通行；转弯车辆绕行距离较短；主线上具有高标准的单一进出口，交通标志简单；主线下穿时，匝道坡度便于驶出车辆的减速和驶入车辆的加速。菱形立交形式简单，仅需一座架线桥，用地少，工程费用低，但次线与匝道连接处为平面交叉，影响了通行能力和行车安全，只适用于高速公路与次要道路相交的场合。

b.部分苜蓿叶式立交。部分苜蓿叶式立交又可细分为多种形式，如图 2-19 所示，可根据转弯交通量的大小或场地的限制情况，采用其中任何一种形式或其他变形形式。这种部分互通式立交特别适用于高速公路与次要道路相交的场合，当用地或地形等受限制时，也可考虑采用这种类型的立交。

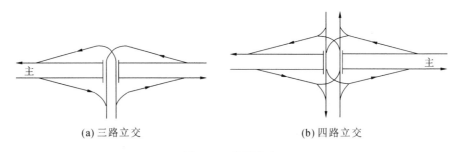

(a) 三路立交　　　　　　　　　(b) 四路立交

图 2-18　菱形立交

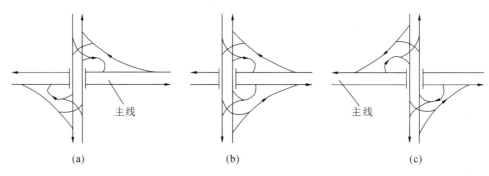

(a)　　　　　　　　(b)　　　　　　　　(c)

图 2-19　部分苜蓿叶式立交

② 完全互通式立交。完全互通式立交是指道路的车流轨迹线全部在空间分离的一种立体交叉。它是一种比较完善的高级形式,各转向都有专用匝道,适用于高速公路与高速公路以及高速公路与其他高等级道路的交叉,代表形式有喇叭形、苜蓿叶形、子叶形、Y 形。

a. 喇叭形立交。喇叭形立交如图 2-20 所示,是三路立交的代表形式,可分为 A 式和 B 式。经环圈式左转匝道驶入主线为 A 式,驶出主线为 B 式。喇叭形立交的特点是:只需一座构造物,投资省;无冲突点,通行能力大,行车安全;造型美观,行车方向容易辨认。

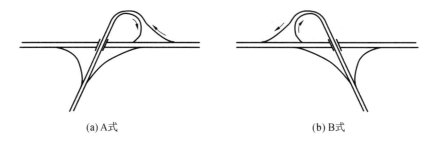

(a) A 式　　　　　　　　　　(b) B 式

图 2-20　喇叭形立交

b. 苜蓿叶形立交。苜蓿叶形立交如图 2-21 所示。该立交形状酷似苜蓿叶,交通运行连续而自然,无冲突点,多用于高速公路之间的交叉。

c. 子叶形立交。子叶形立交如图 2-22 所示。这种立交只需一座构造物,造型美观,造价低,多用于苜蓿叶形立交的前期工程,布设时以使主线下穿为宜。

d. Y 形立交。图 2-23(a)所示为定向 Y 形立交,图 2-23(b)所示为半定向 Y 形立交。这种立交的特点是:转弯车辆的运行速度较高,无交织,无冲突点,行车安全;行车方向明确,路径短捷,通行能力大;主线外侧占地宽度较小,但需要构造物太多,造价较高。

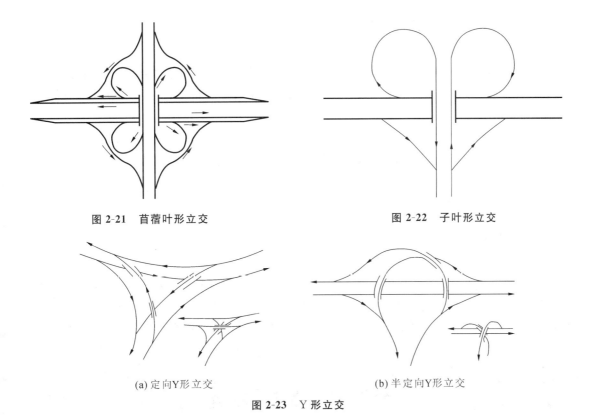

图 2-21 苜蓿叶形立交

图 2-22 子叶形立交

(a) 定向Y形立交

(b) 半定向Y形立交

图 2-23 Y 形立交

③ 环形立交。环形立交如图 2-24 所示。环形立交是相交道路的车流轨迹线因匝道数不足共同使用而形成的具有交织路段的立体交叉,适用于主要道路与一般道路的交叉,以用于五条以上道路交叉为宜。这种立交能保证主线直通,交通组织方便,无冲突点,占地较少。

对于立体交叉,应根据相交公路的等级、使用性质和转道车辆的数量,并结合交叉口的地形、自然条件和占地情况等,做出全面的技术经济比较,选定经济合理的设计方案。

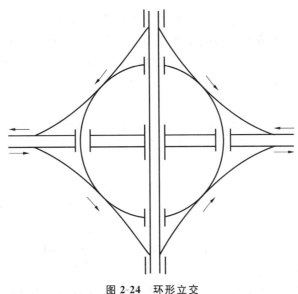

图 2-24 环形立交

(三)公路与其他道路的交叉

1. 公路与农村道路相交

为了保证汽车与非机动车的行驶安全,大车道、机耕道与一级以上公路相交时,必须采用立交;与二级公路相交时,也可采用立交;与三、四级公路相交时一般应采用平交,在地形条件特别有利时也可采用立交。

2. 公路与铁路相交

公路与铁路交叉时,应根据公路的使用性质、交通情况、规划断面和其他特殊要求,以及铁路的使用性质、运行情况、线路数、有无调车作业(作业次数和占用时间)等情况来考虑是采用平交还是采用立交,或者近期做平交而远期改建立交。

公路与铁路平交时,交叉路线应为直线,并尽量正交;必须斜交时,交叉角不宜小于60°,在特殊困难地段也不得小于45°。

3. 公路与管线交叉

公路与管线交叉包括公路与地面杆线交叉、公路与地下管线交叉等。这些管线除和公路产生交叉外,还常与公路平行敷设,距公路一般也都较近。在公路测设时,应根据公路的性质、地形和地物的条件,使公路与管线相隔必要的距离,以保证在平时、维修时和发生事故时不致相互干扰。

第三节 高速公路

一、高速公路概述

(一)高速公路及其发展

1. 高速公路的概念

高速公路是专供汽车分向、分车道行驶,并全部控制出入的多车道公路。高速公路按其功能可分为城市内部高速公路和城市间高速公路两大类;按其距离长短可分为近程高速公路(500 km以内)、中程高速公路(500~1 000 km)和远程高速公路(1 000 km以上)三类;按其布局形式分为平面立体交叉高速公路、路堤式高速公路、路堑式高速公路、高架高速公路和隧道高速公路。

我国《公路工程技术标准》(JTG B01—2014)规定:高速公路能适应的年平均日交通量宜在25 000辆小客车以上,为具有特别重要的政治、经济意义的,专供汽车分道高速行驶并全部控制出入的公路。

高速公路的名称各国不一,欧洲多数国家称为"汽车公路""汽车专用路"。例如,英国称为motoway,法国称为autoroute,瑞典称为expressway(快速公路),美国称为expressway(部分控制出入的快速公路)、freeway(全部控制出入的自由公路)、parkway(公园路)。由此可见,高速公路应包括全部控制出入的高速公路和部分控制出入的快速公路两种。

2. 高速公路的产生及发展

高速公路是社会经济发展的必然产物。它的产生和发展是与整个社会的政治、经济、军事的发展相关的。

德国是修建高速公路最早的国家。美国是高速公路最多、路网最发达、设备最完善的国家。荷兰是高速公路密度最大的国家。我国高速公路的发展主要过程如下。

(1) 1988年,我国第一条高速公路沪嘉高速公路建成,全长18.5 km。

(2) 1990年9月,沈大高速公路通车,全长375 km,开创了我国建设长距离高速公路的先河。

(3) 1993年,京津塘高速公路通车,全长142 km。通过这条路的修建,我国制定了第一个高速公路工程技术标准。

(4) 到1999年底,全国高速公路通车里程已达11 605 km。短短11年间,我国高速公路就走过了发达国家高速公路一般需要40年完成的发展历程。截至2016年底,全国高速公路总里程突破130 000 km,超越与我国国土面积相当的美国,成为世界第一。

(二) 高速公路的功能与特点

1. 高速公路的功能

(1) 封闭,全立交,严格控制出入。高速公路实行的是一种封闭管理,各种车辆只能通过互通式立交的匝道进出。

(2) 汽车专用,限制通行。高速公路只供汽车专用,不允许行人、牲畜、非机动车和其他慢速车辆通行。一般规定速度低于50 km/h的车辆不得上高速公路,在高速公路上最高速度不宜超过120 km/h。

(3) 设中央分隔带,分道行驶。高速公路一般有4个以上车道,实行上下车道分离、渠化通行,隔绝对向车辆的干扰。通过路面交通标线分隔不同车速的车辆,以保证高速公路的连续畅通。

(4) 有完善的交通设施与服务设施。高速公路能满足驾乘人员在路上的多种需求,设有各种安全、通信、监控设施和标志;沿线实行交通限制,规定汽车专用。

(5) 实行分隔行驶。高速公路对向车辆中间设分隔带,同向车辆至少两车道以上,并划线行驶。

(6) 严格控制出入。高速公路采用较高的线形标准和设施完善的交通安全与服务设施,从行车条件和技术上为安全、快速行车提供可靠的保障。

2. 高速公路的特点

一般公路车速低,通行能力差的主要原因有混合交通车流内部干扰大、对向车辆无分隔行驶、侧向干扰大等。高速公路具有汽车专用、分隔行驶、全部立交、控制出入以及高标准设施完善等优点,成为一种新型的交通手段。与一般公路相比,高速公路具有车速高、通行能力大、运输费用省、行车安全等优点。归纳起来,高速公路主要有以下几个方面的特点。

(1) 行车速度高。大部分国家,包括我国的高速公路最高速度一般为120 km/h,个别国家为140 km/h。

(2) 通过能力大。一般双车道公路的通行能力为每日5 000~6 000辆;而一条四车道高速公路每日为34 000~50 000辆,六车道高速公路和八车道高速公路每日为70 000~100 000辆。

(3) 设置分隔带。分隔带由中央分隔带和两侧路缘带组成,如图2-25所示。

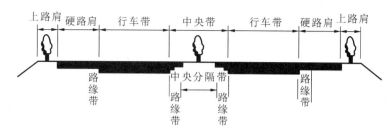

图 2-25　高速公路横断面构成

(4) 立体交叉。原则上高速公路与其他各级公路相交时,都应设置立体交叉,只有在个别特殊情况下才允许设置平面交叉。

(5) 控制出入,交通设施完备,服务设施齐全。

(6) 特殊工程多。由于高速公路设计标准要求高,修建高速公路时,往往要修建许多桥梁和隧道;在市区,往往要修建高架桥。

(三) 高速公路的作用和经济效益

1. 直接经济效益

(1) 缩短运输时间、提高汽车使用效率带来的经济效益。

(2) 节约行驶费用,包括油耗、车耗、轮耗等方面的节约带来的经济效益。

(3) 减少货物运输损坏,节省包装、装卸等费用带来的经济效益。

(4) 降低事故率所减少的经济损失。

2. 间接经济效益

(1) 促进全社会的生产和运输的合理化。

(2) 促进沿线的经济发展和资源开发。

(3) 加速物质生产和产品流通。

(4) 促进水路、铁路与高速公路的联运。

(5) 有利于城市人口的分散和卫星城镇的开发。

另外,高速公路,特别是城市的地下高速公路,为战时运输和城市紧急疏散以及空防提供了有利条件,在国防和军事上有着重要意义。

二、高速公路的沿线设施

高速公路的沿线设施包括交通安全设施、服务设施、环境绿化设施以及交通控制及管理系统。这些设施是保证高速公路行车安全和调节恢复驾驶员和乘客疲劳、方便旅客、保护环境不可缺少的重要组成部分。

(一) 交通安全设施

1. 安全护栏

安全护栏是为防止车辆驶出路外或闯入对向车道,而沿高速公路边缘或在分隔带上设置的一种安全防护设施,是一种重要的交通安全设施。

安全护栏按结构不同可分为刚性护栏、半刚性护栏和柔性护栏三类。

(1) 刚性护栏。这是一种基本上不变形的护栏。它利用失控车辆碰撞后爬高并转向来吸收碰撞能量。混凝土护栏是刚性护栏的主要形式,是一种以一定形状的混凝土块相互连接而组成的墙式结构。

(2) 半刚性护栏。这是一种连续的梁柱式护栏结构,具有一定的刚度和柔性,利用土基、立柱、横梁的变形来吸收碰撞能量,并迫使失控车辆改变方向。波形梁护栏是半刚性护栏的主要形式,是一种以波纹状钢护栏板相互拼接并由立柱支撑而组成的连续结构。

(3) 柔性护栏。这是一种具有较大缓冲能力的韧性护栏结构。缆索护栏是柔性护栏的主要形式,是一种以数根施加初张力的缆索固定于立柱上而形成的结构,主要依靠缆索的拉应力来抵抗车辆的碰撞,并吸收碰撞能量。

2. 防眩设施

汽车前照灯产生的眩光是危害公路夜间行驶的主要因素,尤其是在高速公路上,由于车速很高,在夜间对向车前照灯对驾驶员的眩目和视距的影响会更加严重。目前解决汽车前照灯眩光问题的行之有效而又经济可行的做法是在高速公路上设置防眩设施。

我国高速公路上广泛应用的防眩设施主要是防眩板,其次是树、防眩网。防眩板是一种经济、美观、对风阻挡小、积雪少、对驾驶员心理影响小的比较理想的防眩设施。

3. 防噪设施

通常采用的防噪设施如图 2-26 所示。

(1) 隔音墙:通常墙高 3~5 m,多用隔声水泥板或混凝土组合托架。

(2) 遮音堤:路两旁设土堤,便于绿化。遮阴堤的高度以能挡住最高受音点为宜,堤上种植植被。

(3) 遮音林带:一般宽 10~20 m,隔音效果好,但占地较多。

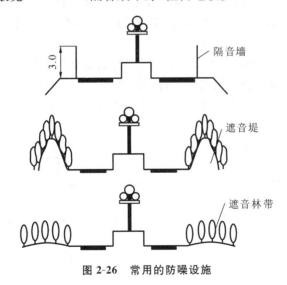

图 2-26 常用的防噪设施

4. 隔离设施(隔离栅)

隔离设施又可称隔离栅,是阻止人畜进入高速公路、防止非法占用公路用地的基础设施。它可有效地排除横向干扰,避免由此产生的交通延误或交通事故,保障高速公路效益的发挥。

隔离设施有金属网、带刺铁丝网和常青绿篱三大类。常青绿篱在南方地区与带刺铁丝网配合使用,具有降噪、美化路容和节约投资的功效。

5.照明设施

高速公路的照明费用较高,一般郊外不设置照明设施,只有在接近市区和所有立体交叉处才采用全照明或局部照明。经验证明,增加照明高度(过去为 7.5 m,现在为 12~15 m)使驾驶员环视周围清楚得多,光线均匀,减少目眩,而且可以减少灯柱数量,节省电力和费用。

采用高灯塔可得到亮度大的照明区。这种装置将 5~10 座特殊照明设备装在 33 m 的高塔上,以代替过去立体交叉地区灯柱林立的状态。驾驶员不仅能看清道路,而且能看清楚整个立体交叉。每一座高灯塔可发出一种柔和而又不眩目的光线,使人像在月光下一样能看清约 300 m 的照明范围。

6.道路标志

(1) 交通标志:为交通安全,行车顺利、舒适,使驾驶员能事先知道道路交通准确情况所设置的标志设施。它包括以下几种。

① 警告标志:急弯、陡坡等。
② 禁令标志:禁止通行、车辆限制等。
③ 指示标志:指示车辆、行人行进和停止的标志。
④ 指路标志:表示行政区划分界、地名或名胜古迹位置距离,预告中途出入口、沿途服务设施等。

(2) 信号标志:用灯光信号或以文字、图形显示的色灯信号进行交叉口的交通管理,一般常用绿、红、黄三色。

(二) 服务设施

所谓高速公路服务设施,是指设置在高速公路上,为高速公路使用者提供服务的服务区。服务设施包括服务区(加油站、休息室、小卖部、厕所等)、停车区(停车场、电话等)和辅助设施(养路站、园地等)。

服务区的基本布置形式分为分离式和集中式。分离式是将停车场布置在主线的两侧,与主线分离,而不是集中布置在主线一侧或两车行道的中央,后者为集中式。另根据餐厅是紧靠车道的内侧还是外侧,分离式服务区又分为内向型和外向型,如图 2-27、图 2-28 所示。当高速公路实施收费管理时,需要建收费站。

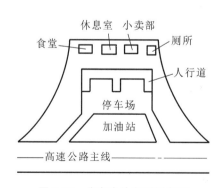

图 2-27 分离式外向型服务区　　图 2-28 分离式内向型服务区

(三) 环境绿化设施

当前,公路美学已成为设计的重要方面,所以高速公路的线形与结构物应特别注意与周围优美景观及生态环境的协调,尽量减少施工痕迹或通过和谐的修复与绿化来恢复天然景观。高速公路的两侧应进行绿化,种植风景林和防护林,美化路容。

中央分隔带应种植高 1.2～1.4 m 的常绿树木,以美化景色并避免对向汽车灯光眩目,影响驾驶员的视度,但在弯道内侧种树,不得妨碍行车视距的要求。

(四) 交通控制及管理系统

现代化的交通控制及管理系统,用电子计算机控制及信号自动化来监视路段内的交通情况,迅速测出交通堵塞情况和交通事故,通过发出交通信息变换标志和无线电行车信号,告知驾驶员有关信息,以便将汽车开到合适的公路上并保证交通畅通。正确掌握道路上的交通状况是研究交通控制及管理系统的先决条件,除需要掌握与测定交通量外,还需测定交通速度、交通密度等,以检验交通堵塞情况。目前交通监视方法有以下几种。

1. 检测器监视

高速公路沿线埋大量检测器,并与中心计算机联系,根据检测器读数可以判断是否发生了偶然事件,如果发生了事故,则自动发出警告。

2. 工业监视

在高速公路进出口、立交处安设摄像机,将录制的交通情况送控制中心,可及时发现问题。

3. 通信联系

沿高速公路安装电话系统,或给驾驶员配备发报机,一旦发生事故,可通过电信与有关部门取得联系。

4. 巡逻

定期派出装有收发报机的巡逻车,并携带简便修理机具,可以及时检修事故车辆。

第四节 道路运输车辆

道路运输车辆主要是汽车。汽车是自带动力装置驱动、无轨道、无架线的运载工具。作为一种陆上交通工具,汽车是道路运输装备的核心,具有方便、机动、灵活、速度快、适应性强等特点。此外,汽车的品种多、数量大,是工农业生产和国防建设以及人们日常生活中不可缺少的一种交通工具。

一、汽车的类型

出于不同的需要,对汽车有很多不同的分类方法。

汽车按动力装置形式分为活塞式内燃机汽车、电动汽车、燃气轮汽车和混合动力汽车;按对道路的适应性分为普通汽车和越野车,按用途分为载客车、货车和特种用途的汽车。

(一) 载客车

载客车是专门用作人员乘坐的汽车,按其座位多少又可分为轿车、客车和旅游车等种类。

1. 轿车

轿车是除驾驶员外乘坐 2～8 人的小型客车。轿车按发动机的工作容积(排量)大小分为微型(1 L 以下)、轻型(1～1.6 L)、中型(1.6～2.5 L)和大型(2.5 L 以上)。另外,轿车还可以分为普通轿车、高级轿车、旅游轿车和活顶轿车。图 2-29 所示是几种常见的轿车。

(a) 普通轿车　　　　　　　　　　　(b) 活顶轿车

(c) 高级轿车　　　　　　　　　　　(d) 跑车型轿车

(e) 敞篷车　　　　　　　　　　　　(f) 旅行车

(g) 多用途轿车　　　　　　　　　　(h) 越野轿车

图 2-29　几种常见的轿车

2. 客车

除驾驶员外乘坐 9 人以上的载客车为客车。客车有单层、双层形式，并可按总质量、总长度分为不同类型，如表 2-8 所示。

表 2-8　客车类型

类型	轻型(小型)	中型	大型	铰接式	双层
总质量/t	<4	4～11	11～16	>18	>15
总长/m	<6	6～9	9～12	>14	9～12

1) 旅行客车

旅行客车有小型、中型之分,座位数不超过 20 个。根据外观形状,我国将旅行客车俗称为"面包车"。旅行客车机动灵活,有较高的乘坐舒适性,如图 2-30、图 2-31 所示。

图 2-30　小型旅行客车

图 2-31　中型旅行客车

2) 城市客车

城市客车是行驶于城市和城郊的大型客车。最常见的一种城市客车为城市公共汽车。城市公共汽车车厢中除设有座位外,还有供乘客站立和走动的较宽通道。有的城市公共汽车的车厢分上、下两层,上层全部设座位,下层有座位和站位。双层城市公共客车较单层城市公共客车的载客数多,但重心较高,行驶稳定性较差。常见的城市客车如图 2-32、图 2-33 所示。

图 2-32　城市客车

图 2-33　BRT 公交车

3) 公路客车

公路客车行驶于城市间或乡镇间公路线上的大型客车,可分为长途客车和短途客车。长途客车的运距达数百公里,有的车厢内全部设座位、有的全部设铺位,所以俗称"卧铺车"。它还有存放乘客随身行李的行李架或行李仓。短途客车的运距仅数十公里,车厢内除设有座位外,还有站位。常见的公路客车如图 2-34、图 2-35 所示。

图 2-34　长途客车

图 2-35　双层卧铺车

4)游览客车

游览客车供游览、观光乘坐,如图 2-36 所示。游览客车座位间距较大,乘坐舒适,视野广阔,一般都有通风、取暖和制冷设备。高级的长途游览客车还有卧铺、卫生间、厨房和文娱室等。

5)校车

校车是用于运送学生往返学校的交通工具,具有优先通行权,如图 2-37 所示。

图 2-36 游览客车

图 2-37 校车

6)房车

房车是舒适豪华的客车,具有良好的住宿条件和完备的生活设施,如图 2-38 所示。

7)特制专用客车

特制专用客车是根据需要特别定制的专门用车,如指挥车(见图 2-39)、机场摆渡车(见图 2-40)、采血车(见图 2-41)、救护车、消防车、商务车等。

图 2-38 房车

图 2-39 指挥车

图 2-40 机场摆渡车

图 2-41 采血车

城市客车按车辆长为主参数分为以下几种。

(1) 特大型城市客车:13 m<车辆长≤18 m 的铰接客车,10 m<车辆长≤12 m 的双层客车。

(2) 大型城市客车:10 m<车辆长≤12 m 的客车。

(3) 中型城市客车:7 m<车辆长≤10 m 的客车。

(4) 小型城市客车:3.5 m<车辆长≤7 m 的客车。

特大型城市客车分超 1 级、高级、中级、普通级四个等级;大型城市客车分超 2 级、超 1 级、高级、中级、普通级五个等级;中型城市客车分超 1 级、高级、中级、普通级四个等级;小型城市客车分高级、中级、普通级三个等级。

(二) 货车

主要供运载货物用的汽车称为货车,又称载货汽车。

1. 按用途和使用条件分类

由于货车所载运的货物品种较多,装载量及车厢的结构也各有不同,因此过去常按用途和使用条件将货车分为普通货车和专用货车两大类型。

1) 普通货车

普通货车具有栏板式车厢,可运载各种货物,如图 2-42 所示。

图 2-42 普通货车

2) 专用货车

专用货车通常由普通货车改装而成,其车厢是为专门运输某种类型的货物而设计的。专用货车具备专用功能,用于承担专门运输任务。专用货车主要包括汽车列车、冷藏保温车、集装箱运输车等。

(1) 汽车列车。

汽车列车是指一辆汽车(货车或牵引车)与一辆或一辆以上挂车的组合。汽车为汽车列车的驱动车节,称为主车;被主车牵引的从动车节称为挂车。牵引车是专门用来牵引挂车、半挂车和长货挂车的主体。

① 半挂牵引车。半挂牵引车是装备有特殊装置、用于牵引半挂车的商用车辆。此类车辆

可以通过改变其后部的挂车来装载各种集装箱和大型设备。半挂牵引车及其列车如图 2-43 所示。

图 2-43　半挂牵引车及其列车

② 全挂牵引车。全挂牵引车是一种牵引牵引杆式挂车的货车。它本身可在附属的载运平台上运载货物。全挂牵引车及其列车如图 2-44 所示。

图 2-44　全挂牵引车及其列车

（2）冷藏保温车。

冷藏保温车是指装有冷冻或保温设备的厢式货车，通过制冷装置为货物提供最适宜的温度和湿度条件，以此满足对温湿度有特殊要求的货物的运输需要，如图 2-45 所示。

图 2-45　冷藏保温车

（3）集装箱运输车。

集装箱运输车是指专门用来运输集装箱的专用汽车，如图2-46所示。

图 2-46　集装箱运输车

集装箱运输车是根据集装箱的箱型、种类、规格尺寸和使用条件来设计的，一般分为载货汽车和拖挂车两种。

集装箱牵引车本身不具备装货平台，必须与挂车连在一起使用。基于不同的角度，集装箱牵引车有不同的分类。按其车轴的数量分，集装箱牵引车有3～5轴的、有单轴驱动至3轴驱动的；按其用途分，集装箱牵引车有箱货两用、专用，能自装自卸；按挂车结构分，集装箱牵引车有骨架式、直梁平板式、阶梯梁鹅颈式等；按其驾驶室的形式，集装箱牵引车可分为平头式和长头式两种。

挂车本身没有动力装置，需要与牵引车组成汽车列车。牵引车和挂车的连接方式分为半挂和全挂。集装箱牵引车拖带挂车，主要采用以下三种方式。

① 半拖挂方式：用牵引车来拖带装载了集装箱的挂车。这类车型的特点是：集装箱的质量由牵引车和挂车的车轴共同分担，故轴压力小；后车轴由于承受了部分集装箱的质量，故能得到较大的驱动力；挂车前端的底部装有支腿，便于甩挂运输。

② 全拖挂方式：牵引车通过牵引杆架与挂车连接，牵引车本身可作为普通载重汽车使用。

③ 双联拖挂方式：半拖挂方式牵引车后面再加上一个全挂车，实际上是牵引车拖带两节底盘车。

集装箱牵引车拖带挂车方式如图2-47所示。

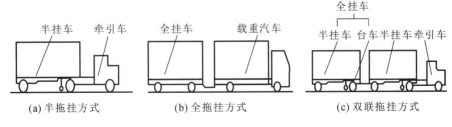

图 2-47　集装箱牵引车拖带挂车方式

2.按最大总质量分类

载货汽车也可按最大总质量分为微型货车、轻型货车、中型货车和重型货车4类，见表2-9。

表 2-9　按最大总质量分类时的载货汽车类型

类型	微型货车	轻型货车	中型货车	重型货车
总质量 G/kg	$G \leqslant 1\,800$	$1\,800 < G \leqslant 6\,000$	$6\,000 < G \leqslant 14\,000$	$G > 14\,000$

3. 按货箱形式分类

1）栏板式货车

栏板式货车有普通栏板式、高栏板式、三面开栏板式和单面（后面）开栏板式之分。图 2-48 所示为普通栏板式货车示意图。

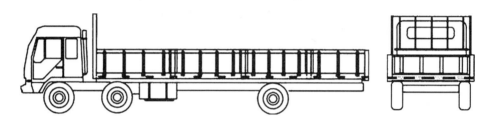

图 2-48　普通栏板式货车示意图

2）自卸式货车

自卸式货车的货厢能自动举升并倾卸散装货物、固体货物，如煤、砂石、矿料等。通常自卸式货车车厢向后翻倾，也有向侧面翻倾的，如图 2-49 所示。另外，还有三面倾斜式的。

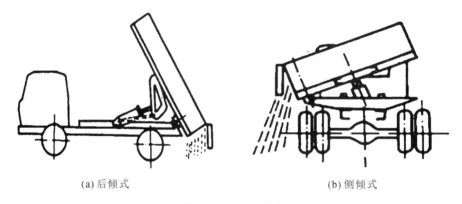

(a) 后倾式　　　　　　　　(b) 侧倾式

图 2-49　自卸式货车

3）厢式货车

厢式货车具有封闭的箱式货箱，图 2-50 所示为厢式货车反光带、标志牌及安全标示牌位置示意图。

4）罐式货车

罐式货车用于运输液体、气体以及粉粒状物料等。当装运油料及易燃、有毒、腐蚀性液体时，应有安全设施；当运输水泥、面粉等散装粉粒状物料时，应有装卸设备。图 2-51 所示为罐式货车反光带、标志牌及安全标示牌位置示意图。

5）平台式货车

平台式货车用于运输集装箱等，如图 2-52 所示。

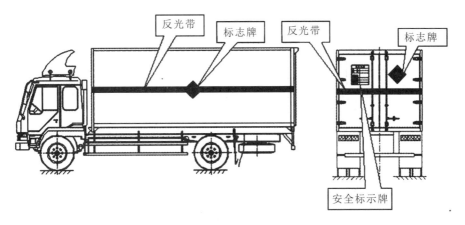

图 2-50　厢式货车反光带、标志牌及安全标示牌位置示意图

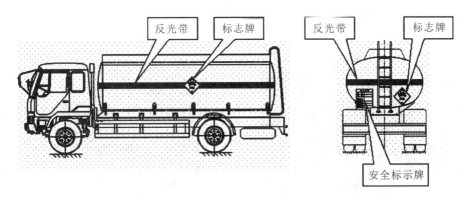

图 2-51　罐式货车反光带、标志牌及安全标示牌位置示意图

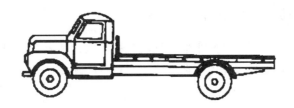

图 2-52　平台式货车

6）仓栅式货车

仓栅式货车是由栏板式货车加装框架而构成的，雨天还可以盖上帆布，如图 2-53 所示。

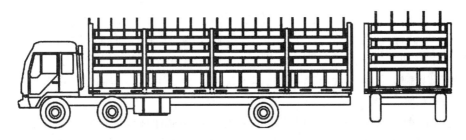

图 2-53　仓栅式货车

7）牵引-半挂车式货车

图 2-54 所示为牵引-半挂车式货车。

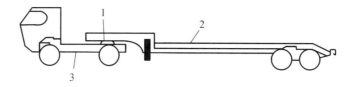

图 2-54　牵引-半挂车式货车
1—牵引座；2—半挂车；3—半挂牵引车

（三）特种用途的汽车

特种用途的汽车有：建筑工程用汽车，包括专门用于起重、挖沟、埋管、混凝土搅拌等施工作业的汽车；市政、公共事业用汽车，包括用于清扫、除雪、医疗、救护、售货、邮政、消防等方面的专用汽车；农用汽车；竞赛汽车等。消防车如图 2-55 所示，除雪车如图 2-56 所示。

图 2-55　消防车

图 2-56　除雪车

二、汽车识别代码与产品型号

汽车产品的编号分为汽车型号和车辆识别码两种形式。前者主要用来表明汽车的厂牌、类型和主要特征参数等。后者是按照国际标准化组织（ISO）制定的统一规则，在世界范围内对车辆编制的唯一识别身份的代码。

（一）汽车识别代码

车辆识别代码（vehicle identification number）简称 VIN，由 17 位字母和阿拉伯数字组成，用以识别车辆身份。VIN 在世界范围内可以确保 30 年无重号，从而成为汽车唯一的识别符。VIN 可以提供车辆的生产国、生产厂家、生产年份、汽车类型、品牌名称、车型系列、车身形式、发动机型号和装配工厂名称等诸多信息，具有很强的唯一性、区分性、可读性和可检索性，可以用于车辆管理、车辆检测、车辆维修、车辆交易、车辆召回和车辆保险等许多场合。VIN 一般以字母和数字串形式设置在汽车的指定部位，可以在需要时方便读得。

VIN 由世界制造厂识别代码（WMI）、车辆说明部分（VDS）和车辆指示部分（VIS）三部分组成，如图 2-57 所示。

对于世界制造厂识别代码的管理，国际标准化组织按照地理区域将世界各国按字母编码加以区别，各国在此基础上由专门的组织负责对本国汽车制造厂进行代码分配。在车辆说明部

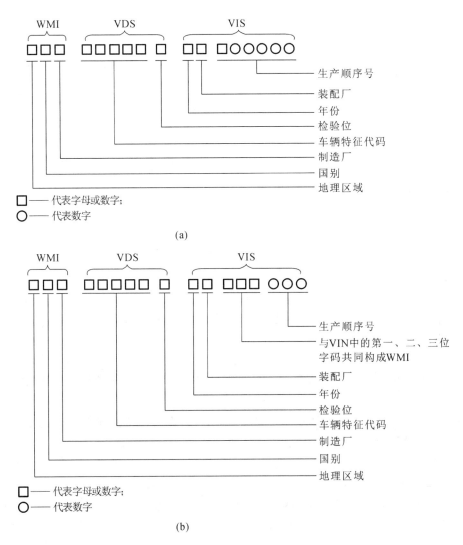

图 2-57 VIN 的组成

分,以前 5 位字母和数字表达车系、动力系统形式和型号、车身形式、安全约束系统配置等信息。车牌指示部分主要用来表示汽车装配厂和生产顺序号。

(二) 汽车产品的型号

汽车产品型号由企业名称代号、车辆类别代号、主参数代号、产品序号组成,必要时附加企业自定代号,如图 2-58 所示。另外,对于专用汽车及专用半挂车,还应增加专用汽车分类代号。

图 2-58 汽车产品型号组成

企业名称代号用制造(或改装)该车型的企业名称中最重要的两个或三个字的汉语拼音首字母表示。例如,"EQ"表示东风汽车公司(二汽),"NJ"表示南京汽车制造厂,"TJ"代表天津汽车制造厂等。但也有少数例外,如"CA"表示一汽集团(C 为车的汉语拼音的第一个字母,表示汽车制造厂,A 为字母表的第一个字母,表示第一)。

车辆类别代号用一位阿拉伯数字表示。各数字所代表的汽车类型如表 2-10 所示。

表 2-10 车辆类型与代号

车型	载货汽车	越野汽车	自卸汽车	牵引汽车	专用汽车	客车	轿车	半挂车
代号	1	2	3	4	5	6	7	9

主参数代号设有两位,用以表示汽车最重要的数据。不同类型的汽车主参数具有不同的含义。对于载重汽车、越野汽车、自卸汽车、牵引汽车、专用汽车(1~5 类汽车)及半挂车来说,主参数代号为车辆的总质量,单位为 t,只取整数部分。牵引汽车的总质量包括牵引座上承受的重力质量。例如,总质量为 9 210 kg 的载重汽车的主参数为 09。客车的主参数代号为其总长度,单位 0.1 m。例如,某大客车总长度 8.46 m,其主参数代号为 84。轿车的主参数代号为其发动机的排量,单位 0.1 L。例如,发动机排量为 1.36 L 的轿车的主参数代号为 13。

产品序号是生产厂家用来区别本厂生产的同类型、同主参数但不同产品系列或经过改进之后的产品,用一位数字表示。一般用 0 表示第一代,经过一次较大改进后,用 1 表示第二代,其余类推。

企业自定代号由企业决定,既可以用字母,也可以用数字,表示的内容也比较活,都是该产品最突出的特征,如发动机代号、驾驶室代号、轴距代号等。代号的具体意义由企业解释。

下面举几个例子:

BJ2020S——BJ 代表北京汽车制造厂,2 代表越野汽车,02 代表该车总质量为 2 000 kg,0 代表该车为第一代产品,S 为厂家自定义。

TJ7131U——TJ 代表天津汽车制造厂,7 代表轿车,13 代表排气量为 1.3 L,1 代表该车为第二代产品,U 为厂家自定义。

解释可连贯起来,如:CA1091 表示一汽集团制造的载重汽车,总质量 9 t(或 9 t 多),是同类车型的第二序列(或第二代);EQ2090 表示东风汽车公司(二汽)生产的越野汽车,总质量 9 t,是同类车型的第一序列;TJ7100 表示天津汽车制造厂生产的轿车,发动机排量约为 1.0 L。

专用汽车及专用半挂车产品型号组成如图 2-59 所示,它在普通汽车产品型号的基础上增加了识别专用汽车结构特征的代号——专用汽车分类代号。专用汽车分类代号及含义如表 2-11 所示。

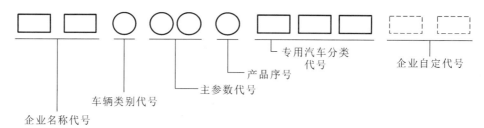

图 2-59 专用汽车及专用半挂车产品型号组成

表 2-11 专用汽车的分类代号

汽车类型	厢式汽车	罐式汽车	专用自卸汽车	特种结构汽车	起重举升汽车	仓栅式汽车
分类代号	X	G	Z	T	J	C

三、汽车的基本构造和布置形式

(一) 汽车的基本构造

虽然汽车的类型很多,各类汽车的总体构造有所不同,但它们的基本组成是一致的,都由发动机、底盘、车身和电气设备四大部分组成。一般货车总体构造的基本形式如图 2-60 所示。

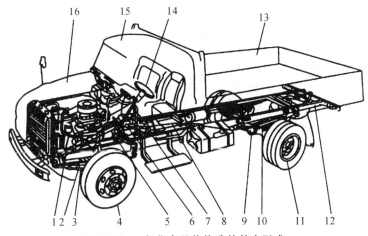

图 2-60 一般货车总体构造的基本形式

1—发动机;2—前轴;3—前悬架;4—转向车轮;5—离合器;6—变速器;7—驻车制动器;8—传动轴;9—驱动桥;
10—后悬架;11—驱动车轮;12—车架;13—车厢;14—转向盘;15—驾驶室;16—车前钣金件

1. 发动机

发动机是汽车的动力装置,是汽车的"心脏"。它的作用是使燃料燃烧后产生动力,然后通过底盘的传动系统驱动汽车行驶。汽车发动机由曲柄连杆机构、配气机构、燃料供给系、冷却系、润滑系、点火系和起动系("二大机构""五大系")组成。发动机的结构总成如图 2-61 所示。

汽车发动机都是将燃料燃烧的热能转变为机械能的热力发动机。现代汽车广泛采用往复活塞式内燃机,其中主要是汽油机和柴油机。常见的汽油机是利用化油器使汽油与空气混合后吸入发动机气缸内,用电火花强制点燃混合气体,使其燃烧后产生热能而做功;柴油机利用喷油泵使柴油产生高压后由喷油器直接喷入发动机气缸内并与气缸内压缩空气混合形成混合气,柴油自燃后产生热能而做功。两者相比较,汽油机具有转速高、质量小、工作时噪声小、启动容易、制造和维修费用低等特点,故在轿车和中小型货车上及军用越野汽车上得到广泛应用。汽油机的不足之处是燃油消耗率较高,因而燃料经济性较差;同时,汽油机的排气净化指标也较差。

柴油机因压缩比高,燃料消耗率平均比汽油机低 30% 左右,而且柴油价格较低,所以以燃料经济性较好。另外,柴油机的排气污染也比较小。因此,一般装载质量在 7 t 以上的货车大都用柴油机。柴油机的缺点是转速较汽油机低、质量大、制造和维修费用高。目前,柴油机的这些缺点正逐渐得到克服,它的应用范围正在向中、轻型货车扩展。

2. 底盘

底盘是汽车的基础,可以称底盘是汽车的"骨骼"。它的作用是接受发动机的动力,使汽车产生运动,并保证正常行驶,同时支撑、安装汽车其他各部件、总成。底盘由传动系、行驶系、转向系和制动系"四大系"组成。

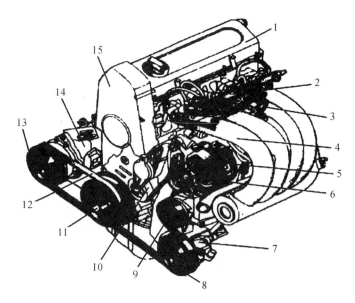

图 2-61 发动机的结构总成

1—气缸盖罩;2—燃油分配管;3—油尺;4—进气歧管;5—发电机;6—发电机传动带轮;
7—动力转向油泵;8—动力转向油泵传动带轮;9—导向轮;10—张紧轮;11—曲轴传动带轮;
12—多楔传动带;13—空调压缩机传动带轮;14—空调压缩机;15—正时齿形传动带护罩

1) 传动系

汽车传动系的基本作用是将发动机发出的动力传给驱动车轮。

载货汽车上目前常见的传动系的组成及其布置形式如图 2-62 所示。发动机纵向安置在汽车前部,并且以后轮为驱动车轮。图中有标号的部分为传动系。发动机发出的动力依次经过由离合器 1、变速器 2、万向节 3 和传动轴 8 组成的万向传动装置以及安装在驱动桥 4 上的主减速器 7、差速器 5 和半轴 6 传给驱动车轮。驱动车轮得到扭矩,便给地面向后的作用力,地面因此对驱动车轮产生一个反作用力,这个反作用力就是汽车的牵引力。

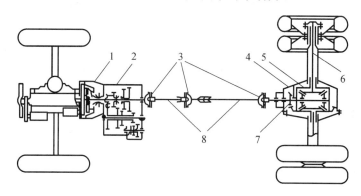

图 2-62 载货汽车上目前常见的传动系的组成及其布置形式

1—离合器;2—变速器;3—万向节;4—驱动桥;5—差速器;6—半轴;7—主减速器;8—传动轴

汽车的类型不同,发动机的安装位置不同,都会使传动系的布置形式不同。

2) 行驶系

行驶系的主要作用是：将汽车构成一个整体，支承汽车的总质量；将传动系传来的扭矩转化为汽车行驶的驱动力；承受并传递路面作用在车轮上的各种反力及力矩；减少振动，缓和冲击，保证汽车平顺行驶；与转向系配合，正确控制汽车的行驶方向。

汽车行驶系的结构形式因车型和行驶条件的不同而有所差异。绝大多数汽车行驶在比较坚实的道路上，其行驶系中直接与路面接触的部分是车轮，因而称为轮式行驶系。除广泛应用的轮式外，行驶系还有履带式、车轮-履带式、跨步式等形式。

轮式行驶系一般由车架、车桥、车轮和悬架等组成，如图2-63所示。

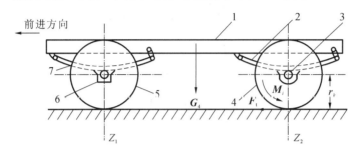

图 2-63 轮式行驶系的组成及部分受力情况
1—车架；2—后悬架；3—驱动桥；4—驱动车轮；5—从动车轮；6—从动桥；7—前悬架

3) 转向系

转向系的作用是通过驾驶员操纵转向盘，根据需要保持或改变汽车行驶方向，并减轻驾驶员的劳动强度。汽车转向系由转向器和转向传动机构两部分组成，图2-64所示为汽车转向系示意图。转向器由方向盘、转向轴、转向传动轴、转向万向节等组成。转向传动机构由转向垂臂、转向纵拉杆、转向节臂、转向横拉杆、梯形臂等组成。

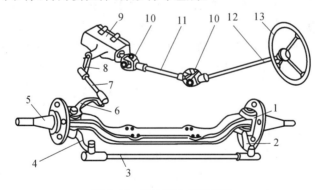

图 2-64 汽车转向系示意图
1—右转向节；2、4—梯形臂；3—转向横拉杆；5—左转向节；6—转向节臂；7—转向纵拉杆；
8—转向垂臂；9—转向器；10—转向万向节；11—转向传动轴；12—转向轴；13—方向盘

4) 制动系

制动系的作用是：根据需要使汽车减速或在最短的距离内停车，以保证行车安全；保证汽车停放可靠，不致自动滑溜。汽车的制动系一般至少装有两套各自独立的装置：行车制动装置（脚制动装置）和驻车制动装置（手制动装置）。重型汽车和经常行驶在山区的汽车，还应增装紧急制动装置和安全制动装置或辅助制动装置。此外，较完善的制动系还具有制动力调节装置、报警装置、压力保护装置等附加装置。

制动系中每套制动装置都由产生制动作用的制动器和制动传动机构组成。制动器通常采用摩擦式。图 2-65 所示为液压式行车制动系的基本结构和工作原理示意图。它由车轮制动器和液压传动机构两部分组成。

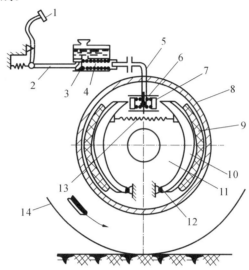

图 2-65　液压式行车制动系的基本结构和工作原理示意图

1—制动踏板；2—推杆；3—主缸活塞；4—制动主缸；5—油管；6—制动轮缸；7—轮缸活塞；
8—制动鼓；9—摩擦片；10—制动蹄；11—制动底板；12—支承销；13—制动蹄回位弹簧；14—车轮

制动系制动的工作原理是：当制动时，踩下制动踏板 1，通过推杆 2 和主缸活塞 3，使制动主缸 4 内的油液产生一定压力后流入制动轮缸 6，推动轮缸活塞 7，使两制动蹄 10 绕支承销转动，上端向两边张开而以其摩擦片压紧在制动鼓的内圆面上。这样不旋转的制动蹄就对旋转着的制动鼓产生一个摩擦力矩，其方向与车轮转动方向相反。制动鼓将该力矩传给车轮，使车轮与路面之间产生制动力，迫使汽车产生一定的减速，甚至停车。当放松制动踏板时，在各制动蹄回位弹簧的作用下，制动蹄与制动鼓之间的间隙又恢复，摩擦力矩和制动力消失，制动作用即行解除。

3.车身

车身安装在底盘车架上，用来容纳驾驶员、乘客和货物并构成汽车的外壳。轿车车身、客车车身一般是整体式车身，货车车身由驾驶室和货箱两部分组成。汽车车身是一件精制的综合艺术品，其结构主要包括车身壳体、车门、车窗、车前钣金件、车身内外装饰件、车身附件、座椅以及通风、暖气、冷气、空气调节装置等，载货汽车还包括货箱和其他设备。

汽车车身壳体的结构形式可分为骨架式、半骨架式和无骨架式三种。

1）骨架式

骨架式具有完整的骨架（或构架），车身蒙皮固定在装配好的骨架上。

2）半骨架式

半骨架式只有部分骨架（如单独的支柱、拱形梁、加固件），部分骨架彼此直接相连或者借助蒙皮板彼此相连。

3）无骨架式

无骨架式没有骨架而利用蒙皮板相互连接时所形成的加强筋来代替骨架。

货车车身多采用骨架式非承载车身结构。

客车车身一般分为轻便客车车身、中型客车车身。轻便客车车身要求有较好的流线型以减小行驶时的空气阻力。中型客车均采用闭式的厢式车身，以提高有效载客面积。

轿车车身多为无骨架式和半骨架形式。目前，在高级轿车上，为保证良好的乘坐舒适性以及减轻底盘振动和噪声对车身的影响，多采用非承载式车身，车身借助橡胶软垫固装在车架上。中级轿车车身有采用非承载式的，也有采用承载式的。普通轿车和微型轿车普遍采用承载式车身。近年来，为减轻客车的自重，降低车身高度，中级轿车倾向于采用承载式车身。

公共汽车车身采用厢式外形，由于尺寸较大，形状较规则，易于构成完整的空间受力系统，故大多采用骨架式，这种结构最适于做成承载式的。

4．电气设备

电气设备由电源和用电设备两大部分组成。电源包括发电机和蓄电池。用电设备的内容很多，不同车型不太一样，主要有点火系、起动系、照明系统、仪表信号系统、空调以及其他附属用电设备等，如图2-66所示。此外，在现代汽车上越来越多地安装各种电子设备，如微处理机、中央计算机系统、各种传感器及各种人工智能装置等，显著地提高了汽车的各项性能。

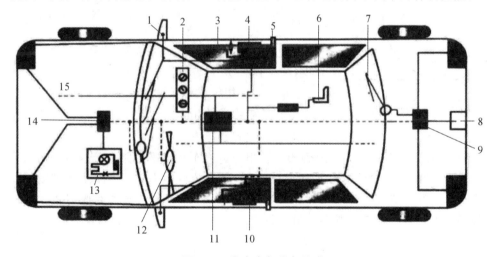

图2-66 汽车电气设备总成

1—后视镜；2—控制仪表；3—左车窗；4—车门模块；5—门锁；6—座椅模块；7—刮水器；8—锁；9—后控制模块；10—车门模块；11—多通道车身控制器；12—转向盘柱顶开关；13—采暖通风与空调系统；14—分配模块；15—底盘和动力机组线

（二）汽车的布置形式

为满足不同使用要求，汽车的总体构造和布置形式可以是不同的。按发动机和各个总成相对位置的不同，现代汽车的布置形式通常有以下几种。

1．发动机前置后轮驱动（FR）

该布置形式是传统的布置形式。国内外大多数货车都采用这种布置形式。

2．发动机前置前轮驱动（FF）

该布置形式具有结构紧凑、减小质量、降低地板高度以及改善高速时的操纵稳定性等优点。

3. 发动机后置后轮驱动（RR）

该布置形式具有大大地降低室内噪声，并有利于车身内部布置等优点。

4. 全轮驱动（nWD）

该布置形式，通常发动机前置，在变速后装有分动器以便将动力分别输送到全部车轮上。

四、汽车行驶基本原理

汽车行驶时，作用于汽车的外力有驱动力和行驶阻力，它们相互平衡，得到汽车的行驶方程式为

$$F_t = \sum F$$

式中：F_t——驱动力；

$\sum F$——各种行驶阻力之和。

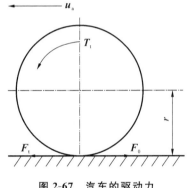

图 2-67　汽车的驱动力

1. 汽车的驱动力

发动机输出的转矩经传动系传到驱动车轮上，作用于驱动车轮上的转矩 T_t 使车轮对路面产生一圆周力 F_0，路面对驱动轮的反作用力 F_t 是驱动汽车的外力，如图 2-67 所示。此外力称为汽车的驱动力，单位为 N。驱动力数值为

$$F_t = \frac{T_t}{r}$$

式中：F_t——驱动力（N）；

T_t——作用于驱动车轮的转矩（N·m）；

r——车轮半径（m）。

2. 汽车的行驶阻力

汽车运动时需要克服运动中所遇到的各种阻力。汽车在水平道路上等速行驶时必须克服来自汽车赖以行驶的地面滚动阻力 F_f 和来自汽车周围的空气阻力 F_w。当汽车在坡道上上坡行驶时，还必须克服汽车重力沿坡道的分力（称为坡度阻力 F_i）。汽车加速行驶时需要克服的惯性力，称为加速阻力 F_j。汽车行驶的总阻力为

$$\sum F = F_f + F_w + F_i + F_j$$

滚动阻力主要是由于车轮滚动时轮胎与路面接触变形而产生的。弹性车轮沿硬路面滚动，路面变形很小，轮胎变形较大；车轮埋入路面（如松软土路、沙地、雪地等）滚动，轮胎变形较小，路面变形较大。此外，轮胎与路面以及车轮轴承内都存在着摩擦。车轮滚动时产生的变形与摩擦要消耗发动机一定的动力，因而形成滚动阻力，其数值与汽车的总重力、轮胎的结构和气压以及路面性质有关。

汽车行驶时，需要挤开其周围的空气，汽车前面受气流压力并且后面形成真空，产生压力差。此外，还存在着各层空气之间和空气与汽车表面之间的摩擦，以及冷却发动机、室内通风以及汽车表面外凸零件引起的气流干扰等，从而形成空气阻力。空气阻力与汽车的正面投影面积有关，特别是与汽车和空气的相对速度的平方成正比，两者的相对速度越高，空气阻力越大。

汽车上坡时，其总重力沿路面方向的分力形成的阻力称为坡度阻力，其数值取决于汽车的总重力和路面的纵向坡度。坡度阻力只是在汽车上坡时才存在，但汽车上坡所做的功并未白白

地耗掉,而是以位能的形式被车辆储存。当汽车下坡时,所储存的位能又转变为汽车的动能,促使汽车行驶。

汽车加速行驶时,需要克服汽车质量加速运动时的惯性力,这就是加速阻力。

3. 汽车驱动力与行驶阻力的关系

为了克服上述阻力,汽车必须有足够的驱动力。当驱动力增大到足以克服汽车静止时所受的阻力时,汽车开始起步行驶。汽车起步后,其行驶情况取决于驱动力与总行驶阻力之间的关系。总行驶阻力等于上述各项行驶阻力之和。当总行驶阻力等于驱动力时,汽车将匀速行驶。当总行驶阻力小于驱动力时,汽车将加速行驶。然而,随着车速增加,总行驶阻力亦随空气阻力而急剧增加,所以汽车速度只能增大到驱动力与总行驶阻力达到新的平衡时为止。此后,汽车便以高的速度匀速行驶。

汽车加速所做的功转变成动能,随时可以被利用,如此时将发动机与传动系脱开或使发动机熄火,汽车将依靠惯性克服行驶阻力而继续行驶(滑行)并逐渐消耗所储存的动能。

当总行驶阻力超过驱动力时,汽车将减速直至停车。这时如欲维持原车速,就需要加大节气门或将变速器操纵杆换入低挡,以便相应地增大驱动力。但是,汽车并不是在任何情况下都能发出足够的驱动力。例如,汽车在很滑的(冰雪或泥泞)路面上行驶时,加大节气门可能只会使驱动车轮加速滑转,而驱动力不能增大。驱动力的最大值固然取决于发动机的最大转矩和传动系的传动比,但实际发出的驱动力还受到轮胎与路面之间附着性能的限制。

当汽车在较平整的干硬路面上行驶时,附着性能的好坏取决于轮胎与路面之间摩擦力的大小。由物理学可知,在一定的正压力作用下,两物体之间的静摩擦力有一最大值,当推动力超过此值时,两物体便会相对滑动。对汽车行驶而言,当驱动力大于轮胎与路面间的最大静摩擦力时,驱动车轮就会滑转。因此,在较平整的干硬路面上,汽车所能获得的最大驱动力不可能超过轮胎与路面的最大静摩擦力。

当汽车行驶在松软路面上时,除了上述车轮与路面的摩擦阻碍车轮打滑外,嵌入轮胎花纹凹处的路面凸起部分也起到抗滑作用。车轮打滑现象只有在克服了轮胎与路面的摩擦以及路面凸起部分在轮胎施加的剪力作用时才会发生。

在积雪和泥泞路面上,因雪和泥的抗剪力能力很低,被轮胎花纹剪切的雪或泥又将花纹凹处填满,使得轮胎表面和雪、泥之间的摩擦更小,因而附着系数的数值很小。如果附着重力相同,积雪和泥泞路面的附着力比干硬路面要小得多,车轮也就更容易打滑。所以在积雪和泥泞路面上,尽管行驶阻力有时并不大,但受到附着力限制的驱动力不能进一步增大到足以克服行驶阻力,汽车不得不减速直至停车。

普通货车在冰路面上行驶,往往在驱动车轮上绕防滑链,链条深嵌入冰雪中,使附着系数和附着力增加。但是,普通货车因只能利用分配到驱动车轮上的那部分汽车总重力作为附着重力,故附着力可能仍不够大。全轮驱动的越野汽车可利用汽车的全部重力作为附着重力,并可利用轮胎上的特殊花纹获得较大的附着系数,因而能使附着力显著增加。

五、典型的载货汽车简介

在公路物流运输过程中,除了普通货车外,还有一些专用货车,随着我国物流业的发展,专用货车需求量也将会逐年增加。下面简要介绍几种典型车型。

(一)普通拦板式货车

拦板式货车具有整车重心低、载重量适中的特点,适于作企事业单位、各个批发商店、百货商店的货物用车,用于装卸百货和杂品,在装卸过程中,可以将栏板打开。典型的普通拦板式货车如图 2-68 所示。

图 2-68　中国第一汽车集团公司解放牌 CA1252P21K2T1E 平头柴油货车

(二)汽车列车

汽车列车是指一辆汽车(货车或牵引车)与一辆或一辆以上挂车的组合。汽车为汽车列车的驱动车节,称为主车;被主车牵引的从动车节称为挂车。汽车列车是公路运输的重要车型之一,采用汽车列车运输是提高经济效益最有效而简单的重要手段。它具有快速、机动灵活、安全等优点,可方便地实现区段运输、甩挂运输、滚装运输。典型汽车列车如图 2-69 所示。

图 2-69　中国第一汽车集团公司解放牌 CA4250P66K22T1A1E 平头柴油半挂牵引车

汽车列车由牵引车、挂车和牵引连接装置三大部分组成。常见的汽车列车主要有以下四种。

1.全挂汽车列车

全挂汽车列车是指由一辆牵引车用牵引杆连接一辆或一辆以上的全挂车组合而成的汽车

列车,如图 2-70 所示。牵引车是一辆载货汽车或配有压重的专用牵引车。牵引车与全挂车用牵引连接装置连接组成全挂汽车列车。全挂车可以自行承担自身重量和载荷。牵引车在摘掉全挂车后,可单独从事货运或拖带另一辆全挂车。

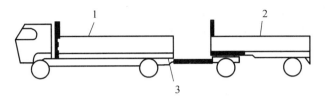

图 2-70　全挂汽车列车示意图
1—牵引车;2—全挂车;3—牵引连接装置

全挂汽车列车具有以下优点。
(1) 全挂汽车列车运输效率高,一般全挂汽车列车的装载量是单车的 2 倍左右。
(2) 全挂汽车列车燃料消耗低,百吨公里燃料消耗比单车低 40% 左右。
(3) 全挂车的制造成本低,一般一辆全挂车要比相配挂的牵引车的制造成本低 50%～60%。
(4) 全挂车结构简单,维修方便,维修费用低。
(5) 全挂车可摘挂后较长期单独使用。

由于全挂汽车列车具有上述优点,主车与挂车之间用牵引钩与挂车环连接,结构简单,且牵引车无须改装即可与全挂车挂接使用,所以全挂汽车列车首先快速发展起来。

2. 半挂汽车列车

半挂汽车列车是指由一辆半挂牵引车和一辆半挂车组合而成的汽车列车,如图 2-71 所示。

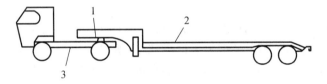

图 2-71　半挂汽车列车示意图
1—牵引座;2—半挂车;3—半挂牵引车

(1) 半挂牵引车。半挂牵引车是用来牵引半挂车的汽车,其结构与普通货车的区别是车架上无货厢,而装有鞍式牵引座,通过鞍式牵引座承受半挂车的部分载重量,并且锁住牵引销,带动半挂车行驶。

(2) 半挂车。半挂车是承载货物的平台或容器,本身没有动力,通过与牵引车连接后形成一个整体,应用在各种货物运输中。由于半挂车相对独立,因此在货物运输抵达目的地或转运时可直接交付或交换半挂车,减少了传统的装卸货工序,显著提高了运输效率。

按照结构和用途,半挂车主要分为以下几种类型。

① 平板式半挂车。此半挂车整个货台是平直的,既无顶也无侧厢板,适于运输集装箱、钢材、木材及大型设备等。

② 栏板式半挂车。此半挂车货台四周用栏板保护,既可运输大型设备,又可运输散件货物。

③阶梯式半挂车。阶梯式半挂车车架呈阶梯形,货台平面在鹅颈之后。由于货台主平面降低,阶梯式半挂车适合运输各种大型设备、钢材等。

④凹梁式半挂车。此半挂车货台平面呈凹形,具有最低的承载平面。凹形货台平面离地高度一般根据用户要求确定。凹梁式半挂车适合超高货物的运输。

⑤集装箱专用半挂车。集装箱专用半挂车专门用于运输国际标准集装箱。

⑥厢式半挂车。此半挂车车身由普通金属、复合材料或帘布等材料制造的全封闭厢体构成,以达到防腐蚀、防串味、防雨、防晒的目的。厢式半挂车通常用于精密仪器、饮料、干货、生鲜食品等货物的运输。

⑦罐式半挂车。此半挂车车身由罐体构成。罐式半挂车可运输各类粉粒物料、液体等,既可节省包装,又可提高卸货速度,载货后货物剩余率低。

⑧车辆运输半挂车。车辆运输半挂车专门用于运输轿车、面包车、吉普车、小型货车等车辆。

⑨自卸式半挂车。此半挂车设有液压举升装置,适用于各种物料的自卸运输。

与全挂汽车列车相比,半挂汽车列车具有以下优点:整体性和机动性得到改善;半挂牵引车与半挂车之间通过牵引座和牵引销相连接,因此缩短了汽车列车的总长,使半挂汽车列车更具有整体性,机动性也得到提高;车厢装载面积进一步增大;由于半挂汽车列车的部分装载质量通过牵引座作用到牵引车驱动桥上,驱动桥的附着质量增大,牵引车的牵引力能得到充分利用;牵引车的动力性能得到充分发挥;由于采用牵引座和牵引销连接形式,行驶时的摆振现象大大减少,提高了行驶稳定性,因此半挂汽车列车行驶稳定性较全挂汽车列车好;采用牵引座与牵引销连接,避免了全挂汽车列车牵引钩与挂环之间的撞击、振荡现象,降低了行驶时的噪声;可方便地实现区段运输、甩挂运输、滚装运输,从而大大提高运输效率。

3. 双挂汽车列车

双挂汽车列车是指由一辆半挂牵引车与一辆半挂车和一辆全挂车组合而成的汽车列车,如图 2-72 所示。由于双挂汽车列车又增加了一辆挂车,所以载质量增加了,运输效率大大提高。但它要求牵引车具有更大的发动机功率,并且要求运行的道路条件要好。

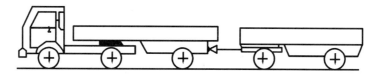

图 2-72 双挂汽车列车

4. 特种汽车列车

特种汽车列车是指具有特殊结构或装有专用设备的汽车列车。图 2-73 所示为专门运输长形物料的一种汽车列车,物料的前后两端分别与牵引车和挂车有机连接,物料本身构成了汽车列车的一部分。

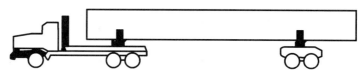

图 2-73 特种汽车列车

(三) 厢式货车

厢式货车除具备普通货车的一般结构外,还具备全封闭的厢式车身和便于装卸作业的车门。封闭式的车厢可使货物免受风吹、日晒、雨淋。将货物置于车厢内,能防止货物散失、丢失,安全性好。其中,小型厢式货车一般兼有滑动式侧门和后开车门,因此货物装卸作业非常方便。由于小巧灵便,无论大街小巷,小型厢式货车均可驶入,真正实现"门到门"运输(指从发货人直接运达收货人),很适于运输运距较短、货物批量小、对运达时间要求较高的货物,如用于各种家用电器、纺织品等轻工产品和邮政的运输。

近年来,轻质合金及纤维增强材料的使用为减轻车厢自重、增大有效装载质量创造了良好的条件,使厢式货车成为国际载货汽车市场上的主力军。

在我国,随着物流业的迅猛发展,对厢式货车的需求量不断上升。交通运输部2001年专门发文,要求加快货运车辆厢式化过程,力争用5~8年时间逐步淘汰现有普通敞篷货车汽车,实现货物无裸露运输。典型厢式货车如图2-74所示。

图 2-74　BSZ5170XLC 型中燕牌厢式冷藏车

1. 普通厢式货车

厢式货车是在普通货车的基础上,将货厢封闭而成的,具有防尘、防雨、防盗、清洁卫生的特点,通常用于没有温度要求的运输,如零担快运和贵重商品的运输等。

2. 厢式保温车

厢式保温车是运输低温物品的专用车辆,具有防尘、防雨、防盗、隔热的特点,广泛应用于卫生、化工、商场、科研、食品、厂矿等行业部门,是肉类海鲜、蛋类、瓜果、蔬菜、冷饮、食品、医药等保质运输的理想工具。

3. 厢式冷藏车

厢式冷藏车是在厢式保温车的基础上添加制冷设备而成的,用于运输生鲜食品。

4. 厢式邮政车

厢式邮政车是在厢式运输车的基础上增添了邮政车特有部件而成的,具有防尘、防雨、防盗、清洁卫生的特点,并设有通风换气装置,适用于邮政行业的运输。

(四)集装箱运输车

集装箱运输是一种成组运输方式,简言之,它是将零散件货物装在一个标准化的大箱子里来进行运输,在更换运输工具时,箱内的货物不需要倒装,而只需将装有零散货物的集装箱从一种运输工具转移到另一种运输工具上,因此,集装箱运输是公路、铁路、水路和航空等联运的理想运输方式。

集装箱运输车是指专门用来运输集装箱的专用汽车,它具有多种结构类型。

1. 集装箱牵引车

集装箱牵引车按驾驶室的形式分为平头式和长头式两种。平头式牵引车如图2-75(a)所示。它的优点是:驾驶室短,载货更多,看前方和看下方的视线好;轴距和车身短,转弯半径小。缺点是:由于发动机直接布置在驾驶员座位下面,驾驶员受到机器振动的影响,舒适感较差。长头式(又称凸头式)牵引车如图2-75(b)所示。这种牵引车的发动机和前轮布置在驾驶室的前面,它的优点是:驾驶员受发动机振动的影响较小,舒适感较好;撞车时,驾驶员较为安全;开启发动机罩修理发动机较方便。主要缺点是:驾驶室较长,因而整个车身长,回转半径较大。

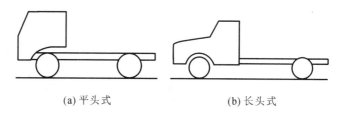

图 2-75 集装箱牵引车

由于各国对公路、桥梁和涵洞的尺寸有严格的规定,车身短的平头式牵引车应用日益广泛。

集装箱牵引车按其用途又可分为公路运输用牵引车和货场运输用牵引车。

公路用牵引车用于高速和长距离运输,功率比较大,可以多挡变速,能够达到比较高的行驶速度。货场运输用牵引车主要用于在港口或集装箱货场进行短距离运输,要求回转半径小、机动性和操纵性好,与底盘车连接或脱挂迅速、准确和方便,并有特别良好的视野等。

2. 集装箱半挂车

集装箱半挂车具有机动性好,适用于区段运输、甩挂运输和滚装运输的特点,是一种理想的集装箱运输车,如图2-76所示。

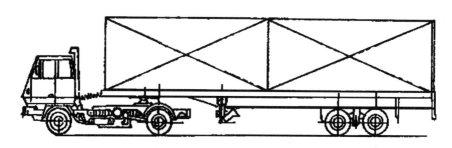

图 2-76 集装箱半挂车

根据使用场合的不同,集装箱半挂车可分为公路用半挂车和货场运输用半挂车两大类。公路运输用半挂车外轮廓尺寸、轮压和轴荷重,均应符合国家标准的规定。为了保证运输安全,集装箱半挂车上安装有固定集装箱用的旋锁装置。货场运输用半挂车的外轮廓尺寸不受国家对车辆限界的限制,其固定集装箱用的装置也较公路用半挂车的简单。但货场运输用半挂车的全长和轴负荷要考虑到码头货场道路的技术条件。货场运输用半挂车主要有平板式和骨架式两种。

根据具体结构形式的不同,集装箱半挂车可分为平板式集装箱半挂车、骨架式集装箱半挂车等。

1) 平板式集装箱半挂车

平板式集装箱半挂车支承台面由两条承重的主梁和若干横向的支承梁构成。在这些支承梁上应全部铺上花纹钢板或木板,同时在应装设集装箱固定装置的位置,按集装箱的尺寸和角件规格要求,全部安装旋锁件,如图2-77所示。平板式集装箱半挂车既能装运国际标准集装箱,又能装运一般货物。在装运一般货物时,整个平台承受载荷。平板式集装箱半挂车由于自身的整备质量较大,承载面较高,所以只有在需要兼顾装运集装箱和一般长、大件货物时才使用。

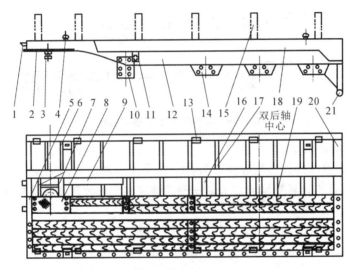

图 2-77 平板式集装箱半挂车示意图

1—接手护板;2—牵引板;3—引销;4—转锁总成;5—前端梁;6—侧横梁;7—牵引横梁;8—盖板;
9—寸口强梁;10—支承装置座板;11—支承装置摇把导板;12—纵梁;13—插座;14—悬挂座板;
15—插柱;16—主横梁;17—贯梁;18—边梁;19—木地板;20—后墙梁;21—后标志杆

2) 骨架式集装箱半挂车

骨架式集装箱半挂车如图2-78所示。这种集装箱半挂车专门用于运输集装箱。它仅由底盘骨架构成,车架的前后四角装有集装箱固定装置,车架下部前方有单脚或双脚支架,后方有一个或两个车桥装有轮胎车轮,而且集装箱也作为强度构件,加入半挂车的结构中予以考虑。因此,骨架式集装箱半挂车自身整备质量较轻,结构简单,维修方便,在专业集装箱运输企业中得到普遍采用。

3) 可伸缩式集装箱半挂车

可伸缩式集装箱半挂车如图2-79所示。这是一种柔性半挂车。它的车架分成三段。前段

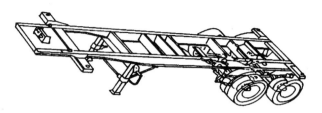

图 2-78 骨架式集装箱半挂车

是一带有鹅颈及支承 20 ft(1 ft＝0.304 8 m)箱的横梁,并用牵引销与牵引车连接。整个前段为一个框架的刚体。中段是一根方形钢管,一端插入前段的方形钢管中,另一端被后段的方形钢管插入,使前段和后段形成柔性连接。后段由两个框架组成。上框架与一方形钢管固定,后段方形钢管插入中段方形钢管后,与前段组成整个机架,支承及锁紧装运的集装箱,并且通过不同的定位销确定车架不同的长度,以适应装运不同吨位集装箱的要求。下框架通过悬挂弹簧与后桥连接。同时,上、下框架可以前后移动,通过移动一段距离,可以调整车组各桥的负荷,使其不超过规定数值,从而提高车辆的通行能力。

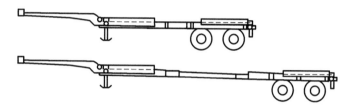

图 2-79 可伸缩式集装箱半挂车

4) 自装卸集装箱运输车

一般的集装箱运输车都需与集装箱码头、车站、仓库等地的专用起重设备配合才能完成集装箱的装卸作业,而自装卸集装箱运输车是一种能够独立完成装卸和运输作业的专用集装箱运输车。

这种车辆按其装卸方向的不同又可分为后面装卸型和侧面装卸型两类。图 2-80 所示为后面装卸型集装箱运输车卸下集装箱工作过程示意图,吊装作业过程与卸下时正好相反。侧面装卸型集装箱运输车是在车辆的侧面用可在车上作横向移动的变幅式吊具将集装箱吊上吊下的,如图 2-81 所示。自装卸集装箱运输车具有运输、装卸两种功能,在开展由港口至货主间的门到门运输时,无须其他装卸机械的帮助,而且使用方便,装卸平稳可靠,又能与各种牵引车配套使用。除了装卸和运输集装箱外,它还可以将大件货物放在货盘上进行运输和装卸作业,因此深受各国的重视,应用日趋广泛。

(五) 自卸式货车

自卸式货车是指以运送货物为主且有倾卸货厢的货车,如图 2-82 所示。它可以利用发动机的动力,通过液压举升机构使车厢倾斜一定的角度,实现货物的自动卸出。普通自卸货车一般是在同吨位的货车二类底盘的基础上改装而成的。与普通货车相比,自卸货车的整备质量有所增加,装载质量有所减小,而总质量和轴荷分配等原则上与原货车相同。

自卸货车主要用于运输散装并可以散堆的货物(如砂土、矿石及农作物等),还可以用于运输成件货物。

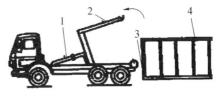

(a) 车辆可靠停住　　(b) 集装箱沿滚轮向车后下方向滑移

(c) 集装箱后端接触地面　　(d) 集装箱全部落地

图 2-80　后面装卸型集装箱运输车卸下集装箱工作过程示意图
1—油缸；2—L形吊臂；3—滚轮；4—集装箱

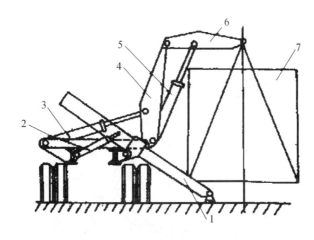

图 2-81　侧面装卸型集装箱运输车自装卸机构示意图
1—支腿；2—支腿油缸；3—变幅油缸；4—下吊臂；5—起升油缸；6—上吊臂；7—集装箱

图 2-82　跨越 113 型自卸货车

自卸货车按货物的倾斜方向可分为后倾式、侧倾式和三面倾斜式3种类型。

后倾式自卸货车应用最为广泛。它通过车厢向后倾翻实现货物的卸出。侧倾式自卸货车通过车厢向左、右两侧倾翻一定的角度实现货物的卸出。三面倾卸式自卸货车可以从三个方向（左右和后方）进行卸货，提高了装卸货的方便性，但造价提高，自重增加。

1. 自卸式货车的主要性能参数

除了普通货车的技术性能参数外，自卸式货车还有以下主要使用性能参数。

1) 车厢的最大举升角

车厢的最大举升角即车厢的最大倾斜角，是指车厢举升至极限位置时，车厢底部平面与地平面之间的夹角。车厢的最大举升角应保证所装运的货物能自动地全部卸出，一般应在50°～70°范围内。

2) 举升时间和降落时间

举升时间是指车厢满载时，从举升车厢开始至将车厢举升到最大举升角位置所需的时间，一般为15～25 s。

降落时间是指车厢卸完货物后，从开始下降开始至完全降落到车架上时所需的时间，一般为8～15 s。

2. 自卸式货车的专用装置

图2-83所示为典型的自卸汽车专用装置结构示意图。它主要由两大部分组成：举升机构和液压系统。

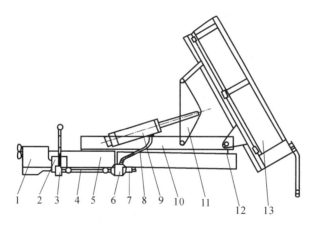

图2-83 典型的自卸式货车专用装置结构示意图

1—发动机；2—变速箱；3—取力器；4—传动轴；5—车架；6—液压泵；7—分配阀；8—油管；
9—举升油缸；10—副车架；11—杠杆机构；12—铰接轴；13—车厢

1) 举升机构

举升机构由车厢、副车架、铰链轴以及倾卸杠杆机构等组成，是实现车厢倾翻的机械机构。

2) 液压系统

液压系统由取力器、传动轴、油泵、管路系统、举升油缸以及分配阀等组成，是实现车厢倾翻的驱动系统。液压系统工作原理如图2-84所示，工作过程具体如下。

(1) 准备。使自卸式货车处于驻车制动状态，将转阀手柄置于快落位置，二位二通换向阀全开，启动发动机，操纵取力器，使液压泵进入工作状态，液压泵将液压油从油箱中吸出，液压油经单向阀、二位二通换向阀流回油箱,使液压系统处于低压循环状态。

(2) 举升。将转阀手柄转至举升位置,二位二通换向阀关闭,来自液压泵的高压油通过单向阀和分流阀直接进入举升液压缸的下腔,推动活塞举起车厢。

若车厢超载,安全溢流阀开启从而卸油,液压油经安全溢流阀回油箱,车厢在原位不动,液压系统的压力稳定在额定工作压力状态。

(3) 中停。转阀手柄仍处于举升位置,踏下离合器踏板,切断取力器的动力,使液压泵停止转动,液压泵不输出高压油,液压缸下腔的液压油在车厢重力的作用下有倒流的趋势,由于单向阀阻止了液压油的倒流,液压缸中的活塞保持在原位置不动,车厢处于任意举升位置基本保持不动。

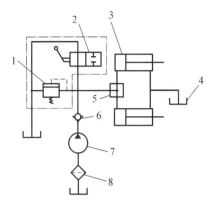

图 2-84　自卸式货车液压系统工作原理图
1—安全溢流阀;2—二位二通换向阀;
3—液压缸;4—油箱;5—分流阀;
6—单向阀;7—液压泵;8—滤清器

(4) 降落。降落分缓慢降落与快速降落两种工况。车厢卸货后,液压泵停止工作,将转阀手柄推至慢落位置,回油路仅部分打开,实现车厢缓慢降落。

若将转阀手柄推至快落位置,则回油路全部打开,液压缸下腔油液经分流阀向油箱快速回流,实现快速降落。

(六) 罐式货车

罐式货车是指装有罐状容器的货车,如图 2-85 所示。罐式货车具有密封性强的特点。运送易挥发物品、易燃物、危险品等,选用罐式货车。某些罐式货车还装有某种专用设备,用以完成特定的作业任务。

图 2-85　罐式货车

罐式货车的种类很多。罐式货车按用途可分为液罐货车、粉罐货车、气罐货车和颗粒罐货车等。液罐货车主要用于装运燃油、润滑油、重油、酸类、碱类、液体化肥、水、食品饮料等液态物品;粉罐货车主要用于装运水泥、面粉、石粉等粉状物品;气罐货车主要用于装运氮气、氩气、石油气等气态物品;颗粒罐货车主要用于装运谷物、豆类、颗盐、砂糖等颗粒状物品。罐式货车还可按罐状容器所能承受的压力大小分为低压罐车、中压罐车和高压罐车三大类。低压罐车主要用来装运水、轻质燃油、润滑油、动植物油等物品,罐体承受的内压力一般在 0.098 MPa 以下;

中压罐车主要用来装运苛性碱、浓硫酸、沥青等物品，罐体承受的内压力一般为0.147～0.294 MPa；高压罐车主要用来装运液化石油气等物品，罐体承受的内压力一般为1.177～3.532 MPa。

（七）商品混凝土搅拌运输车

建筑业的发展使得商品混凝土的使用量不断增加。目前，世界各先进工业国家商品混凝土的普及率达到80%左右。生产商品混凝土的设备主要包括混凝土原材料的运输和预处理设备、混凝土配料和搅拌设备、混凝土运输及布料设备等。其中核心设备是混凝土搅拌站（楼）、混凝土搅拌运输车和混凝土泵。商品混凝土搅拌运输车主要适用于公路工程、机场工程、大型建筑物基础及特殊混凝土工程的机械化施工，是商品混凝土生产和使用中不可缺少的一种重要设备。

1. 商品混凝土搅拌运输车的组成和工作原理

商品混凝土搅拌运输车如图2-86所示，由载重汽车底盘和混凝土搅拌运输专用装置组成。

图2-86　商品混凝土搅拌运输车

混凝土搅拌运输专用装置主要包括取力装置、液压系统、减速机、操纵结构、搅拌装置、清洗系统等。其工作原理是：通过取力装置将发动机的动力取出，并驱动液压系统的变量泵，把机械能转化为液压能传给定量马达，定量马达再驱动减速机，由减速机驱动搅拌装置，对混凝土进行搅拌。

1）取力装置

取力装置的作用是通过操纵取力开关将发动机的动力取出，经液压系统驱动拌筒，拌筒在进料和运输过程中正向旋转，以利于进料和对混凝土进行搅拌，拌筒在出料时反向旋转。在工作终结后，切断取力装置与发动机的动力连接。

2）液压系统

液压系统的作用是将取力装置取出的发动机动力，转化为液压能（排量和压力），再经定量马达输出机械能（转速和扭矩），为拌筒旋转提供动力。

3）减速机

减速机的作用是将液压系统中定量马达输出的转速减速后传给拌筒。

4) 操纵机构

操纵机构的作用是控制拌筒的旋转方向,使拌筒在进料和运输过程中正向旋转,在出料时反向旋转,并控制拌筒的转速。

5) 搅拌装置

搅拌装置主要包括拌筒和装、卸料机构。

拌筒是商品混凝土搅拌运输车的主要专用设备,是混凝土的装载容器,由优质耐磨薄钢板制成、为了能够自动装、卸混凝土,拌筒内壁焊有具有特殊形状的螺旋叶片,螺旋叶片的结构形状直接影响混凝土的运输和搅拌质量,以及进料和出料速度。

2. 商品混凝土搅拌运输车的输送方式

由于搅拌楼(站)至施工现场距离远近的不同和材料供应条件的各异,商品混凝土搅拌运输车的输送方式又可分为以下几种。

1) 湿料搅拌输送式

拌筒内装载的是已经预制好的混凝土,适用于 10 km 以内的运输。在输送途中,拌筒以 1~3 r/min 的转速低速转动,对混凝土进行搅动。其目的是防止混凝土在途中产生初凝和离析。但是,预制混凝土在 1.5 h 后即开始凝结,因此,预制混凝土从运送到浇灌的时间不能超过 1.5 h。国内常见的混凝土搅拌运输车均为湿料搅拌输送式。

2) 半干料搅拌输送式

半干料搅拌输送即将预先配比称量好的砂、石、水泥和水装入拌筒内,在行驶途中或施工现场完成搅拌作业。一般来说,拌筒转动 70~100 周后就能完成搅拌作业。当运输的距离较长,拌筒转动的总周数超过 100 周时,应将拌筒调到较低的转速。在运输半干料时,加入拌筒的混凝土配料不能超过拌筒几何容积的 67%。

3) 干料搅拌输送

干料搅拌运输是将砂、石和水泥在干的状态下装入拌筒,运输车在运输途中对料进行搅拌,在到达施工现场时,从运输车的水箱内将水加入拌筒,完成最终的搅拌。这种方式适用于运距在 10 km 以上的混凝土运输。干料搅拌运输时,装料容量一般不超过拌筒几何容积的 63%。

【复习思考题】

一、简答题

1. 什么是公路线路平面?公路线路平面线形由哪些要素组成?
2. 最大纵坡、平均纵坡、最小纵坡是如何定义的?它们的作用是什么?
3. 简述高速公路的特点与分类,以及高速公路的设施。
4. 汽车主要由哪几部分构成?各部分的主要作用是什么?
5. 简述公路集装箱运输的特点。

二、论述题

1. 联系实际谈谈你对城市停车设施的看法。
2. 试谈谈你对发展城市快速公交系统的思考。

第三章　铁路运输设备

【教学目标】

(1) 掌握铁路运输设备的概念、特点、种类，熟悉铁路运输的基本设备。
(2) 了解铁路线路、车站等相关知识。
(3) 熟悉铁路车辆的分类，掌握铁路货运车辆，了解铁路车辆的基本构造、车辆代码、标记和技术参数。
(4) 了解铁路机车的分类和发展，以及铁路信号与通信设备。
(5) 掌握高速铁路、动车组、重载运输的概念，了解其基础设施、设备。

【教学重难点】

(1) 铁路运输设备的概念、特点、种类。
(2) 铁路车辆的分类及其基本构造、车辆代码、标记和技术参数。
(3) 铁路机车的分类和发展。
(4) 高速铁路、动车组、重载运输的概念及基础设施、设备。

【案例导入】

中铁快运对于未来的发展展望

中铁快运股份有限公司的经营网络遍及全国31个省、自治区和直辖市，在国内27个城市设立736个经营网点，门到门服务网络覆盖国内380多个大中城市，主要经营：行李、包裹、邮件、小件等货物铁路快捷运输；仓储、装卸、搬运、包装、加工、配送等物流服务；根据客户和社会需求，提供小件货物快递、快捷货运、合约物流和货代服务，承担铁路旅客行李、书刊、救灾物资等社会普遍铁路运输服务；办理铁路小件货物特快专递、铁路票据特快专递；国际快递业务（信件和具有信件性质的物品除外）；海上、航空、陆路国际货物运输代理业务及相关运输咨询业务；进出口业务；国内航空代理；公路运输；铁路运输设备、铁路配件、专业器材等法律法规允许销售物品的销售；电子商务；设备租赁；经济信息咨询、解决方案及与上述业务相关的技术咨询、服务等；法律法规允许的其他业务。

中铁快运股份有限公司具有铁路运输网、快捷货运网、公路运输网、空中走廊、配送网、经营网、信息网等七个网络的网络资源整合优势；拥有2 448辆编挂在铁路旅客列车上的行李车和行邮专列车辆，3 580辆短途分拨、公路线路运营和配送运输汽车车辆，9 000多辆拖车、牵引车、叉车等装卸机具；在主要城市间开行了5对速度为120～160 km/h特快、快速行邮专列和14对行包专列；公路运输共计开行49条干线、区域及省内运营线路；航空运输开办46条国内、国际航线代理业务，办理到达70多个国家或地区的货运代理业务。中铁快运股份有限公司建有17座大型仓储、分拨中心,23.6万平方米的库房和6.4万平方米的营业厅,以及现代化的配套设备。公司年办理货物能力为铁路4.3亿件870万吨、公路397万件6万吨、航空270万件7.3万吨、海运3千多标准箱。

中铁快运股份有限公司通过内部相关业务单元间的链接和分工合作,建立了产品、服务、流程和信息等系统链接,形成了公铁、铁航、铁海等多式联运体系,制定了2 212条链接式方案,为客户提供综合解决方案。中铁快运股份有限公司是一个具有相当硬件基础和业务覆盖面巨大的龙头企业。2017年全国铁路固定资产投资完成8 010亿元,投产新线3 038 km,四纵四横高铁网提前建成运营,2018年全国铁路固定资产投资额7 320亿元,投产新线4 000 km,其中高铁3 500 km。

2018年投产高铁新线有望加速,动车组需求持续回升。根据铁路部门披露的数据,截止到2017年底,我国铁路营业里程达到127 000 km,其中高铁25 000 km,2018年新增3 500 km,2018年全国铁路固定资产投资额虽然略有下降,但伴随着新增线路的增加,动车设备采购金额和占比有望同时提升,2017年中国铁总共计招标311列标准动车组,远超2016年的115列,2018年至2020年年均交付量预计达到350~400列。

高铁装备成为中国高端制造走出国门的代表,有望在东南亚大展风采:高铁作为中国高端制造的"国家名片",十年间已实现由追随者向领导者的转变,在技术储备、运营里程上都具有其他国家无法比拟的优势。2017年"一带一路"高铁落地项目数量显著增加,尤其是马来西亚高铁、中泰高铁、雅万高铁陆续在东南亚全面铺开,中国产品出口升级为技术、标准、资本、服务全要素输出,高铁出海的发展前景良好。

继续维持我们之前的行业判断和公司推荐,"十三五"末期铁路投产新线(含高铁、普客和客专新线)进入密集投放期,伴随招标节奏已回归正常化,城轨地铁依然处在建设密集期,行业景气度持续回升,第4季度中国中车(601766)实现新接订单680亿元,全年已公告重大订单同比增幅接近70%,其中动车组订单显著增加,正是我们对行业回暖判断的印证。在行业回暖的大背景下,伴随国家大力支持先进制造业的发展和公司内部整合提效,中铁快运股份有限公司业绩有望逐步提升,继续看好中国中车的发展。

【思考题】

结合材料中中铁快运对于未来的展望,从铁路设备发展方面提出如何实现未来计划。

第一节 铁路运输概述

一、铁路运输的概念

铁路运输是一种目前已知的最有效的路上运输方式,它以两条平行的铁轨来引导火车行走。整个铁路系统由铁路车站、线路和信号、机车和车辆设备以及铁路行车制度和列车自动控制系统构成。

由于交通运输业在人类社会中占有极为重要的地位,是国民经济中必不可少的重要组成部分,且国民经济的正常运行要求交通运输业运量大、速度高、成本低、质量好,并能保证运输的经常性,所以拥有运量大、能耗低等优势的铁路运输就在综合交通运输体系中占有天然的骨干和主导地位。

货物运输是铁路运输的重要组成部分,铁路货运是铁路在全社会大宗货物运输和中长距离货物运输的传统优势领域,也是创造铁路运输效益的源泉。

目前我国铁路货物运输的基本任务如下。

(1) 满足市场经济发展对国内商品流通和国际贸易运输不断增长的需求。

(2) 为社会物流和商贸提供安全、迅速、准确、方便、经济的运输服务。

(3) 保证厂矿企业实现生产过程的原材料、能源供应和产成品运输,组织现代化的社会化大生产。

(4) 铁路货物运输是资源流通,尤其是区域之间资源流通的主要载体,是培育发展统一的大市场体系、优化社会资源配置作用的重要保证。

(5) 作为国家的重要宏观调控工具,在平抑物价、繁荣经济、扶贫救灾、国防和军事物资运输中发挥重要作用。

二、铁路运输的特点

铁路运输作为世界地面运输的历史,已有百年之久,它最适宜承担中长距离,且运量大的货运任务。铁路运输所具有的一些特性,不是其他现代运输工具所能轻易拥有的。这些特性中有些是不可替代的优点,有些却可能在时代变迁中成为经营上致命的缺点。

(一) 铁路运输的优点

铁路运输的优点主要表现在如下方面。

1. 运输能力大、运价低廉且运送距离长

铁路运输因采用大功率机车牵引列车运行,可承担长距离、大运输量的运输任务,而且由于列车运行阻力小、能源消耗量低,故铁路运输价格低廉。

2. 安全程度高

铁路运输由于具有专用路权,且在列车行驶上具有高度的导向性,因此可以采用列车自动控制方式控制列车运行,以达到车辆自动驾驶的目的。目前最先进的列车已经可以通过计算机控制,使列车的运行达到全面自动化,甚至无人驾驶的地步,大大提高了运输安全性,减轻了司机的劳动强度。

3. 可以有效使用土地

铁路运输因为以客、货车组成的列车为基本运输单元,故可以在有限的土地上做大量的运输,与公路相比可以节省大量的土地,使土地资源达到最有效的利用。

4. 污染性较低且能耗较小

铁路的污染性比公路要低。在噪声方面,铁路所带来的噪声污染,不仅比公路低而且是间断性的;在空气落尘污染方面,据美国在 1980 年所做的测量,铁路运送一吨货物在每英里的落尘量约为公路的 75%。同时铁路运输的能量消耗也只有公路运输的 50%~70%,运输成本较低。

5. 受气候限制小、适应性强

由于铁路运输具有高度导向性,所以只要行车设施无损坏,在任何气候条件下,如下雨、冰天雪地,列车均可安全行驶,受气候因素限制很小,故铁路运输是营运最可靠的运输方式。

(二) 铁路运输的缺点

铁路运输的缺点主要体现在以下方面。

1. 资本密集、固定资产庞大

铁路的投资多数属于固定资产,它的固定资产比其他运输方式高出许多,同时投资风险也比较高。

2. 货物损耗较高

铁路运输由于列车行驶时的振动与货物装卸不当,容易造成所承载货物的损坏,并且由于运输过程中需要多次中转,也常导致货物遗失。根据统计,美国铁路运输的货物损耗高达3%,远高于公路运输货物损耗的比例。

3. 灵活性不高、发车频率低、营运缺乏弹性

公路运输一般可以随货源或客源所在地而变更营运路线,而铁路运输则不行,所以铁路运行中容易发生空车回送现象,从而造成营运成本的增加。

三、铁路运输的种类

(一) 我国铁路运输的分类

1. 按铁路管理权限分类

按铁路管理权限的不同,可将铁路分为国家铁路、地方铁路、合资铁路、专用铁路、铁路专用线等。

1) 国家铁路

国家铁路是指由国家出资修建的国务院铁路主管部门管理的铁路。它在国民经济中具有重要的地位和作用。

2) 地方铁路

地方铁路主要是地方自行投资修建或与其他几种铁路联合投资修建,由地方人民政府管理,担负地方公共客货短途运输任务的铁路。

3) 合资铁路

合资铁路分为国内合资铁路和中外合资铁路。国内合资铁路是指由国内两个或两个以上企业或其他单位合资修建的铁路。中外合资铁路是指由中方具有法人资格的企业或其他单位与外商投资者联合修建的铁路。

4) 专用铁路

专用铁路大都是大中型企业自己投资修建,自备机车车辆,由企业或者其他单位管理,专为企业或单位内部提供运输服务的铁路。也有一些军工企业、矿业部门、森林管理部门为运输生产需要修建了一些专用铁路。专用铁路主要用于非营业性运输,但经省、自治区、直辖市人民政府批准,也可用于公共旅客、货物营业性运输。

5) 铁路专用线

铁路专用线是指由企业或其他单位管理的与国家铁路或其他铁路线路接轨的专为企业使用的铁路岔线。铁路专用线一般不配备机车,大型企业也可配置自己的专用机车及专用自备车辆。

2. 按运输方式分类

以运输方式多少为依据,铁路运输分为单一方式运输和铁路多式联运。铁路多式联运一般有国内铁路与国内公路、航空、水路联运;同时,也应包括国内铁路与国际海上相互间的联运。《中华人民共和国铁路法》规定:国家铁路、地方铁路参加国际联运,必须经国务院批准。

3. 按是否以营利为目的分类

按照是否以营利为目的,可将铁路运输分为营业性运输和非营业性运输。

1) 营业性运输

营业性运输是指为社会服务、发生各种方式运输费用结算的运输。目前我国铁路的客、货运输都是营业性运输。

2) 非营业性运输

非营业性运输是指为本单位服务、不发生各种方式运输费用结算的运输。

(二)铁路货物运输种类

铁路货物运输一般是根据发货人的要求,在规定时间内,将一定品名和数量的货物从指定的发站,安全、完整地运到指定的到站,并交付给收货人。为了加快货物运输,满足不同层次的用户对铁路运输的需求,根据所托运的每批货物的数量和使用运输车辆方式的不同,铁路货物运输可以分为整车运输、零担运输和集装箱运输三种不同的种类。

1. 整车运输

一批货物的重量、体积或形状需要以一辆30吨及其以上的货车装运的,应按整车运输办理。需要保温运输的货物、蜜蜂、不易计算件数的货物、规定必须按整车办理的危险货物、易于污染其他货物的污秽品、未装容器的活动物、必须用罐车装运的液体货物,都应按整车运输办理。

2. 零担运输

一批货物的重量、体积不够整车运输条件的,或不必限定按整车运输办理的货物,可按零担运输办理。按零担运输办理的货物,一件体积最小不得小于0.02立方米(一件重量在10千克以上者除外),且每批货物不得超过300件。一件货物重量超过2吨,体积超过3立方米或长度超过9米的货物,经发站确认不影响中转站或到站装卸作业的,也可按零担运输办理。未装容器的活动物,在管内运输时,如能以零担车直接运到站,也可规定按零担运输办理。

3. 集装箱运输

使用集装箱装运货物或运输空集装箱,称为集装箱运输。集装箱运输适于运输精密、贵重、易损的货物。凡适合集装箱运输的货物,都应按集装箱运输办理。

四、铁路运输的基本设备

铁路是一个综合性的庞大系统,为了办理客货运输业务,必须拥有各种相互关联的运输基本设备、员工及一整套的运营指挥方式,这样才能有条不紊地组织运输生产,为社会创造财富与价值。铁路基本设备包括线路、车站、车辆、机车、信号及通信设备等。

(1) 线路是机车、车辆和列车运行的基础。

(2) 车站是办理旅客和货物运输业务的场所,是铁路内部进行运输生产组织的基地。

(3) 车辆是装载运送货物和旅客的工具。

(4) 机车是牵引列车运行的进行调车活动的基本动力。
(5) 信号及通信设备是确保行车安全和提高运输效率的必要手段和机电设施。

第二节　铁　路　线　路

一、铁路线路的组成及分类

铁路线路是机车车辆和列车运行的基础,由路基、轨道及桥隧建筑物组成。路基是轨道的基础,直接承受上部轨道重量和轨道传来的机车车辆及其载荷的压力,并将其传递到大地。路基由本体和防护加固、排水建筑物组成。轨道是用来引导机车、车辆运行方向并直接承受车轮的巨大压力,使之传递、扩散到路基桥隧建筑物上的整体工程结构。它由钢轨、轨枕、连接零件、道床、防爬设备和道岔组成。铁路线路在跨越江河、深谷、横穿公路或另一条铁路时应修建桥梁,在穿越山岭时为避免开挖深路堑或修建过长的迂回线应修建隧道。

铁路线路按用途可分为正线、站线、段管线、岔线及特别用途线。
(1) 正线是指连接车站并贯穿或直股伸入车站的线路。
(2) 站线是指到发线、调车线、牵出线、货物线及站内指定用途的其他线路。
(3) 段管线是指机务、车辆、工务、电务、供电等段专用并由其管理的线路。
(4) 岔线是指在区间或站内接轨,通向路内外单位的专用线路。
(5) 特别用途线是指安全线和避难线。

铁路(线路)等级是铁路的基本标准。设计铁路时,首先要确定铁路等级。铁路的技术标准和装备类型都要根据铁路等级去选定。

我国《铁路线路设计规范》规定,新建和改建铁路(或区段)的等级,应根据它们在铁路网中的作用、性质、旅客列车设计行车速度和远期的客货运量确定。我国铁路划分为四个等级,即Ⅰ级、Ⅱ级、Ⅲ级、Ⅳ级,如表 3-1 所示。

表 3-1　铁路等级

等　　级	铁路在路网中的意义	远期年客货运量/Mt
Ⅰ级铁路	在路网中起骨干作用的铁路	≥20
Ⅱ级铁路	在路网中起骨干作用的铁路	<20
	在铁路网中起联络、辅助作用的铁路	≥10
Ⅲ级铁路	为某一地区或区域服务,具有地区运输性质的铁路	<10
Ⅳ级铁路	为某一地区或区域服务,具有地区运输性质的铁路	<5

注:(1) 近期指交付运营后第 10 年,远期指交付运营后第 20 年;(2) 年客货运量为重车方向的货运量与由客车对数折算的货运量之和。每天 1 对旅客列车按 1.0 Mt(Mt:百万吨)货运量折算。

二、铁路线路的平面和纵断面

铁路线路在空间的位置是用它的线路中心线来表示的。线路中心线在水平面上的投影,叫作铁路线路平面,表明线路的直、曲变化状态;线路中心线纵向展开后在铅垂面上的投影叫作线路纵断面,表明线路的坡度变化。

(一) 铁路线路的平面及平面图

1. 圆曲线

铁路线路在转向处所设的曲线为圆曲线,其基本要素包括曲线半径 R、曲线转角 α、曲线长度 L 及切线长度 T,如图 3-1 所示。

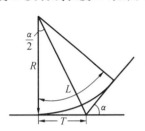

图 3-1 曲线要素图

在设计线路时,一般先设计出曲线半径 R 和曲线转角 α,然后确定 T 和 L,T 和 L 的计算公式为

$$T = R \cdot \tan \frac{\alpha}{2}$$

$$L = \pi \cdot R \cdot \frac{\alpha}{180}$$

曲线转角 α 的大小由线路走向、绕过障碍物的需要等因素确定。曲线半径 R 的大小反映了曲线弯曲度的大小。曲线半径 R 越大,曲线弯曲度越小,行车速度越高,但工程量越大,工程费用越高。

2. 缓和曲线

在铁路线路上,直线和圆曲线不是直接相连的,而是在它们之间插入一段缓和曲线,如图 3-2 所示。

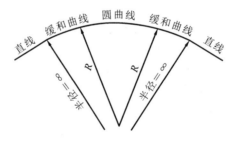

图 3-2 缓和曲线示意图

缓和曲线的作用是使曲线半径由无限大逐渐变化到等于圆曲线半径(或相反),从而使线路平顺地由直线过渡到圆曲线或由圆曲线过渡到直线,以避免车辆离心力的突然产生或突然消失。缓和曲线的设置使列车运行安全平稳,使旅客乘坐较为舒适。

缓和曲线的长度与所衔接圆曲线的半径及路段列车设计行车速度有关,路段设计行车速度越大,缓和曲线的长度也应越大;圆曲线半径越大,所需衔接缓和曲线的长度越小。

3. 夹直线

为了运行的安全与平顺,两相邻曲线间应设置夹直线,夹直线的最小长度 L_j 应根据路段最高行车速度 v_{max} 及地形条件等因素按表 3-2 的数值选用。

表 3-2 夹直线最小长度

v_{max}/(km/h)	160		140		120		100		80	
工程条件	一般	困难	一般	困难	一般	困难	一般	困难	一般	困难
L_j/m	130	80	110	70	80	50	60	40	50	30

4. 曲线附加阻力

当列车通过曲线时,由于离心力的作用,外侧车轮轮缘紧压外轨内侧,摩擦增大。同时由于曲线外轨比内轨长,内侧车轮和外侧车轮滚动的长度不同,因而两侧车轮在轮面上滚动时会产生相对滑动,给运行中的列车造成一种附加阻力,称为曲线附加阻力。曲线附加阻力与列车重量之比,叫作单位曲线附加阻力,用 W_r(N/kN)表示,其大小可以分下述三种情况分别进行计算。

(1) 当曲线长度≥列车长度,列车整列运行在曲线上时:

$$W_r = \frac{600}{R}$$

式中:R——曲线半径(m);
600——试验常数。

(2) 当曲线长度＜列车长度,列车只有一部分运行在曲线上时:

$$W_r = \frac{600}{R} \times \frac{L_r}{L}$$

式中:L_r——曲线长度(m);
L——列车长度(m)。

(3) 当列车同时运行在几个曲线上时:

$$W_r = \frac{600}{R_1} \times \frac{L_{r1}}{L} + \frac{600}{R_2} \times \frac{L_{r2}}{L} + \frac{600}{R_3} \times \frac{L_{r3}}{L} + \cdots$$

从以上各式看出,曲线附加阻力与曲线半径成反比。曲线半径越小,曲线附加阻力越大,运营条件就越差,但小半径曲线亦具有容易适应地形困难的优点,对工程条件有利。因此,在设计铁路线时应结合各因素合理选用曲线半径。不同设计路段的曲线半径优先选用表 3-3 中的序列值,在特殊困难条件下,可采用上列半径间 10 m 整倍数的曲线半径,但线路的最小曲线半径一般不得小于表 3-4 规定的数值。

表 3-3 线路平面曲线半径优先取值范围

路段设计速度/(km/h)	160	140	120	100	80
曲线半径/m	2 500～5 000	2 000～4 000	1 600～3 000	1 200～2 500	800～2 000

表 3-4 线路平面最小曲线半径

路段旅客列车设计速度/(km/h)		160	140	120	100	80
最小曲线半径/m	工程条件	一般地区	2 000	1 600	1 200	800	600
		困难地区	1 600	1 200	800	600	500

5. 铁路线路平面图

用一定比例尺(1∶2 000 或 1∶10 000)和规定的符号,把线路中心线及两侧地形、地物,投影到水平面上绘出的图,叫作铁路线路平面图,如图 3-3 所示。

铁路线路平、纵断面图是铁路设计的基本文件,在各个设计阶段都要编制要求不同、用途不同的各种平面图。从铁路线路平面图中可以看到线路中心线走向、里程、直曲线情况,以及沿线的车站、桥隧建筑物的数量和位置等。

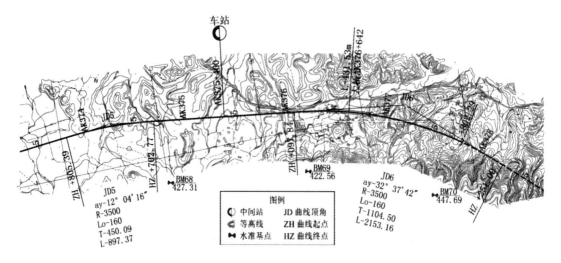

图 3-3 铁路线路平面图

(二)铁路线路纵断面及纵断面图

1. 铁路线路的纵断面

铁路线路纵断面由平道、坡道及设于变坡点处的竖曲线组成。

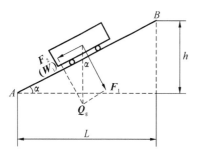

图 3-4 坡度与坡道附加阻力示意图

坡道的陡与缓常用坡度来表示。坡度是指坡道线路中心线与水平夹角的正切值,如图 3-4 所示。坡道坡度的大小通常用千分率来表示。

$$i = \frac{h}{L} = \tan\alpha$$

式中:i——坡度值,‰;

α——坡道段线路中心线与水平线的夹角。

铁路线路根据地形的变化可分为上坡、下坡和平道。上坡、下坡是按列车运行方向来区分的,通常用"+"号表示上坡,用"-"号表示下坡,平道用"0"表示。例如,+6‰表示 6‰的上坡道。

2. 坡道附加阻力与限制坡度

1) 坡道附加阻力

列车在坡道上运行时,会受到一种由坡道引起的阻力,这一阻力称为坡道附加阻力。从图 3-4 中可以看出,机车车辆所受的重力 Q_g(N)可以分解为垂直于坡道的分力 F_1 和平行于坡道的分力 F_2。前一个分力由轨道的反作用力抵消,后一个分力就成为坡道附加阻力,用 W_i 表示。由于铁路线路坡度的夹角 α 很小,$\sin\alpha \approx \tan\alpha$,因此,$W_i$ 可由下式计算:

$$W_i = 1\,000 \cdot Q \cdot g \cdot \sin\alpha \approx 1\,000 \cdot Q \cdot g \cdot \tan\alpha = Q \cdot g \cdot i$$

式中:W_i——坡道附加阻力(N);

Q——列车牵引重量(t);

g——重力加速度(近似取 10 m/s^2)。

列车平均每单位重量所受到的坡道附加阻力,叫作单位坡道附加阻力(w_i),计算公式为

$$w_i = W_i/(Q \cdot g) = \pm i$$

这就是说，机车车辆每单位质量上坡时所受的坡道附加阻力，等于用千分率表示的这一坡度值。列车上坡时，坡道附加阻力规定为"＋"，而当下坡时，坡道附加阻力规定为"－"。

2) 限制坡度

在一个区段上，决定一台某一类型机车所能牵引的货物列车重量（最大值）的坡度，称为限制坡度 i_x。在一般情况下，限制坡度的数值往往和区段内陡长上坡道的最大坡度值相当。

如果在坡道上又有曲线，那么这一坡道的坡道附加阻力值和曲线附加阻力值之和，不能大于该段规定的限制坡度的阻力值，即

$$i + i_r \leqslant i_x$$

限制坡度是影响铁路全局的主要技术标准。它不仅对线路走向、长度和车站分布有很大影响，而且直接影响运输能力、行车安全、工程费和运营费。在设计线路时，应根据铁路等级、地形类别、牵引种类和运输要求比选确定限制坡度，并应考虑与邻接铁路的牵引质量相协调，但不得大于表3-5所规定的数值。

表 3-5　限制坡度最大值　　　　　　　　　　　　　　　（‰）

铁路等级		牵引种类	
		电力机车	内燃机车
Ⅰ	平原	6.0	6.0
	丘陵	12.0	9.0
	山区	15.0	12.0
Ⅱ	平原	6.0	6.0
	丘陵	15.0	9.0
	山区	20.0	15.0

一条长大干线所经过地区的地形类别差异较大时，可在地形困难地段采用加力牵引坡度。所谓加力牵引坡度，是指为了统一全区段的列车重量标准，而在特定地段进行多机牵引的坡度。加力牵引坡度内燃牵引最大可采用25‰，电力牵引最大可采用30‰。

通常情况下，一条铁路线路上下行方向以采用相同的限制坡度为好。但在上下行方向货流量相差悬殊的铁路上，宜分方向采用不同的限制速度，这样既可满足运营需要，又可节省大量工程量。

3. 变坡点与竖曲线

平道与坡道、坡道与坡道的交点，叫作变坡点。列车经过变坡点时，坡度的突然变化会使车钩内产生附加应力。坡度变化较大时，附加应力的突然增大甚至容易造成脱钩、断钩事故，如图3-5所示。

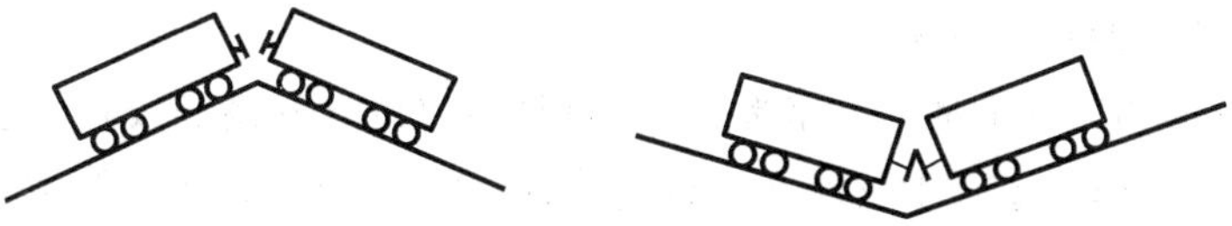

图 3-5　列车经过变坡点的状态

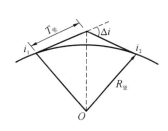

图 3-6　竖曲线

当相邻坡段的坡度代数差超过一定数值,为了保证列车的运行平稳和安全,应在相邻坡段间用一圆顺曲线连接,使列车顺利地由一个坡段过渡到另一个坡段,这个纵断面变坡点处所设的圆曲线,叫作竖曲线,如图 3-6 所示。

4.铁路线路纵断面图

用一定的比例尺(水平方向为 1∶10 000,垂直方向为 1∶1 000)和规定的符号,把线路中心线(展直后)投影到垂直平面上,并标明平面、纵断面的各项有关资料的图纸,叫作铁路线路纵断面图,如图 3-7 所示。

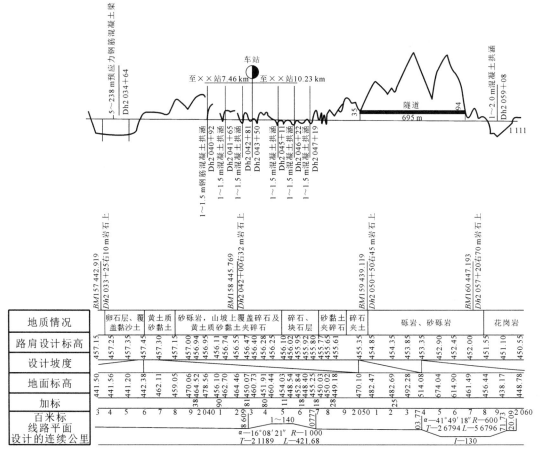

图 3-7　铁路线路纵断面图

铁路线路纵断面图的上部是图的部分,表示铁路线路纵断面概貌和沿线主要建筑物的特征。设计坡度线,即设计的路肩标高的连线。此外,还有地面线、填方和挖方的高度、桥隧建筑物资料、车站资料及其他有关情况。

在铁路线路纵断面图的下部是表格部分,主要是路肩设计标高和设计坡度。同时,用公里标、百米标和加标标明线路上各个坡段和设备的位置。此外,还有地面标高等。

（三）线路标志

为满足行车和线路养护维修的需要,在铁路沿线设有许多表明铁路建筑物及设备位置和状态的标志。常见的线路标志如下。

(1) 公里标、半公里标。公里标、半公里标是线路的里程标。公里标设于线路前进方向整公里处,表示从铁路起点开始计算的连续里程,每1公里设置1个;半公里标设于线路的半公里处,即相邻两公里标的中间。

(2) 曲线标。曲线标设在曲线中部,其上标有曲线长度、缓和曲线长度、曲线半径、外轨超高和轨距加宽,侧面标有曲线中部里程。

(3) 圆曲线和缓和曲线的始终点标。圆曲线和缓和曲线的始终点标设在直缓、缓圆、圆缓、缓直各点处,呈三棱柱形,侧面标有直、缓、圆字样,表明所进入路段分别为直线、缓和曲线、圆曲线。

(4) 坡度标。坡度标设在线路坡度的变坡点处,两侧各表明其所进入路段的上、下坡状况及坡度,箭头向上斜为上坡、向下斜为下坡、横线为平道;侧面标有变坡点里程。

(5) 桥涵标。桥涵标设在桥梁中心里程(或桥头)处,表明桥梁编号和中心里程。

(6) 管界标。管界标设在铁路局、工务段、领工区、养路工区、供电段、电务段所管辖地段的分界点处,两侧标明所向的单位名称。

此外,还有隧道标、鸣笛标、作业标等。

三、路基和桥隧建筑物

(一) 路基

路基是指经开挖或填筑而形成的直接支承轨道结构的土工结构物。它是铺设轨道的基础,并直接承受轨道自身的重量及其传递来的列车荷载压力。因此,路基状态的好坏,直接关系到线路的质量并影响行车速度及行车安全。

1. 路基横断面形式

垂直于线路中心线的路基断面,称为路基横断面。铁路路基按其横断面形式分为以下6种。

(1) 路堤式路基。当铺设轨道的路基面高于天然地面时,路基以填筑方式构成,这种路基称为路堤式路基。路堤式路基由路基顶面、边坡、护道和取土坑(或纵向排水沟)等组成,如图3-8所示。

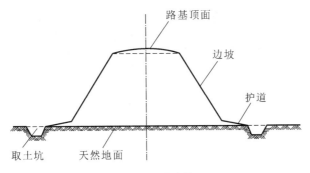

图 3-8 路堤式路基(一)

(2) 路堑式路基。当铺设轨道的路基低于天然地面时,路基以开挖方式构成,这种路基称为路堑式路基,如图3-9所示。

(3) 不填不挖式路基。指线路标高与天然地面相同,无须填方和挖方的路基称为不填不挖式路基,如图 3-10 所示。

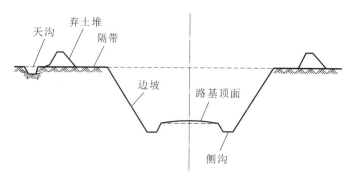

图 3-9 路堑式路基(一)

图 3-10 不填不挖式路基图

(4) 半堤式路基。路基的一侧需在天然地面上填方修筑而成的路基称为半堤式路基,如图 3-11 所示。

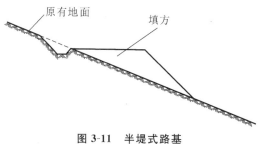

图 3-11 半堤式路基

(5) 半堑式路基。路基的一侧需在天然地面上挖方修筑而成的路基称为半堑式路基,如图 3-12 所示。

(6) 半堤半堑式路基。路基的一侧需在天然地面上填方修筑,而另一侧需在天然地面上挖方修筑而成的路基称为半堤半堑式路基,如图 3-13 所示。

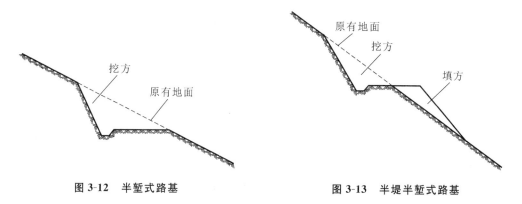

图 3-12 半堑式路基　　　　　图 3-13 半堤半堑式路基

以上6种路基断面形式中,路堤和路堑是最基本和最为常见的两种。以下以路堤式路基和路堑式路基为例,说明路基的组成。

2. 路堤式路基

路堤式路基由路基顶面、边坡、护道和取土坑(或纵向排水沟)等组成,如图3-14所示。

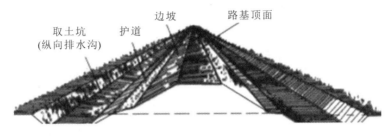

图3-14　路堤式路基(二)

（1）路基顶面是铺设轨道的工作面,其宽度为两侧路肩边缘之间的距离。所谓路肩,是指路基顶面两侧无道砟覆盖的部分,用于增强路基的稳定性,防止道砟滚落至路基面外,以及设置线路标志和信号标志,便于人员避车和暂放维修材料和机具。路基顶面形状应设计成三角形路拱,由路基中心线向两侧设4%的人字排水坡。

（2）边坡是指路肩边缘两侧的斜坡,其作用是增强路基的稳定性。边坡的坡度是以边坡上任意两点间的垂直高度与水平距离之比来表示的,一般为1∶1.5或1∶1.75。

（3）护道是指路堤坡脚与取土坑(或排水沟)之间的斜坡,其宽度一般不小于2 m,并向外做成2%~4%的排水坡。其作用是保持路基边坡的稳定,防止雨水冲刷坡脚造成边坡塌方。

（4）取土坑(兼作排水沟)位于路堤护道外侧,用以排除路堤范围内的地面水。在地形平坦地段,取土坑宜设在路堤一侧。当地面横坡陡于1∶10时,取土坑宜设在路堤上侧。兼作排水沟的取土坑应确保水流畅通排出。

3. 路堑式路基

直线地段一般黏性土路堑式路基由路基顶面、侧沟、边坡、隔带、弃土堆、天沟等组成,如图3-15所示。

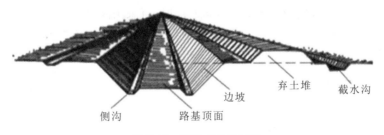

图3-15　路堑式路基(二)

（1）路堑的路基顶面形状与路堤式路基顶面形状相同。

（2）侧沟。侧沟位于路基顶面两侧,用以排泄路堑边坡和路基顶面上流下来的地面水,其断面呈梯形,沟深一般不小于0.6 m,沟底宽度不小于0.4 m。

（3）边坡。边坡即侧沟沟底至路堑开挖侧面的斜坡,其坡度一般为1∶1~1∶1.5,边坡高度不宜超过30 m。

(4) 隔带。隔带是指堑顶边缘至弃土堆坡脚的地带,其宽度一般为 2.5 m。设置隔带可减少弃土堆对边坡的压力,有利于边坡的稳定。

(5) 弃土堆。弃土堆是指开挖路堑时堆放在隔带外的弃土,设于迎水一侧,可以阻挡地面水流入路堑。

(6) 天沟。天沟位于路堑顶弃土堆的外侧,用以截排路堑上方流向路堑的地面水。

4. 路基面宽度和高程

1) 路基面宽度

区间路基面宽度应根据旅客列车设计行车速度、远期采用的轨道类型、正线数目、线间距、路基面两侧沉降加宽、路肩宽度、养路形式等通过计算确定,必要时还应考虑光、电缆槽及声屏障基础的位置。区间单线路基面宽度由铺设轨道部分和路肩组成,区间双线路肩面宽度由线间距加左、右两侧线路中心以外轨道的铺设宽度和路肩宽度取得。路堤的路肩宽度不应小于 0.8 m,路堑的路肩宽度不应小于 0.6 m,高速铁路路肩宽度为 1.2~1.4 m。区间单双线地段的路基面应在曲线外侧按相应的规范加宽,加宽值应在缓和曲线范围内线性递减。

2) 路基面高程

路肩边缘处的标高为路基标高。路基面的高程应使轨面标高和线路纵断面设计要求相一致。当路基面的高程可因路基面以下土体压密出现变化时,应先做好加大路基面的宽度等的预处理工作,以便用加厚道床的措施,保持轨面标高不变。

5. 路基排水及防护加固

1) 路基排水

为保持路基经常处于干燥、坚固和稳定的状态,路基上应设置一套完整的排水系统,包括排地面水设施和排地下水设施。

(1) 地面水:在路堤式路基天然护道外,可设置单侧或双侧排水沟,也可用取土坑排水;路堑式路基应于路肩两侧设置侧沟;堑顶外可设置单侧或双侧天沟。地面横坡明显地段的排水沟天沟可在横坡上方一侧设置,不明显时宜在路基两侧设置。天沟不应向路堑侧沟排水,路堑式路基侧沟的水不得流经隧道流出。地面排水系统如图 3-16(a) 所示。

(2) 地下水:当地下水埋藏浅或无固定含水层时,可采用明沟、排水槽、渗水暗沟、边坡渗沟、支撑渗沟排水;当地下水埋藏深或为固定含水层时,可采用渗水隧洞、渗井、渗管或仰斜式钻孔排水。渗水暗沟和渗水隧洞的纵坡不应小于 5‰,条件困难时亦不应小于 2‰。地下排水设施如图 3-16(b) 所示。

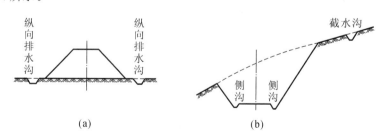

图 3-16 地面排水系统和地下排水设施

2) 路基防护加固

路基坡面长期裸露在自然中,受自然风化及雨水冲刷的破坏作用,会出现边坡剥落、局部凹陷、表土溜滑、坡脚被掏空崩塌等不同的坡面变形。为保证路基的坚固和稳定,路基坡面常用种草、铺草皮、砌石、抹面、喷浆、修建挡土墙等方式加以防护加固。挡土墙防护加固如图 3-17 所示。

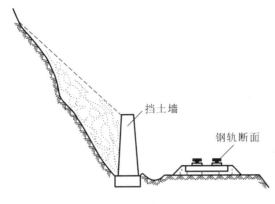

图 3-17　挡土墙防护加固

(二) 桥隧建筑物

当铁路线路要通过江河、溪沟、谷地以及山岭等天然障碍,或要跨越公路、铁路时,就需要修建桥隧建筑物,以使铁路线路得以继续向前延伸。桥隧建筑物包括桥梁、涵洞、明渠、隧道等。在修筑铁路时,桥隧建筑物投资占整个工程投资相当大的比重,大型桥隧的工期也是影响整个工程工期的关键。

1. 桥梁

1) 桥梁的组成

铁道桥梁由上部结构和下部结构两大部分组成。上部结构亦称桥跨结构,包括桥面、梁、支座等;下部结构包括桥墩、桥台和基础,如图 3-18 所示。

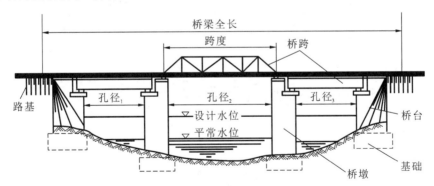

图 3-18　桥梁结构图

桥面指桥上的路面,即铺设轨道和供人行走的部分,通常分有砟桥面和无砟桥面两种。有砟桥面的钢轨是铺在轨枕与道砟上的,而无砟桥面的钢轨和轨枕直接铺在钢梁或木梁上。梁是桥梁上部结构的主体,它支承桥面和承受桥面传来的重力,应有足够的强度。其式样包括钢桥梁、钢桁梁及钢筋混凝土梁等。支座是桥梁墩台上支承桥跨的构件,分为固定支座和铰支座两种。

桥墩是桥梁中部支承桥跨结构的建筑物。桥台是桥梁两端支承和连接路基的建筑物。基础设置在桥墩和桥台的下部,支承桥墩自身的重量、桥跨重量、列车重量和冲击力等,并把这些力传到地基。

两端桥台挡碴墙之间的距离为桥梁全长,每个桥跨两支点间的距离叫跨度,每个桥孔在设计水位处的距离叫孔径,从设计通航水位(或设计洪水位)至跨桥结构最下缘的垂直高度叫桥下净空高度。

2) 桥梁的种类

(1) 按桥梁长度分类。

小桥:桥长＜20 m。中桥:20 m≤桥长＜100 m。大桥:100 m≤桥长＜500 m。特大桥:桥长≥500 m。

(2) 按桥跨结构分类。

拱桥:桥跨结构的主体呈拱形,如图 3-19(a)所示。梁式桥:桥梁上部结构的主体部分是梁,它由支座支承在桥墩和墩台上,如图 3-19(b)所示。刚架桥:梁与墩台连成一个整体的桥梁,如图 3-19(c)所示。斜拉桥:由梁、斜拉索、塔架组成,如图 3-19(d)所示。悬索桥:用缆索作为主要承重结构,桥面用吊索或吊杆挂在缆索上,如图 3-19(e)所示。

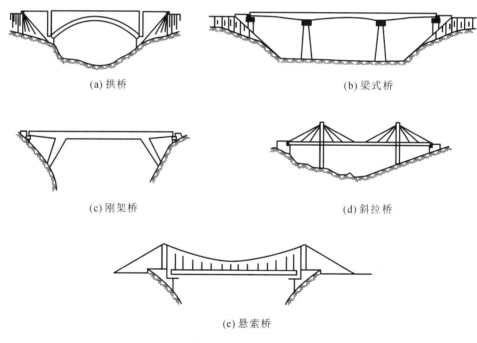

图 3-19 桥梁示意图

(3) 按桥跨结构的建筑材料分类。

钢桥:桥跨结构的主体是钢梁。钢筋混凝土桥:用钢筋混凝土制造梁部结构或钢架结构。石桥:用石料制造桥跨结构。

(4) 按桥面所在位置分类。

上承桥:桥面在桥跨顶面。中承桥:桥面在桥跨高度的中间部分。下承桥:桥面在桥跨下缘。

(5) 按桥梁跨越的障碍分类。

跨河桥：跨越江河、湖泊。跨线桥：又称立交桥，是在铁路、公路相互立体交叉时所建的桥梁。高架桥：又称栈桥或旱桥，跨越宽谷、深沟。

3) 桥梁荷载

一座桥梁所承受的荷载主要包括恒载和活载两部分。恒载指桥梁结构本身的自重，活载指列车重量及冲击力。建桥时桥梁各部分结构要根据线路等级、桥跨材料及跨度，适应列车重量、密度、速度发展的需要，按铁路部门制定的标准活载设计。

2. 隧道

隧道是修建在地下或水下并铺设轨道供机车车辆通行的建筑物，大多建筑在山中，用以避免开挖很深的路堑，或修筑很长的迂回线，以改善线路条件、提高运输效率、节省运营费用。也有为穿越河流或海峡而从河下或海底通过的水下隧道，以及为适应铁路通过大城市的需要而在城市地下穿越的城市隧道。

1) 隧道的组成

隧道一般由洞身、衬砌、洞门和避车洞、避人洞几部分组成，图 3-20 所示为隧道洞口及洞身。

图 3-20　隧道洞口及洞身

洞身是隧道的主体部分，是列车通过的车道，应具有一定的净空，以保证行车安全；衬砌指沿隧道周边用石料、混凝土等砌筑的支撑结构，主要作用是用来承受地层压力，阻止坑道周围地层的变形，防止岩石的风化、坍塌；洞口指隧道进出口的建筑装饰结构，它的作用是用来保持洞口上方及两侧坡面的稳定，并将洞口上方流下的水通过洞门处的排水沟引离隧道；避车洞与避人洞指设于隧道内两侧边墙上交错排列的附属建筑物，它是为列车通过时便于工作人员、行人及运料小车躲避而修建的，避车洞每隔 300 m 设一个，避人洞在相邻避车洞之间每隔 60 m 设一个。

2) 铁道隧道的种类

铁道隧道按长度可分为一般隧道（长度小于 2000 m）、长隧道（长度为 2000～5000 m）和特长隧道（长度大于 5000 m）；按所在位置和埋藏条件又可分为傍山隧道、越岭隧道、地下隧道；按洞内行车线路的多少还可分为单线隧道、双线隧道及多线隧道等。

（三）涵洞

1. 涵洞的结构

涵洞是埋设在路堤下部填土中，用以通过水流或行人的建筑物。涵洞主要由洞身、基础、端墙、翼墙和出入口等部分组成,如图 3-21 所示,其孔径一般为 0.75~6 m。洞身埋在路基中,从进口向出口有一定的纵向坡度,以利于排水。两端进出口处,可砌端墙和翼墙,便于水流进出涵洞,还可以保护路堤边坡免受水流冲刷。

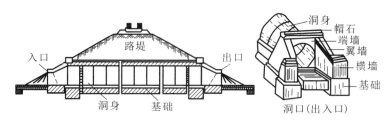

图 3-21　涵洞构造

2. 涵洞的类型

涵洞按其使用的建筑材料的不同,分为石涵、混凝土涵、钢筋混凝土涵及铁涵等;按其结构形式不同,分为管涵、箱涵及拱涵等。涵洞的类型应根据水流情况、排水量、地质条件、材料来源及施工期限等因素综合考虑确定。

四、轨道

路基、桥隧建筑物修成之后,即可在上面铺设轨道。轨道是一个整体性工程结构,主要由钢轨、轨枕、连接零件、道床、防爬设备以及道岔等组成,如图 3-22 所示,主要起到引导列车和机车车辆运行,直接承受车轮传来的巨大压力,并把它传给路基及桥隧建筑物的作用。因此,应使轨道的各部分均有足够的强度和稳定性,以保证列车按规定的速度安全、平稳、不间断地运行,适应旅客列车高速及货物列车重载的发展需要。

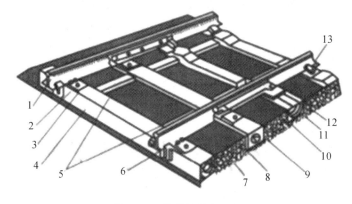

图 3-22　轨道的基本组成

1—钢轨;2—普通道钉;3—垫板;4、9—木枕;5—防爬撑;6—防爬器;
7—道床;8—双头夹板;10—螺栓;11—钢筋混凝土轨枕;
12—扣板式中间连接零件;13—弹片式中间连接零件

(一)轨道的组成

1. 钢轨

钢轨直接承受并传递机车车辆传来的压力、冲击和振动,引导车轮运行方向,在电气化铁道或自动闭塞区段,钢轨还兼作轨道电路。

钢轨的断面形状为"工"字形，由轨头、轨腰和轨底组成，如图 3-23 所示。钢轨头部呈弧形以适合轮轨的接触，同时，应具有足够的面积和厚度。轨腰应有足够的高度，以提高钢轨抵抗挠曲的能力。轨底应有足够的厚度和宽度，以保证其稳定性。

在我国，钢轨的类型（或强度）以每米长度的质量（kg）表示，我国钢轨的主要类型有：75 kg/m、70 kg/m、60 kg/m、50 kg/m 等几种。我国钢轨的标准长度为 12.5 m 和 25 m 两种，此外，还有专供曲线地段使用的标准缩短轨若干种。

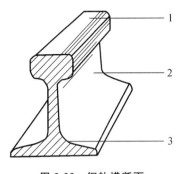

图 3-23 钢轨横断面
1—轨头；2—轨腰；3—轨底

2. 轨枕

1）轨枕的作用

轨枕是钢轨的支座，主要承受从钢轨传来的压力并传给道床，同时轨枕还起到保持钢轨位置和轨距的作用。

2）轨枕的类型

轨枕按材料分为木枕和钢筋混凝土枕两种，如图 3-24 所示。按用途分主要有普通轨枕、岔枕和桥枕。

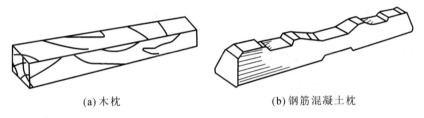

(a) 木枕　　　　　　　　(b) 钢筋混凝土枕

图 3-24 轨枕

木枕具有弹性好、易加工、铺设和养护维修方便、绝缘性能好等优点，但使用寿命短，耗费木材多，强度、弹性和耐久性不完全一致，在机车车辆荷载作用下易出现轨道不平顺。钢筋混凝土枕既不受气候、腐朽、虫蛀及火灾的影响，又能保证尺寸一致，使轨道的弹性均匀，且稳定性好、坚固耐用，并可节省大量木材。但和木枕相比较，也有重量大、弹性较差等缺点，因而要求道床质量高，铺设厚度大，并在钢轨底部增设缓冲垫层。

钢筋混凝土枕有普通轨枕和宽轨枕两类。宽轨枕也叫混凝土轨枕板，外形和普通混凝土轨枕相似，但相对较宽且稍薄。它在线路上是连续铺设的，这样可以增大钢轨与轨枕、轨枕与道床的接触面积，从而有效降低道砟应力，防止线路不均匀下降，使轨道平顺性好，提高线路的稳定性，适于重载和高速行车的要求。宽轨枕以前主要在隧道内、大桥桥头和大型客、货运站站场内铺设，现已在主要干线上逐步扩大了其使用范围。

3. 连接零件

连接零件分为接头连接零件和中间连接零件两类。

1）接头连接零件

接头连接零件包括夹板、螺栓螺帽和弹性垫圈等，用于把钢轨连接成一个整体。连接时，先用两块鱼尾板夹住钢轨，然后用螺栓拧紧。在普通线路上两节钢轨之间一般要预留适当的轨缝，以保证钢轨可自由地伸缩。

目前，广泛采用的是悬接而又对接的钢轨接头形式，如图 3-25 所示。悬接是指钢轨的接头正好处在两根轨枕之间,这种形式弹性较好。对接是指轨道上两股钢轨的接头恰好彼此相对在同一坐标点,从而避免机车车辆通过时左右摇摆。

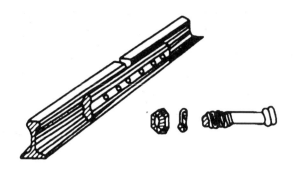

图 3-25 钢轨接头连接零件

2) 中间连接零件

中间连接零件亦称钢轨扣件,其功能是将钢轨紧扣在轨枕之上,并保持其稳固位置,防止钢轨作相对于轨枕的纵、横向移动。

木枕扣件主要包括道钉和垫板。钢筋混凝土轨枕按其结构分为扣板式、弹片式和 w 形弹条式三种。其中,w 形弹条式扣件主要由 w 形弹条、螺旋道钉、轨距挡板、挡板座及弹性垫板等组成,如图 3-26 所示,用弹条代替了扣板式扣件的扣板,改善了钢轨与混凝土枕联结的弹性,增强了紧扣力,因此在主要干线和无缝线路上得到了广泛使用。

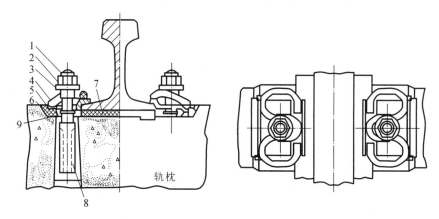

图 3-26 钢筋混凝土枕用连接扣件

1—螺旋道钉;2—螺母;3—平垫圈;4—弹条 5—轨距挡板;6—挡板座;7—橡胶垫板;8—硫磺锚固剂;9—绝缘防锈涂料

4. 道床

道床是铺设在路基面上的石砟(道砟)垫层,如图 3-27 所示。其主要作用是支承轨枕,保持轨枕位置,阻止轨枕纵向或横向移动;把轨枕上部的压力均匀地传给路基;排除地面雨水,使轨道具有足够的弹性,缓和机车车辆轮对对钢轨的冲击作用。

我国道床常用的材料主要是碎石和筛选的卵石等,道床断面包括道床顶宽、道床底宽及道床边坡坡度 3 个主要特征。

如果将碎石道床灌注水泥浆,使它成为一个整体来支承钢轨或者用混凝土、钢筋混凝土直接在路基面上筑成基础来支承钢轨,就形成整体道床。整体道床的强度高、维修工作量少,适合

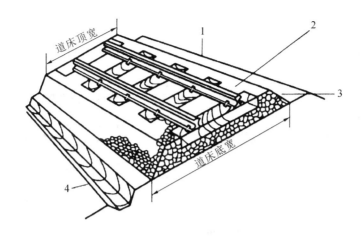

图 3-27 道床断面
1—路肩；2—道床；3—道床边坡坡度；4—侧沟

于列车高速运行,目前我国在隧道内和高速铁路上均铺设了整体道床。

5. 防爬设备

列车运行时,常常产生纵向力带动钢轨作纵向移动,有时甚至带动轨枕一起移动,这种纵向移动,叫作爬行。轨道爬行后,会造成轨枕歪斜,或一端轨缝被顶严实而另一端轨缝被拉大的轨缝不匀等现象。为了阻止线路爬行造成的行车危险,必须采取有效措施防止爬行。除加强轨道其他有关组成部件外,通常还采用防爬器和防爬撑来防止线路爬行。

穿销式防爬器是由带挡板的轨卡和穿销组成,如图 3-28 所示。安装时,将轨卡的一边紧紧地卡住轨底,另一边楔进穿销,使整个防爬器牢固地卡住轨底。另外,为了充分发挥防爬器的抗爬能力,通常在轨枕间还安装防爬撑,把 3~5 根轨枕连接起来组成一组防爬设备,共同抵抗钢轨的爬行,如图 3-28 所示。

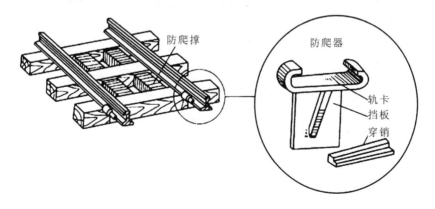

图 3-28 防爬器与防爬撑

6. 道岔

道岔是铁路线路相连接或交叉设备的总称,它可以使机车车辆由一条线路转往另一条线路,通常设于车站上,是铁路轨道的一个重要组成部分。道岔种类很多,常见的有普通单开道岔、双开道岔、三开道岔、交分道岔和交叉设备等。

1) 普通单开道岔

单开道岔是最常用、最简单的线路连接设备,主要由转辙器、辙叉及护轨、连接部分组成。对于普通单开道岔,直线向左分岔称为左开道岔,向右分岔称为右开道岔,如图 3-29 所示。

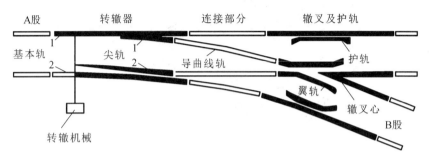

图 3-29　普通单开道岔

（1）转辙器:包括两根尖轨和两根基本轨,是引导机车车辆转线的部分。两根尖轨是整个道岔中可以活动的部分,用连杆相连,处于两根基本轨的内侧,并且总是一根尖轨同一根基本轨密贴,而另一根尖轨与一根基本轨分离。机车车辆通过直线线路时,就要求上边的尖轨离开基本轨的同时,下边的尖轨和基本轨密贴,以便使机车车辆轮缘顺利地通过该部位。

（2）辙叉及护轨:包括辙叉心、两根翼轨和两根护轮轨。其作用是保证车轮安全通过互相交叉的两根钢轨。辙叉心两工作边所夹的角 α 称为辙叉角,其交点称为辙岔尖端;两翼轨间的最小距离处称为辙叉咽喉。从辙叉咽喉至辙岔尖端之间有一段轨线中断地带,车轮有失去引导误入异线而发生脱轨事故的可能,因此此处被称为有害空间。为保证车轮在有害空间处进入正确的轮缘槽,防止进入异线,通常在辙岔两侧相对应位置的基本轨内设置护轨。道岔上有害空间的存在,是限制过岔速度的一个重要因素。为了消灭有害空间,适应高速行车的要求,许多国家都设计制造了各种活动心轨道岔,以活动心轨辙叉代替原来的固定辙叉。活动心轨辙叉主要包括翼轨、长短心轨拼装的活动心轨、叉跟基本轨、帮轨等几部分,如图 3-30 所示。

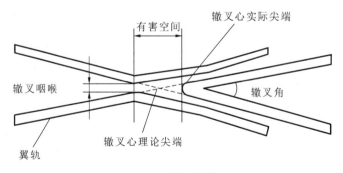

图 3-30　活动心轨辙叉

（3）连接部分:包括两根直轨和两根导曲线轨,是将转辙器和辙叉连接起来的部分。在导曲线上一般不设缓和曲线和超高,所以列车在侧向过岔时,速度要受到限制。

此外,还有电控式转辙设备,但使用较少。

2) 其他类型道岔与交叉设备

（1）双开道岔:也叫对称道岔,如图 3-31 所示,由主线向两侧分为两条线路。在构造上,道岔对称于线路的中线,道岔连接部分有 4 条导曲线轨而无直轨,所以无直向及侧向之分。

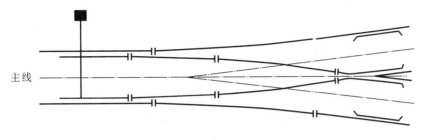

图 3-31 双开道岔

(2) 三开道岔:如图 3-32 所示,衔接 3 条线路;有两对尖轨,每对由一组转辙机控制,决定尖轨的位置;连接部分有两根直轨,两对导曲线轨,辙叉及护轨部分有 3 副辙叉、4 根护轨。

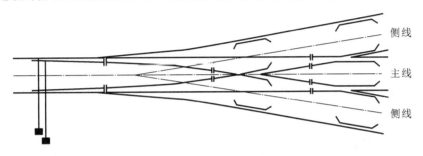

图 3-32 三开道岔

(3) 交分道岔:如图 3-33 所示,它有 4 个辙叉,其中两个锐角、两个钝角;有 4 条导曲线轨和 8 条尖轨;两根拉杆,每根带动 4 条尖轨同时工作。

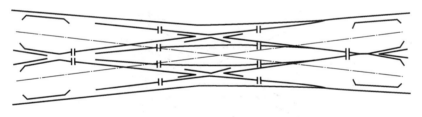

图 3-33 交分道岔

(4) 菱形道岔:是指一条线路与另一条线路在平面上相交,使机车车辆能跨越运行,交叉角度小于 90°的连接设备,如图 3-34 所示。锐角辙叉的结构与单开道岔中的辙叉结构基本相同,钝角辙叉分为固定型和可动心轨型两种。菱形道岔可以单独使用也可以与 4 组单开道岔组成渡线。

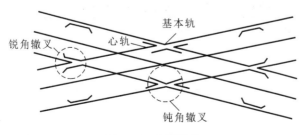

图 3-34 菱形道岔

(5) 渡线：为了使机车车辆能从一条线路进入另一条线路，应设置渡线，包括普通渡线和交叉渡线两种。普通渡线设在两平行线路之间，由两副辙叉号数相同的单开道岔及两道岔间的直线段所组成。交叉渡线设在两平行线路之间，它由 4 副普通单开道岔和一副菱形道岔组成，如图 3-35 所示。

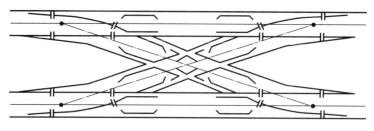

图 3-35　交叉渡线

3）道岔辙叉号数及允许过岔速度

(1) 辙叉号数。

辙叉号数也称道岔号数（N），以辙叉角（α）的余切值来表示，如图 3-36 所示，即：

$$N = \cot\alpha = \frac{FE}{AE}$$

式中：N——道岔号数；

α——辙叉两工作边的夹角；

FE——辙叉心理论尖端沿工作边至垂足的距离；

AE——辙叉心一工作边任意一点至另一工作边的垂直距离。

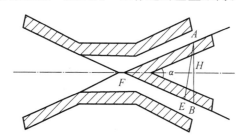

图 3-36　道岔号数计算示意图

由公式可知，辙叉角越大，辙叉号数越小，这时同辙叉部分连接的导曲线轨半径也就越小；辙叉角越小，辙叉号数越大，导曲线半径越大。我国常见道岔号数、辙叉角及导曲线半径的对应关系如表 3-6 所示。

表 3-6　道岔号数、辙叉角及导曲线半径的对应关系

道岔号数 N	6（对称）	7（三开）	9	12	18
辙叉角 α	9°27′44″	8°07′48″	6°20′25″	4°45′49″	3°10′47″
导曲线半径/m	180	180	180	330	800

(2) 允许过岔速度。

由于导曲线部分不设缓和曲线和超高，列车通过道岔时如果速度过高，突然产生的离心力就很大，特别是当列车侧向通过时，车轮对尖轨、护轨和翼轨都有冲击，速度过大时冲击力就很

大,这样不仅会造成很大程度的摇晃,使旅客感到不适,而且威胁行车安全,因此列车的过岔速度不能超过一定的范围。

允许过岔速度包括直向过岔速度和侧向过岔速度,其中侧向过岔速度受限制较大。道岔号数 N 越大,允许过岔速度也就越高,我国铁路主要线路上使用较多的 9、12、18 号 3 个型号道岔的侧向允许速度分别为 25 km/h、45 km/h、80 km/h,当侧向列车速度超过 80 km/h 时,应用 18 号以上的道岔,如 30 号道岔等。

(二) 轨道的几何形位

轨道几何形位是指轨道各部分的几何形状、相对位置和基本尺寸。为确保行车安全,轨道的两股钢轨之间应保持一定的距离;两股钢轨顶面应保持一定的相对高度;在小半径曲线地段,曲线轨距应考虑适当加宽,从而保证机车车辆能够顺利通过曲线。列车速度越高,对轨道的技术标准要求就越高。

1. 轨距

轨距为两股钢轨头部踏面下 16 mm 范围内两股钢轨工作边之间的最小距离,如图 3-37 所示。

1) 直线轨距

我国铁路标准直线轨距为 1435 mm,大于 1435 mm 者称为宽轨距,小于 1435 mm 者称为窄轨距。我国昆明铁路局(现中国铁路昆明局集团有限公司)有部分线路轨距为 1000 mm,我国台湾地区铁路采用的轨距为 1067 mm。此外,世界其他国家还有采用 1524 mm、1676 mm 等轨距的。

为使机车车辆能在线路上两股钢轨间顺利滚动,轨距应略大于轮对宽度,当轮对的一个车轮轮缘紧贴钢轨作用边时,另一个车轮轮缘与钢轨作用边之间就留有一定的空隙,此空隙称为游间(也称为活动量),如图 3-38 所示,在直线地段:

$$S_0 = q + \delta$$

式中:S_0——轨距;

q——轮对宽;

δ——活动量。

轮轨活动量 δ 既不能过大,也不能过小。δ 过大,会造成列车运行时产生较大摇晃,影响轨道的稳定性,危及行车安全;δ 过小,会增加行车阻力和轮轨磨耗,严重时轮对有可能被钢轨卡住。

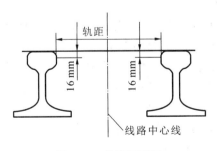

图 3-37 轨距示意图

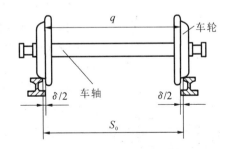

图 3-38 轮对和钢轨的相对位置

2) 曲线轨距

机车车辆走行部中固定在转向架上始终保持平行而不能做相对运动的车轴中心线间的距

离,称为固定轴距。车辆在曲线上运行时,由于机车车辆固定轴距的影响,可能引起转向架前一轮对的外轮轮缘和后一轮对的内轮轮缘挤压钢轨,致使行车阻力增大和轮轨磨耗加剧,如图 3-39 所示。为使机车车辆顺利通过曲线,对小曲线半径的轨距要适当加宽,表 3-7 为我国《铁路线路设计规范》规定的曲线轨距加宽的数值。

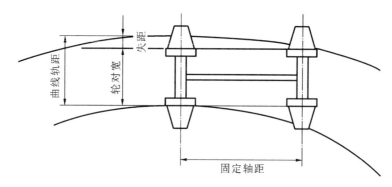

图 3-39　曲线轨距加宽原因示意图

表 3-7　轨距加宽取值

曲线半径/m	加宽值/mm	轨距/mm
$R \geqslant 350$	0	1435
$350 > R \geqslant 300$	5	1440
$R < 300$	15	1450

2. 水平

1）钢轨的水平位置

在线路同一断面处左、右两股钢轨踏面的高度差,简称"水平"。水平也是用道尺进行检测的,与轨距的检测同步进行。

为使两股钢轨受力均匀,直线地段两股钢轨顶面应保持在同一水平,但在保证列车安全的前提下也允许有一定的误差。水平允许误差:正线、到发线上不得大于 4 mm,其他线不得大于 6 mm,水平变化率亦不得超过 1‰。否则,即使两股钢轨的水平误差不超过允许范围,也会引起机车车辆的剧烈振动。

2）曲线外轨超高

机车车辆在曲线上运行时,由于离心力的作用使曲线外轨承受了较大的压力,因而造成两股钢轨磨耗不均匀现象,并使旅客感到不适,严重时还可能造成翻车事故。因此通常要将曲线上的外轨抬高,使机车车辆内倾,以平衡离心力的作用。外轨比内轨高出的部分称为外轨超高,如图 3-40 所示。

曲线外轨超高可采用如下公式计算:

$$h = 11.8 \frac{v_p^2}{R}$$

式中:h——外轨超高(mm);

v_p——列车平均运行速度(km/h);

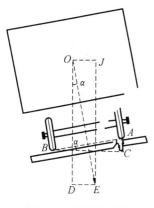

图 3-40　外轨超高图

R——曲线半径(m)。

外轨超高计算后,取 5 mm 的整数倍。

曲线地段超高一旦设定,一般情况下旅客列车最高速度不应超过曲线允许的最高速度;货物列车不应低于一定的行车速度,否则会产生过超高(所需超高大于设定超高)或欠超高(所需超高小于设定超高)危及行车安全。因此,我国铁路规定曲线地段外轨超高双线不得超过 150 mm,单线不得超过 125 mm。高速客运铁路,行车速度很高,又无低速运行的货车,一般设置的超高较高,但为保证列车在曲线上的停车安全,最大超高也不超过 200 mm。

第三节 铁路车站

车站既是铁路办理客、货运输的基地,又是铁路运输的基层生产单位。在车站上,除了办理旅客与货物运输的各项作业外,还要办理与列车运行有关的作业,如列车的接发、会让与越行,车列的解体与编组,机车的换挂与整备,车辆的检修等。

一、车站的定义与分类

1. 车站的定义

为了保证行车安全和必要的线路通过能力,满足人们对运输的需要,铁路上每隔一定距离需要设置一个车站。两相邻车站间的线路称为区间。而车站就成为相邻区间之间的分界点,因此,区间和分界点是组成铁路线路的两个基本环节。

车站上除了正线以外,还配有其他线路(到发线、调车线、牵出线、货物线及站内指定用途的其他线路等),所以把车站定义为在铁路线上设有配线的分界点。此外,还有无配线的分界点,它包括非自动闭塞区段两车站间设置的线路所和自动闭塞区段两车站间划分为若干个闭塞分区处所设置的通过色灯信号机。车站与车站之间的区间称为站间区间;车站与线路所之间的区间称为所间区间;自动闭塞区段上通过色灯信号机之间的段落称为闭塞分区。

区段是指两相邻技术站间,包含若干个区间和分界点的铁路线段。区段的长度一般取决于牵引动力的种类或路网状况。

2. 车站的分类

1) 按业务性质分类

车站按业务性质可分为客运站、货运站、客货运站和不办理客、货运业务的车站。

客运站是专门办理售票、行李与包裹运送、旅客乘降等客运业务和旅客列车的始发、终到、技术检查等行车工作以及客车整备等作业的车站,通常设在作为全国或地区政治、经济、文化中心的大城市和旅游胜地等有大量旅客出行、中转和到达的地点,如北京、上海、广州、郑州、西安等车站。

货运站是专门办理货物承运、交付、中转、装卸和货物列车到发、车辆取送,以及货物联运、换装等作业的车站,一般设在大城市、工矿地区和港口等有大量货物装、卸和中转的地点,如上海东、郑州东等车站。

客货运站是既办理客运业务又办理货运业务的车站。我国铁路绝大多数车站都属于客货运站。

此外，路网上还有一部分不办理客运业务也不办理货运业务，专为列车交会和越行而设立的车站，称为会让站（单线）和越行站（双线）。

2）按技术作业性质分类

车站按技术作业性质可分为编组站、区段站和中间站。

（1）编组站。

编组站通常设置在大城市和大厂矿所在地或衔接3个及以上方向铁路线、有大量车流集散的地点，其主要工作是改编车流，即解体和编组各种货物列车，以及机车换挂、整备；乘务组换班、列车的技术检查、车辆检修等。

（2）区段站。

区段站设在机车牵引区段的分界处，它的主要工作是办理货物列车的中转作业，进行机车的更换或机车乘务组的换班，以及解体、编组区段列车和摘挂列车。由于区段站和编组站拥有较多的技术设备，并主要办理货物列车和车辆的技术作业，故又统称为技术站。

（3）中间站。

中间站是为沿线城乡人民及工农业生产服务，提高铁路区段通过能力，保证行车安全而设的车站。一般设在技术站之间的区段内或支线上，它主要办理列车的接发、会让和越行、摘挂列车的调车作业以及客货运业务。有些中间站还办理市郊列车的折返和列车的始发和终到作业。

3）按客货运量和技术作业量的大小分类

无论哪种车站，按照所担负的任务量及在国家经济中的地位，车站共分为特等站及一、二、三、四、五等站6个等级。车站数量每年都在变化之中，核定车站等级应依据《铁路车站等级核定办法》相关规定。车站等级是车站设置相应机构和配备定员的依据。

二、车站线路种类与线间距

1. 车站线路种类

车站应设有正线，根据车站作业的需要还需配置各种用途的站线，正线是直接与区间连通的线路；站线包括到发线、牵出线、调车线、货物线及站内指定用途的其他线，如图3-41所示。

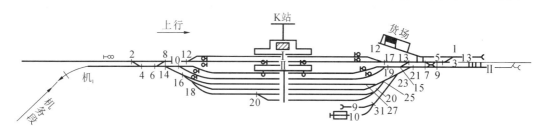

图3-41 车站线路图

1、3—到发线；2—正线；4、5、6、7、8—调车线；9、10—站修线；11、13—牵出线；12—货物线；机₁—机车走行线

（1）到发线：用于接发旅客列车与货物列车的线路。

（2）牵出线：用于进行调车作业时将车辆牵出的线路。

（3）货物线：用于货物装卸作业时货车停留的线路。

（4）调车线：用于车列解体和编组并存放车辆的线路。

站内指定用途的其他线路主要有机车走行线、车辆站修线、驼峰迂回线及驼峰禁溜线等。

此外有些车站还连接有某些段管线和特别用途线。所谓段管线是指机务段、车辆段、工务段、电务段等专用并由其管理的线路;特别用途线是指安全线和避难线。

2.线间距

线间距是指相邻两线路中心线间的距离,它一方面要保证行车及车站工作人员进行有关作业的安全与便利性,另外还要考虑通行超限货物列车和在两线间装设行车设备的需要。

线间距的大小通常由机车车辆限界、建筑限界、超限货物装载限界、设置在相邻线路间有关设备的计算宽度、在相邻线路间办理作业的性质等因素确定。

第四节 铁路车辆

一、铁路车辆的类型

铁路车辆,也称火车车厢,是指除了专门提供动力的机车以外,其他各种在铁路上行走的车辆。这些车辆少部分有动力,大部分都没有动力。铁路车辆连接在一起即成为列车或火车,由机车牵引行走。铁路车辆是运送旅客和货物的工具。根据运送对象的不同,铁路车辆可分为客车和货车两大类。

(一)客车

铁路客车是指运送旅客的车辆、为旅客提供服务的车辆以及挂运在旅客列车中有其他用途的车辆,具体包括硬座车、软座车、硬卧车、软卧车、餐车、行李车、邮政车、合造车、空调发电车、公务车、试验车、维修车、医疗车等,如图 3-42 所示。

图 3-42 客车

在新中国成立前,我国没有铁路客车的制造工业。从 1953 年开始,我国铁路部门在旧有客车的基础上先后自主设计制造了 21 型、22 型、23 型(与 22 型大致相同)、25 型客车,目前 25 型客车以其优良的性能为我国普通铁路客运的主型车。25 型客车包括 25B、25K、25G、25Z、25T 等类型,除基本车型外,还有双层客车。

(二) 货车

为了运送千差万别的货物,铁路货车也设计有很多种类。按照运送货物的适用范围,装运货物的车辆可分为通用货车、专用货车和特种货车;按照货运车辆的轴数可分为四轴车、六轴车和多轴车;按载重可分为 50 t、60 t、70 t、80 t、90 t 等多种。

1. 通用货车

通用货车指适合于装运多种类型货物的车辆,对运送的货物无特殊要求,在铁路车辆中所占比例较大,包括棚车、敞车、平车、保温车和罐车等几种。

1) 棚车

棚车的车体有地板、顶棚、车墙及门窗,主要用于装运粮食、日用品及仪器等贵重和怕晒、怕湿的货物,以及各种箱装、袋装的货物,适应叉车等机械化装卸作业,一部分棚车还可以运送人员和马匹,如图 3-43 所示。新中国成立前中国的棚车均从外国进口,车型多达 80 余种。这些车辆结构复杂,载重量绝大多数是 30 t 的小型车,很不适应铁路运输的发展需要。从 1953 年起我国开始制造载重 50 t、容积 100 m^3、车体为全钢结构的 P50 型棚车,如图 3-44 所示,后经过改进,成为当时的主力车型。P50 型除了可以装运各种免受雨雪的粒状、箱装及贵重物品外,车内还设有床托、灯钩、烟囱口等,可供运送人员用;另有拴马环、拦马杆托等设备,以供装运马匹用。

图 3-43 棚车

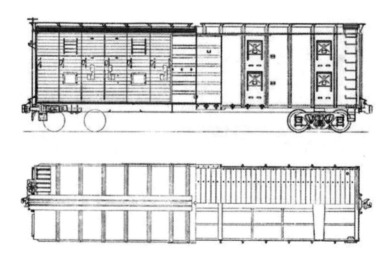

图 3-44 P50 型棚车外观及构造示意图

2) 敞车

敞车的车体无顶棚,有固定的车墙,主要用来装运煤炭、矿石、钢材等不怕日晒雨淋的货物,也可用来运送重量不大的机械设备,如图 3-45 所示。如装货后加盖篷布,可装运怕日晒雨淋的货物。因此,敞车具有很大的通用性,是货车中数量最多的一种,占货车总数的 50% 以上。

图 3-45 敞车

敞车按卸货方式的不同可分为两类:一类是适合于人工或卸车作业机作业的通用敞车。另一类是适合于大型工矿企业、专用码头,用翻车机卸货的专用敞车;对装卸地点固定的散装货物,还可采用漏斗车或自翻车。

3) 平车

平车的车体为一平板或设有可翻下的活动侧、端墙板,如图 3-46 所示。平车可装运大型钢梁、木材、混凝土梁、大型机械以及汽车等体积或重量较大的货物,也可借助集装箱装运其他货物。有的平车装有活动墙板,可用来装运矿石、砂石等散粒货物。

图 3-46 平车

有些平车装有高 0.5~0.8 m 可以放倒的侧板和端板,需要时可以将其立起,以便装运一些通常由敞车运输的货物。中国自行设计和制造了多种平车,从结构上来分,主要有平板式和带活动墙板式两种,车型主要有 N12、N60、N16 和 N17 等多种,载重都是 60 t。

4) 保温车

保温车又称冷藏车,用于运送易腐货物。其外形似棚车,周身遍装隔热材料,侧墙上有可密闭的外开式车门,如图 3-47 所示。车内有降温装置,可使车内保持需要的低温;有的车还有加温装置,在寒冷季节可使车内保持高于车外的温度。按制冷方式的不同,保温车有不同类型,具体如下。

（1）冰箱冷藏车：利用冰盐混合物融化时吸热以降低车内温度。旧型冰箱冷藏车的冰箱设在车体两端，车内温度不够均匀，因而需增设强迫通风装置。较后出现的车顶冰箱式，冰箱沿纵向分布在车顶上，可以改善车内的温度分布，但也存在车辆重心高、需经常加冰加盐和清洗冰箱困难的缺点。冰箱冷藏车还要求在沿途地面上设置加冰站网，有些国家已不采用。

（2）机械冷藏车：利用液态制冷剂蒸发，吸收车内热量，再将蒸汽压缩至液态，通过冷凝器将热量散发到车体外部，如此循环，达到制冷的目的。常用的制冷剂有氨、氟利昂 F_{12} 等。同冰箱冷藏车相比，机械冷藏车可以获得较低而较均匀的车内温度，而且温度能自动调节。机械冷藏车有车组和单节两种类型。

（3）无冷源冷藏车：车上仅有隔热车体而无任何制冷或加温装置。中国铁路新研制成的冷板式冷藏车即属此类。冷板式冷藏车车顶上设有长方形箱状容器——冷冻板，其内装低晶共融溶液，靠地面上的制冷装置使溶液冻结。通常一次制冷足够一个运程的需要。车上的溶液可以重复使用，不需要沿途添加，因而可以节约运输时间。无冷源冷藏车在一些国家的铁路上得到越来越多的应用。

此外，还有用干冰（固态二氧化碳）、液态二氧化碳、液态氮等作制冷剂的冷藏车。

图 3-47　保温列车组

5）罐车

罐车是车体呈罐形的车辆，用来装运各种液体、液化气体和粉末状货物等，如图 3-48 所示。这些货物包括汽油、原油、各种粘油、植物油、液氨、酒精、水、各种酸碱类液体、水泥、氧化铅粉等。

罐车通常有纵向水平置放的圆柱形罐体，以及排卸装置和安全阀等附属装置。罐体内有表示装载量的容积标尺。旧型罐车顶上有空气包，作为液体膨胀的附加容器，新型罐车没有空气包，仅在装载时留出供膨胀用的容积。罐体为全封闭型结构，本身有足够的强度和刚度，因此有些新型罐车取消了枕梁间的部分底架，成为无底架罐车。这种罐车自重较轻，但由于所装货物多属易燃品或危险品，为了保证运输安全，罐体连接处必须有极高的可靠性。随着罐车的用途不同，结构也有差异。

（1）粘油罐车：用于装载原油、矿物油等，通常在罐体下部外侧设有夹层加温套，卸车时通入蒸汽对货物进行加温，使其易于从下卸阀排出。

(2) 轻油罐车:用于装运汽油等轻质液态货物,这种罐车没有加温套,货物通常由上部进入孔通过抽油管卸出而不用下卸阀,以免发生渗漏。

(3) 酸碱类罐车:用于装运各种酸类或碱类液态货物。罐体内部通常有耐腐蚀涂层,或用不锈钢制造。罐体下部有加温套,上部设抽液管。

(4) 液化气罐车:用于装运液化气体。罐体能承受 2 MPa 的工作压力,设有气箱和液相阀,上部有遮阳罩。

(5) 粉状货物罐车:用于装运散装水泥、面粉等粉状货物。罐体为卧式或立式。卸货时把压缩空气通入气室,使罐内货物流态化,随气流经管道输送到指定地点。

图 3-48　罐车

2. 专用货车

专用货车一般指只运送一种或很少货物的车辆。用途比较单一,同一种车辆要求装载的货物重量或外形尺寸比较统一。有时在铁路上的运营方式也比较特别,如固定编组、专列运行。专用货车一般有集装箱车、长大货物车、毒品车、家畜车、水泥车、粮食车和特种车等。

1) 集装箱车

集装箱车专门用于运送集装箱,无车底板和车墙板。车底架上设固定式、翻转式锁闭装置和门止挡,以便锁闭集装箱,如图 3-49 所示。

图 3-49　集装箱车

2) 家畜车

家畜车用于装运家畜或家禽,结构与普通棚车类似,但侧墙、端墙由固定和活动栅格组成,可以调节开口改变通风。车内分 2~3 层,并有押运人员休息和放置用具、饲料的小间,以及相互连通的水箱。

3) 矿石漏斗车

为了适应大型冶金企业生产的需要,我国在 1967 年至 1972 年设计试制了用于矿山至储矿槽间运送破碎矿石的 95 吨 K19 型自卸式矿石漏斗车。之后又相继研制了其他车型,如 K16A

型矿石漏斗车、KF60H自翻型漏斗车、KM70H(KM70)型煤炭漏斗车。

K16A型矿石漏斗车,如图3-50所示,用于装运矿石和石灰石等,主要由车体、开闭机构和控制装置、转向架、制动装置及车钩缓冲装置等组成。车体为全钢焊接结构,全车设四扇由两侧同时开闭的底门,卸货方式为手控风动,单辆卸。采用3D轴焊接构架转向架、120型控制阀空气制动系统、链式手制动机、13号上作用车钩及MT-2型缓冲器。

图3-50　K16A型矿石漏斗车

KF60H自翻型漏斗车,如图3-51所示,它是把卸车设备和车辆结构结合在一起的专用车辆,可装运矿石、砂石、煤块、建筑材料等散粒货物。

图3-51　KF60H自翻型漏斗车

KM70H(KM70)型煤炭漏斗车,如图3-52所示。它是用于装运煤炭、矿石等散装货物的车辆,主要由车体、底门、底门开闭机构、风控管路装置、转向架、制动装置及车钩缓冲装置等组成。卸货口在车辆底部两侧,可风动快速卸货,也可手动卸货。

图3-52　KM70H(KM70)型煤炭漏斗车

4）散装水泥车

散装水泥车是高效经济装运散装水泥的大型专用车辆，U 系列散装水泥车是 1967 年开始设计的，当时命名为 UXY 型 60 t 粉状货物气卸车。经过改进定型为 U60 型上卸式粉状货物气卸车，载重标记改为 58 t，容积也改为 48 m³。后来，又设计制造了低重心气卸水泥罐车，仍定型为 UXY 型，但罐体已经改为卧式。以 U61WT 型卧式散装水泥罐车为例，如图 3-53 所示，该车车辆长度 12 m，自重 22 t，载重 61 t，有效容积 50.8 m³。装料口数目及尺寸为 2×418 mm，卸货速度为 2 t/min，耗风量为 10 m³/t，卸料口径为 150 mm，最大工作压力为 0.35 MPa。

图 3-53　U61WT 型卧式散装水泥罐车

5）粮食漏斗车

粮食漏斗车主要用于装运小麦、玉米和大豆等散粒粮食。其中 L 系列粮食漏斗车中的 L18 型粮食漏斗车，如图 3-54 所示，载重 60 t，容积 85 m³。该车由车体、底门卸货装置、制动装置、车钩缓冲装置、转向架等部分组成。采用 K2 型转向架。人力制动装置采用 NSW 型手制动机。车体采用圆弧包板结构，具有自重轻、容积大等特点。采用连续式装货口，能满足定点装货和边走边装的要求。该车还具有卸货速度快、卸净度高的特点。

图 3-54　L18 型粮食漏斗车

6）毒品车

W 系列的毒品车中最新生产的是 W6 型毒品车，如图 3-55 所示，可装运农药等毒品，以及危规中第 8 类毒害品和其他贴有 9 号标志的有毒物品。载重 60 t，容积 126 m³，构造速度达到 120 km/h。

图 3-55　W6 型毒品车

7）长大货物车

特长和特重货物无法用一般的铁路货车来装运，必须使用专门的长大货物车。如车辆长度一般在 19 m 以上的长大平车；纵向梁中部做成下凹而呈元宝形的凹底平车；底架中央部分做成空心，货物通过支承架坐落在孔内的落下孔车；将车辆制成两节，货物钳夹在两节车之间或通过专门的货物承载架装载在两节车之间的钳夹车等。长大货物车可适应电力、冶金、化工、重型机械等行业运输大型发电机定子、主变压器、轧钢机牌坊、核电站压力壳等超限、超重长大货物。

（1）凹底平车。

中国最早设计的长大货物车是 D10 型凹底平车，共有四种。其一是 1953 年开始制造的，载重 90 t 的铆接结构车；其二是 1967 年开始制造的载重 100 t 的旁承支重车；其三是 1970 年开始制造的载重 90 t 的心盘支重车；其四是 1973 年开始制造的载重 90 t 的改进型。D2 型凹底平车（如图 3-56 所示）是较常用的一种，载重 210 t，1977 年设计制造。

图 3-56　D2 型凹底平车外观及构造示意图

1—手制动装置；2—四轴转向架；3—空气制动装置；4—小底架次；
5—风控管路；6—标记；7—大底架；8—车钩缓冲装置

(2) 折角式凹底平车。

我国目前载重量最大的一种凹底平车是 D26 型折角式凹底平车,如图 3-57 所示,载重 260 t。

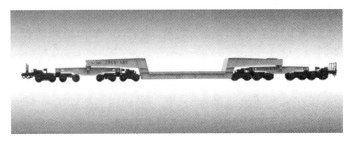

图 3-57 D26 型折角式凹底平车

(3) 钳夹式长大货车。

中国早在 1959 年就研制出载重 280 t、自重 125 t(后改为 138 t)的 D20 型 24 轴钳夹式长大货车,后又于 1980 年研制出载重 350 t、自重 290 t 的 D35 型 32 轴钳夹式长大货车。该车车长为 62.2 m,吸收了国外先进技术,采用液压装置,可将货物侧移 300～400 mm,并设有内、中、外多种导向结构。当运送超限长大货物时,可利用不同导向、侧移和提升的功能,躲过沿线建筑物运行。后来又研制成功载重分别为 300 t 和 380 t 的 D30A 型和 D38 型钳夹式长大货车。

D30A 型钳夹式长大货车,如图 3-58 所示,于 1996 年研制,最高运行速度达到 50 km/h,减少了运输时对线路的干扰时间,降低了运输成本。

图 3-58 D30A 型钳夹式长大货车

D38 型钳夹式长大货车的结构主要由车体、转向架、液压系统及电气系统等四大部分组成,如图 3-59 所示,载重 380 t、自重 226 t、轴数为 32 轴、车辆长度为 64818 mm、空车最高运行速度为 90 km/h、重车最高运行速度为 50 km/h。D38 型钳夹式长大货车是目前我国铁路载重量最大、轴数最多、车辆长度最长、运行速度最高的新型钳夹式长大货车。

图 3-59 D38 型钳夹式长大货车

二、铁路车辆的基本构造

多年来,由于不同的目的、用途及运用条件,车辆形成了许多类型,但其构造基本相同。以四轴车为例:铁路车辆的基本构造由车体及车底架、走行部、车钩缓冲装置、制动装置和车辆内部设备等五部分组成。

(一) 车体及车底架

车体是车辆供旅客乘坐和货物装载的部分,它一般和车底架构成一个整体。不同种类和用途的铁路车辆车体结构差别很大。车体按其承载特点可分为底架承载结构、侧墙和底架共同承载结构、整体承载结构三类。

1. 底架承载结构

该结构为全部荷载由底架承担的车体结构。车底架由中梁、枕梁、横梁及端梁等组成,如图3-60所示。中梁位于车底架的中央,两端是安装车钩缓冲装置的地方,是车底架的骨干,承担全部垂直荷载和纵向作用力。枕梁是车底架和转向架摇枕衔接的地方。在枕梁下部安装的上旁承和上心盘,分别与转向架摇枕上的下旁承和下心盘相对,并通过上下心盘将重量传给走行部。这种结构的车型大部分为平板车、集装箱车等。

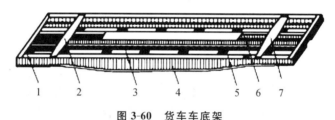

图 3-60　货车车底架
1—端梁;2,7—枕梁;3—纵梁;4—侧梁;5—横梁;6—中梁

2. 侧墙和底架共同承载结构

该结构为荷载由侧、端墙与底架共同承担的车体结构。该结构可减轻底架的负担,因而减轻了底架的重量。这种结构的车型有棚车、敞车、保温车等。

3. 整体承载结构

该结构的车体各部分均能承受载荷。底架结构更为轻巧,可制成无中梁的底架结构,如新型罐车具有较大的强度和刚度,能够承担作用在罐体上的纵向力,因此新型罐车可不设底架。

(二) 走行部

走行部主要由轮对、侧架、摇枕、弹簧减震装置、轴箱油润装置等组成。其作用是引导车辆沿着轨道运行,并把重量传给钢轨。

1. 转向架

转向架是车辆的关键组成部分,它直接承载车体自重和载重,引导车辆沿轨道运行,保证车辆顺利通过曲线,并具有减缓来自车辆运行时带来的震动和冲击的作用,因此转向架的设计也直接决定了车辆的构造速度、走行的稳定性和乘坐的舒适性。

转向架根据使用轴数不同分为二轴转向架、三轴转向架和多轴转向架,其中二轴转向架使用较为普遍。每一个二轴转向架由两组轮对、轴箱油润装置、侧架、摇枕、弹簧减震装置等组成一个整体结构,并通过摇枕上的下心盘、中心销和车体底架枕梁上的上心盘对接后与车体连接为一体,图 3-61 是我国铁路货车上广泛使用的铸钢侧架式转向架示意图。

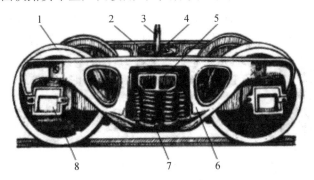

图 3-61　铸钢侧架式转向架

1—轮对;2—下心盘;3—中心销;4—旁承;5—摇枕;6—侧架;7—摇枕弹簧;8—轴箱

2. 车辆轴距

图 3-62 所示是车辆的轴距示意图,在图中:A 为固定轴距;B 为全轴距。

3. 轮对

轮对是由两个车轮和一根车轴按规定的压力和尺寸牢固地压装在一起形成的一个整体,如图 3-63 所示。它承受着车辆的全部动、静荷载,并在负重的条件下以较高的速度引导车辆在钢轨上行驶。

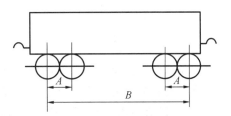

图 3-62　车辆轴距示意图

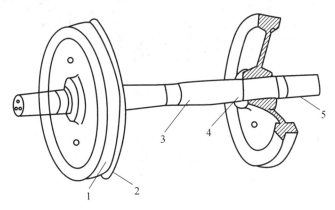

图 3-63　轮对

1—踏面;2—轮缘;3—轴身;4—轮座;5—轴颈

1) 车轮

车轮与钢轨接触的外圆周表面称为车轮踏面。车轮踏面应保证一定的斜度,从而使车辆重心落在线路中心线上,以减少或避免车辆的蛇行运动和滑行,并使轮对较顺利地通过曲线。车轮内侧外缘凸起的部分叫轮缘,它的作用是防止轮对脱轨,保证车辆在线路上安全运行。

2) 车轴

铁路车辆所用的车轴均为实心轴,根据使用轴承类型不同可分为滚动轴承车轴和滑动轴承车轴两种。车轴两端伸进轴箱的部分叫轴颈,安装车轮的地方叫轮座,车轴的中部为轴身。

4. 轴箱油润装置

轴箱油润装置使轮对和侧架或构架连接在一起，并将车辆重量经该装置传给轮对，其主要作用是润滑轴颈，减少摩擦，降低运行阻力，使车轴在高速运行时不致发生热轴现象，并防止尘土、雨水等异物侵入，保证车辆安全运行。

轴箱装置按轴承的工作特性分为滚动轴承轴箱装置和滑动轴承轴箱装置，现在大量推广采用的是滚动轴承轴箱，如图 3-64 所示。这种轴箱由滚动轴承、前盖、后挡、密封罩、密封座等组成。在轴箱内加入适量干油，当轴颈和滚子转动时，就能将油脂带入摩擦表面。滚动轴承轴箱不仅可以减少运行阻力，延长检修周期和缩短检修时间，而且可以减少热轴、燃轴、切轴事故，同时，在牵引力相同的条件下，还可提高牵引列车的重量和速度。

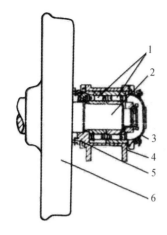

图 3-64　滚动轴承轴箱

1—滚动轴承；2—轴颈；3—轴箱前盖；
4—轴箱体；5—轴箱后盖；6—车轮

5. 侧架、摇枕及弹簧减震装置

货车转向架的构架是由左右两个独立的侧架与摇枕组成。每一侧架联系前后两个轮对一侧的轴箱，两侧架间中央部位通过一根横向放置的摇枕连接。

侧架把转向架的各个零部件联系在一起构成一个整体，它的两端有轴箱导框，以便安装轴箱，其中部设有弹簧承台，是安装弹簧减震装置的地方，如图 3-65 所示。

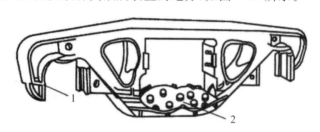

图 3-65　侧架

1—轴箱导框；2—弹簧承台

摇枕中间用螺栓固定下心盘，两旁有旁承座，车体的重量和荷载通过下心盘经摇枕传给两侧的枕弹簧及侧架，如图 3-66 所示。当车辆通过曲线时，向内倾斜一侧的上旁承和下旁承相接触，可以防止车体过分摇动和倾斜。

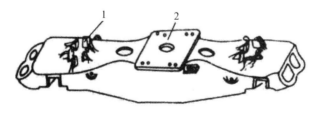

图 3-66　摇枕图

1—旁承座；2—下心盘垫

弹簧减震装置能缓和车辆在运行中的垂直震动，并减轻车辆对线路的冲击。弹簧减震装置的结构如图 3-67 所示。

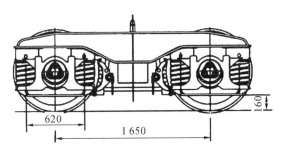

图 3-67　弹簧减震装置

(三) 车钩缓冲装置

车钩缓冲装置安装在车体两端的牵引梁上，用于使车辆与车辆、车辆与机车相互连挂，传递牵引力、制动力并缓和纵向冲击力。它由车钩、缓冲器、钩尾框、从板等零部件组成，图 3-68 为货车车钩缓冲装置的一般结构形式。

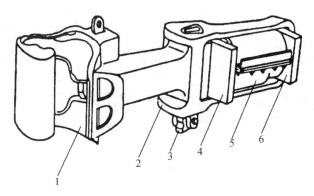

图 3-68　车钩缓冲装置组成

1—车钩；2—钩尾框；3—钩尾销；4—前从板；5—缓冲器；6—从板

1. 车钩

车钩由钩头、钩身和钩尾等部分组成，图 3-69 所示为货车车钩的示意图。车钩前端粗大的部分称为钩头，钩头内装有钩舌、钩舌销、锁提销、钩舌推铁和钩锁铁；车钩后部称为钩尾，在钩尾上开有垂直扁销孔，以便与钩尾框连接；钩头与钩尾之间的部分为钩身。

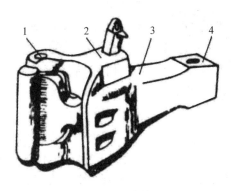

图 3-69　车钩

1—钩舌销；2—钩头；3—钩身；4—钩尾

车钩在车辆上的安装方法有上作用式和下作用式两种。上作用式是货车上采用的主要方式,是指车钩提杆位于钩头的上方,向上提起锁提销,才能使钩舌全开。下作用式车钩的提杆则位于钩头下方,由下向上推动抬起锁提销,才能使钩舌全开。

为了实现挂钩或摘钩,使车辆连接或分离,车钩具有锁闭、开锁和全开三种作用位置,即车钩三态。

(1) 锁闭位置:车钩的钩舌被钩锁铁挡住不能向外转开的位置。两个车辆连挂在一起时车钩就处在这种位置,如图 3-70(a)所示。

(2) 开锁位置:钩锁铁被提起,钩舌只要受到拉力就可以向外转开的位置,如图 3-70(b)所示。

(3) 全开位置:钩舌已经完全向外转开的位置,如图 3-70(c)所示。

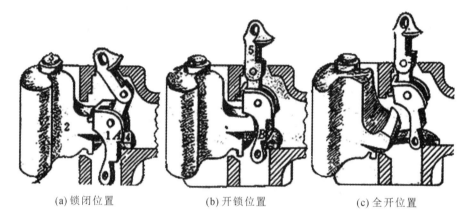

(a) 锁闭位置　　　　　(b) 开锁位置　　　　　(c) 全开位置

图 3-70　车钩三态作用位置图

2. 缓冲器

缓冲器安装在车钩的后面,用来缓和列车在运行中由于机车牵引力的变化或在启动、制动及调车作业时车辆相互碰撞而引起的纵向冲击和震动,从而提高列车的平衡性,减轻对车体结构和装载货物的破坏作用,延长车辆使用寿命,并为车上人员提供舒适的旅行条件。

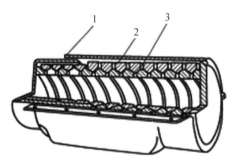

图 3-71　缓冲器
1—簧盒;2—外环弹簧;3—内环弹簧

缓冲器的工作原理是借助于压缩弹性元件来缓和冲击作用力,同时在弹性元件变形过程中利用摩擦和阻尼吸收冲击能量。根据缓冲器的结构特征和工作原理,一般缓冲器可分为摩擦式缓冲器、橡胶式缓冲器和液压缓冲器等,如图 3-71 所示。

(四) 制动装置

制动装置是用外力迫使运行中的列车、机车车辆或车组减速或停车的一种设备。它不仅是提高列车重量和运行速度的前提条件,而且也是列车安全、正点运行和调车作业顺利进行的重要保证。因此,制动装置的性能好坏,对铁路的运输能力和行车安全都有直接影响。

我国机车车辆上的制动装置一般包括列车运行制动装置和手制动装置两类形式。前者适用于运行中整列车的制动,一般由司机操纵机车上相关按钮或手柄实现;而后者适用于调车作业中对个别车辆或车组的制动,常常通过调车人员操纵车辆上的手制动装置进行。列车运行制动装置包括很多种类型,空气制动机是其中最普及、最常用和最主要的制动装置,它是利用压缩空气产生制动力的。此外,还有轨道电磁制动、电阻制动、再生制动等其他类型的制动形式。

1. 空气制动机

1) 空气制动机的组成

空气制动机是指车辆制动装置中利用压缩空气作为制动力来源,以制动主管的空气压力变化来控制三通阀(分配阀或控制阀),实现制动和缓解作用的装置,包括装在机车上的空气压缩机、总风缸和制动阀,分装在机车和车辆上的制动机和基础制动装置,以及贯通全列车的制动管。

安装在车辆上的设备如下(以GK型空气制动机为例,如图3-72所示)。

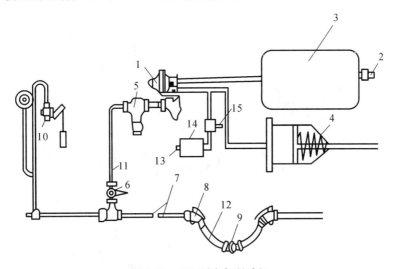

图3-72　GK型空气制动机

1—三通阀;2—缓解阀;3—副风缸;4—制动缸;5—远心集尘器;6—截断塞门;
7—制动主管;8—折角塞门;9—连接器;10—车长阀;11—制动支管;
12—软管;13—安全阀;14—降压风缸;15—空重车转换手把

(1) 制动主管与支管:安装在车底架下方,它贯通全车,是传送压缩空气的管路。在每辆车的制动主管中部连接有制动支管,在每辆车的制动主管两端装有制动软管和折角塞门,并用软管连接器与邻车的软管相连。

(2) 三通阀:是车辆制动机中最重要的部件。它连接制动支管、副风缸和制动缸,用来控制压缩空气的通路,使制动机起制动或缓解作用。

(3) 副风缸:是储存压缩空气的地方。制动时,通过三通阀气阀运动将副风缸压缩空气送入制动缸。

(4) 制动缸:当压缩空气进入制动缸后,推动制动缸活塞,将空气的压力转变为机械推力产生制动作用。

(5) 截断塞门:安装在制动支管上,用以开通或切断制动支管的空气通路。它平时总在开放位置,只有当车辆上所装的货物按规定应停止制动机的作用,或当制动机发生故障时才将其关闭,以便停止该制动机的作用。通常把关闭了截断塞门,停止制动机作用的车辆叫作"关门车"。

（6）折角塞门：安装在主风管（制动软管）上控制空气流通的开关，打开每节车辆的折角塞门开关后，便可通过操纵机车相关按钮控制压缩空气的存储与流动，从而可进行整个列车的制动或缓解。

（7）降压风缸：与制动缸相连，两者之间设有空重车调整装置，当车辆在空车位时起作用。

（8）空重车调整装置：由空重车转换手把和空重车转换塞门两部分组成。铁路车辆的空重状态不同，在制动时往往需要的制动力也不同，可以通过空重车调整装置来控制降压风缸与制动缸的通路，以达到调整制动力的目的。

2）空气制动机的工作原理

空气制动机及其作用原理如图3-73所示。

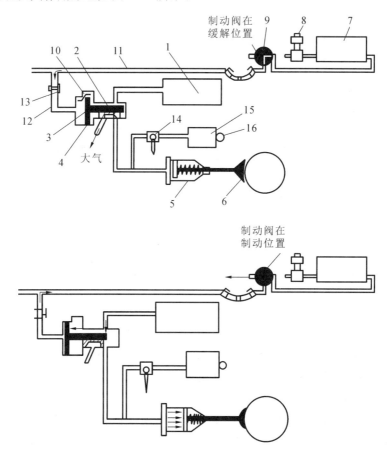

图 3-73 空气制动机及其作用原理

1—副风缸；2—滑阀；3—主活塞；4—三通阀；5—制动缸；6—闸瓦；7—总风缸；
8—空气压缩机；9—制动阀；10—充气沟；11—制动主管；12—制动支管；
13—截断塞门；14—空重车转换手把；15—降压风缸；16—安全阀

（1）缓解作用。

当司机将制动阀放在缓解位置时，总风缸内的压缩空气进入制动主管，经制动支管进入三通阀，推动主活塞向右移动，打开充气沟，使压缩空气经充气沟进入副风缸，直到副风缸内的空气压力和制动主管内的压力相等时为止。在三通阀主活塞移动的同时，与其连在一起的滑阀也跟着向右移动,使得制动缸内的压缩空气经过滑阀下的排气口排出,于是制动缸活塞被弹簧的弹力推回原位,使闸瓦离开车轮而缓解。

(2) 制动作用。

当司机将制动阀移到制动位时,制动主管内的压缩空气向大气排出一部分,这时副风缸内的空气压力相对大于制动主管内的压力,因而推动三通阀的主活塞向左移动,截断充气沟的通路,使副风缸内的压缩空气不能回流。在三通阀主活塞移动的同时,带动滑阀也向左移动,截断了通向大气的出口,并使副风缸内的压缩空气进入制动缸,推动制动缸活塞向右移动,通过制动杠杆的传动,使闸瓦紧抱车轮而制动。

3) 空气制动机的特点

(1) 减压制动。

空气制动机在制动过程中由于向制动主管充气(增压)时缓解,将制动主管内的压缩空气排出(减压)时制动,因此称为"减压制动"。当列车分离或拉动车长阀时,由于制动主管内的压缩空气向大气排出,压力突然降低,就可以自动地产生紧急制动作用使列车立即停车,以防事故的发生或扩大。

(2) 间接制动。

空气制动机在制动过程中不是直接把总风缸的压缩空气送入制动缸,而是通过把预先储存在副风缸内的空气送入制动缸起制动作用,因此称为"间接制动",它能保证列车前后车辆的制动作用均衡稳定。

4) 降压风缸和空重车调整装置的作用

在装有空重车调整装置的制动机上,将空重车转换手把放在空车位置时,空重车转换塞门被打开,使制动缸与降压风缸相连。在这种情况下进行制动时,副风缸的压缩空气在进入制动缸的同时,也进入降压风缸,由于容积的扩大,降低了进入制动缸内的空气压力,因而产生较小的制动力;当转换手把放在重车位时,降压风缸与制动缸间的通路被阻,制动后副风缸中的压缩空气经三通阀直接进入制动缸而产生较大的制动力,其构造如图 3-74 所示。

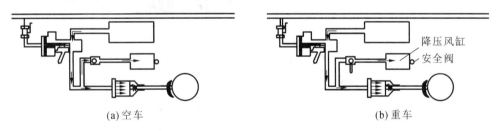

图 3-74 空重车调整装置的作用原理

5) 缓解阀和紧急制动阀的使用

当机车和车辆连挂在一起时,可以由司机操纵制动阀对列车进行制动或缓解。但是当货物列车到达解体站后,机车摘下入段,而车列中的制动机仍处于制动状态。在这种情况下,就不可能用向制动主管充气的方法来使制动机缓解,而只能用降低副风缸的压力达到缓解目的。因此在货车的副风缸上都装有缓解阀,使用时拉动缓解阀,使副风缸的压缩空气经缓解阀排出,副风缸内的空气压力低于列车主管的空气压力,三通阀的主活塞就工作,滑阀随其移动,使制动缸内的空气排出,闸瓦离开车轮而缓解。

在每节客车上都装有紧急制动阀,即车长阀。它的一端连通列车制动主管,另一端和大气相通,当列车在运行中,列车员或车长发现紧急情况时,可以按《铁路技术管理规程》要求拉动车长阀,它将列车主管压力空气急剧排入大气中,施行急剧减压,使列车紧急制动。

6)新型空气制动机

近些年,随着铁路运输对车辆载重及速度要求的不断提高,空气制动机中的三通阀已不能满足铁路运输的要求。为此,我国已大量生产并使用新型客货车辆制动机,它与传统空气制动机的主要区别是增设一个工作风缸,并用空气分配阀代替三通阀,其余部分基本一样,如图 3-75 所示。空气分配阀由中间体、主阀和紧急阀三部分组成。中间体一面接制动管、工作风缸,另一面接副风缸、制动缸;主阀是分配阀中最主要的部分,具有控制充气、缓解、制动等作用;紧急阀能在紧急制动时提高制动速度和紧急制动的灵敏度。这种制动装置具有制动力强且稳定、制动作用迅速、灵敏度高、操作方便等特点,无论在常用制动或紧急制动时都能缩短制动距离,有利于提高列车运行速度,确保行车安全。

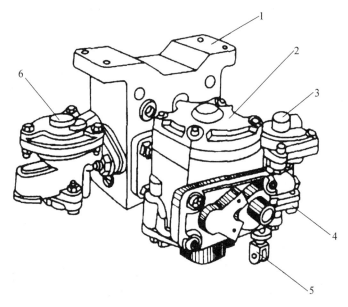

图 3-75 120 型控制阀

1—中间体;2—主阀;3—半自动缓解阀;4—半自动缓解阀的活塞部;5—半自动缓解阀手柄;6—紧急阀

另外,还有在空气制动机的基础上加装电磁阀等电气控制部件而形成的电控制动机。它的特点是制动作用的操纵控制用"电控",但制动作用原动力还是压力空气。

2.手制动机

手制动机是指装在车辆制动装置上以人力作为产生制动力原动力的部分,用人力转动手轮或手把,以代替压缩空气作用于制动缸活塞的推力带动基础制动装置动作,达到制动的效果。手制动机根据用途不同,可分为货车用和客车用两类。目前,货车上使用比较多的为链条式,客车上使用比较多的为蜗轮蜗杆式。图 3-76 为我国铁路货车上采用较多的链式手制动机,其手制动轮很像一个水平放置的汽车方向盘,调车人员可以顺时针迅速扭动该手制动轮,使制动链绕在手轮轴上,拉动制动杠杆,使闸瓦紧压车轮而产生制动作用。

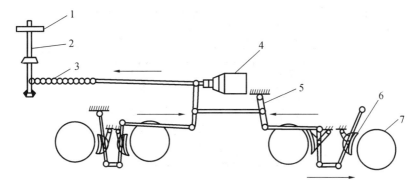

图 3-76 手制动机
1—制动手轮；2—手轮轴；3—制动链；4—制动缸；5—制动杠杆；6—闸瓦；7—车轮

3. 其他列车运行制动装置

1）盘形制动

盘形制动是利用制动夹钳使闸片夹紧固定装设在车轴（或轮辐板）上的制动圆盘而产生制动力的，如图 3-77 所示。制动时，闸片与制动盘间产生摩擦，将动能转变为热能，热能通过制动盘与闸片消散于大气中。由于其制动时动能转变成热能时散发快，闸片和制动圆盘材质相互间摩擦性能好，制动时减速均匀、平稳、无噪声，盘形制动可以得到比闸瓦制动大得多的制动功率，且闸片比闸瓦使用的时间更长。盘形制动的应用与推广，提高了旅客的舒适度和列车运行的安全性，减少了维修工作量，并且有利于转向架构架的简化，降低了车辆自重及消除车轮热裂纹等。

2）电磁轨道制动

电磁轨道制动是通过电磁作用，使该设备上的摩擦板与钢轨摩擦而产生制动力的，如图 3-78 所示，在转向架构架侧梁下通过升降风缸安装有电磁铁，电磁铁下设

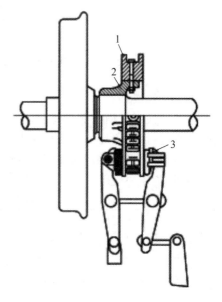

图 3-77 盘形制动装置
1—制动盘；2—盘毂；3—闸片

有磨耗板。制动时将电磁铁放下，使磨耗板与钢轨吸住，电动车组的动能通过磨耗板与钢轨的摩擦转化为热能，然后经钢轨和磨耗板最终消散于大气中。电磁轨道制动是一种"非黏着制动"，不同于闸瓦制动和盘形制动的制动力要通过车轮来传递，因而不受轮轨黏着性能的限制，可得到较大的制动力，因而常被高速列车用作紧急制动时的一种重要补充制动手段。

3）动力制动

在制动时，将牵引电机变为发电机，使列车动能转化为电能，对这些电能的不同处理方式形成了不同方式的动力制动。运行中的列车常采用的动力制动形式有电阻制动和再生制动。

（五）车辆内部设备

车辆内部设备是一些能良好地为运输对象服务而设于车体内的固定附属装置，如客车上的席座、卧铺、行李架等。货车由于类型不同，内部设备也因此千差万别，一般来说比客车简单。

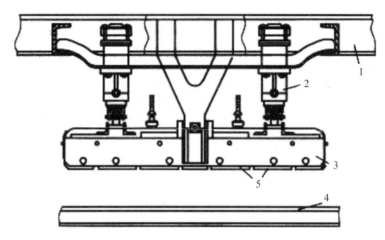

图 3-78 电磁轨道制动
1—构架；2—升降风缸；3—制动梁；4—钢轨；5—电磁铁

三、车辆代码、标记和技术参数

（一）车辆代码

为了方便对车辆识别与管理，特别因全国铁路用微机联网管理的需要，必须对运用中的每一辆车都进行编码，且每一辆车的代码是唯一的，代码分基本型号、车型、车号三段。

基本型号代码原则上由该车汉语拼音名称中选取一个或两个大写字母构成。客车用两个字母表示，货车一般用一个字母表示。部分车辆的基本型号代码见表 3-8。

表 3-8 部分车辆的基本型号代码

序 号	货车基本型号	基本型号	序 号	客车基本型号	基本型号
1	棚车	P	1	软座车	RZ
2	敞车	C	2	硬座车	YZ
3	平车	N	3	软卧车	RW
4	罐车	G	4	硬卧车	YW
5	冷藏车	B	5	行李车	XL
6	守车	S	6	邮政车	UZ
7	集装箱车	X	7	餐车	CA
8	家畜车	J	8	公务车	GW
9	水泥车	U	9	试验车	SY
10	特种车	T	10	代用座车	ZP
11	长大货物车	D	11	硬座双层客车	YZS

车型代码必须与基本型号代码连用，它是为区分同一基本型号中结构、装载量等不同的车辆而设，一般用 1~2 个数字构成，必要时其后还可以再加大写拼音字母。车型代码作为基本型号代码的后缀，原则上两代码合在一起不得超过 5 个字符。如 C_{62}，其中拼音字母"C"是敞车的

基本型号;62是重量系列,表示载重为62 t的敞车。

车号代码均为数字,因基本型号、车型不同,区分了使用数字的范围,如客车:软座车起讫号码为10000~19999,硬座车起讫号码为20000~49999,软卧车起讫号码为50000~59999,硬卧车起讫号码为60000~89999;货车:棚车起讫号码为3000000~3599999,敞车起讫号码为4000000~4899999,平车起讫号码为5000000~5099999。

一辆车的代码是该车的重要标识,必须涂刷在车辆显眼的位置(如侧墙)上。

(二)车辆标记

为了表示车辆的类型和特征,满足运用、检修和统计上的需要,每一辆铁路车辆上均应具有运用、产权、检修等标记。

1. 运用标记

1)自重、载重及容积

自重为空车时车辆本身的重量,以吨为单位,保留一位小数。载重即车辆允许的最大装载重量,以吨为单位。容积是货车内部可容纳货物的体积,以车体内部长、宽、高的乘积表示。

2)车辆全长及换长

车辆全长为该车两端钩舌内侧面间的距离,以 m 为单位。

换长是为了编组列车时统计工作的方便,将车辆全长换算成辆数来表示的长度,换算时以长度 11 m 为计算标准。即:

$$换长 = \frac{车辆全长}{11}$$

计算中保留一位小数,尾数四舍五入。

2. 产权标记

1)国徽

凡参加国际联运的客车需在侧墙外中部悬挂国徽。

2)路徽

凡产权归铁道部(现中国国家铁路集团有限公司)的车辆均应在侧墙或端墙适当的部位涂刷路徽,表示人民铁道。对于货车还应在侧梁适当部位安装产权牌。

3)路外厂矿企业自备车辆的产权标志

路外厂矿企业的自备车因运送货物或委托路内厂、段检修而需要在正线上行驶时,一般在侧墙上或其他相应部位用汉字涂打上"××企业自备车"字样。

4)配属标记

所有客车以及个别固有配属的货车,必须涂刷上所属局、段的简称。

3. 定期检修标记

(1)厂修、段修标记,如:

98.8　　97.3 沈山
99.3　　93.3 齐厂

上列标记中,第一栏为段修标记,第二栏为厂修标记;左侧为下次检修年月,右侧为本次检修年月及检修单位的简称。

(2)辅修及轴检标记。

这两种检查是定期进行的。辅修周期为 6 个月;轴检需视轴承的不同形式规定周期,有 3

个月、6个月等。货车由于无配属段,故必须涂打标记以备考;客车由于有配属段,故不必涂打辅修标记。

这两种修程标记的形式如下:

辅修标记:

3-15	9-15 丰

轴检标记:

12-15	9-15 丰

上例中的辅修标记表示这辆车在 9 月 15 日由丰台车辆段施行辅修,下次辅修到期是次年的 3 月 15 日。轴检标记所表示的意思和它相似。

(三) 车辆技术经济参数

车辆技术经济参数是表明车辆结构上和运用上某些特征的一些指标。

表明普通客车的技术经济特性指标的有客车自重、客车自重系数、轴重和每延米轨道载重和最高试验速度等。

表明货车经济特性指标的有车辆载重、车辆自重、自重系数、轴重、单位容积、每延米轨道载重和最高试验速度等。

其中,除自重、载重、容积等已在"车辆标记"部分做了说明外,还有以下几项。

1. 自重系数

货车自重系数:货车车辆自重与标记载重的比值。自重系数小,说明机车对运送每一吨货物所做的功少,比较经济,所以自重系数越小越好。

客车自重系数:即为客车自重与旅客定员之比值。

2. 轴重

轴重为车辆总重与轴数之比,即车辆每一轮对加于轨道上的重力。车辆的轴重受轨道和桥梁结构强度(允许的荷载)的限制,所以不允许超过规定数值。目前,我国线路允许的最大轴重为 23 t。国际重载协会认为,经常、正常开行或准备开行轴重 25 t 以上(含 25 t)的列车可以成为鉴定是否为重载运输的条件之一。

3. 单位容积

单位容积为车辆设计容积和标记载重之比。这是说明车辆载重力与容积能否达到充分利用的指标,可供铁路货运部门办理货物发送作业时参考。

4. 每延米轨道载重

每延米轨道载重为车辆总重量与车辆全长之比(单位为 t/m)。它是车辆设计中与桥梁、线路强度密切相关的一个指标。按目前桥梁设计规范,允许车辆每延米轨道载重可取到 8 t。线路允许载荷我国规定一般不得超过 6.6 t/m。

5.最高试验速度

最高试验速度为车辆设计时,按安全及结构强度等条件所允许的车辆最高行驶速度。车辆实际运行速度一般不允许超过最高试验速度。

第五节 铁 路 机 车

一、铁路机车概述

为了保证铁路每日各项运输工作的顺利进行,铁路部门必须保证拥有数量足够、牵引性能良好的机车。这是由于铁路车辆不具备动力装置,需要将其连挂成列,由机车牵引沿钢轨运行;此外,在铁路车站和一些铁路专用线上需进行部分列车的解编、车辆的转线、取送等,这也需要机车的牵引或推送完成相关的调车作业。因此,铁路机车是担负铁路运输牵引任务和完成各项调车作业主要的动力设施。

(一)铁路机车的分类

铁路机车从运用上可分为本务机车和调车机车。本务机车是牵引列车运行在铁路区间的机车,可分为客运机车、货运机车。而调车机车用于列车的解体、编组和牵出、转线,其工作特点是频繁启动和停车。客运机车要求较高的最高运行速度和启动加速度,货运机车要求具有较大的牵引力,而调车机车则要求机动灵活,具有足够的黏着重量和必要的功率。

铁路机车根据动力来源的不同,可分为电力机车和内燃机车两大类,每类按传动方式又可分为交直流传动和交流传动,内燃机车还可分为电传动和液力传动。

机车按走行部形式分为车架式和转向架式两种。车架式机车采用连杆或万向轴成组驱动轮对,这种走行部具有结构简单、造价低等优点,但由于曲线通过的限制,动轴数一般限于3根,所以这种走行部仅用于小机车和调车机车。转向架式机车的走行部与车辆走行部相似,使用最为普遍。单节机车的转向架数一般为2台,也有3台甚至4台的,每台转向架的轴数为2~4根。其优点是固定轴距短、容易通过曲线、弹簧减震系统完善,利于高速运行、检修方便等。

此外,世界各国铁路在旅客运输,特别是在大城市郊区的旅客运输中,均大力发展动车组。动车组分为内燃和电动车组两种形式,可以采用两端动力车,中间为拖车,也可以是多辆动力车在动车组中分散布置。由于动车组启动加速快,最高运行速度高,所以要保证流线化的车头外形,车辆连接采用密接式车钩。

(二)机车牵引性能

1.作用于列车上的力

列车在线路上运行时会受到各种力的作用,对列车运行有直接影响的作用力有三种:第一种是使列车前进的牵引力;第二种是阻止列车运行的阻力;第三种是使列车减速或停车的制动力。其中牵引力和阻力是计算牵引重量标准的主要因素。

列车在不同的工作状态下,上述三种力以不同的组合作用在列车上,当牵引运行时,有牵引力和阻力;当惰行时,只有阻力;当列车制动时,有制动力和阻力。

2.机车理想牵引特性

机车牵引列车运行的过程,就是机车的牵引力克服列车启动和运行中所受阻力的过程。在列车运行中的任意瞬间,牵引力(F)和运行速度(v)的乘积,就是机车用于牵引全列车的功率(N),即 $N=F \cdot v$,功率一般用"kW"做单位。无论哪一种机车,都有一个额定功率。

机车在牵引列车时,由于线路平、纵断面及其他因素的影响,所受到的阻力是经常变化的。为了能充分利用机车的功率,要求机车无论在全负荷或部分负荷的条件下,都能具有恒功率输出性能。就是说,要求机车的调节性能能保证机车在速度变化范围内,使 $N=F \cdot v=$ 常数。可见,牵引力与速度应当成反比关系:当外界阻力增大时,机车能降低速度,增大牵引力与之相适应;而当外界阻力变小时,机车又能增大速度,相应地减小牵引力,从而保证功率的恒定。

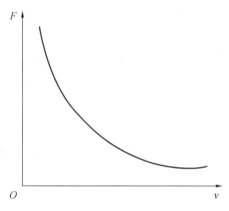

图 3-79 机车理想牵引性能曲线

把对 F 和 v 的这种要求表示在坐标上,应该是一条双曲线,如图 3-79 所示。这条曲线叫作机车理想牵引性能曲线。

当然,曲线的两端不能无限延长。左端,牵引力不能超过轮轨之间的黏着力,否则车轮就会空转;右端,速度也不能超过机车的设计速度。

电力机车、内燃机车上坡运行或负载加大时,电机的转速能随着转矩的增大而自动降低,两者的关系非常接近机车理想牵引性能曲线,可以满足列车牵引的要求。任何一种类型机车的牵引性能,都应与机车理想牵引性能曲线相符合。

二、蒸汽机车

蒸汽机是将蒸汽的能量转换为机械能的往复式动力机械。蒸汽机的出现曾引起了18世纪的工业革命。直到20世纪初,它仍然是世界上最重要的原动机,后来才逐渐让位于内燃机和汽轮机等。

1.蒸汽机车的工作原理

蒸汽机车由锅炉、汽机、车架和走行部以及煤水车等组成,如图 3-80 所示。

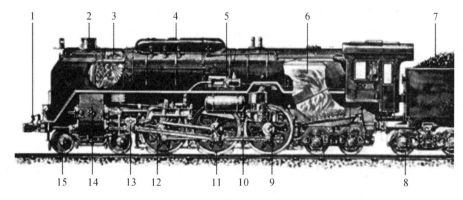

图 3-80 蒸汽机车结构图

1—车钩缓冲装置;2—烟筒;3—过热箱;4—汽包;5—回动机;6—燃烧室;7—煤水车;8—从轮;
9—偏心曲轴;10—连杆;11—动轮;12—摇杆;13—十字头;14—气缸;15—导轮

1)锅炉

锅炉是燃烧燃料和产生蒸汽的部件,包括火箱、锅胴和烟箱三部分,如图 3-81 所示。火箱由内火箱和外火箱两部分组成,内火箱底部是炉床,炉床下部有存放炉灰的灰箱。在锅胴内排列着不同数目的大烟管和小烟管,大烟管内套有使蒸汽干燥和加热的过热管。在内外火箱之间和锅胴内贮有锅炉用水,锅水覆没内火箱顶板和大小烟管,在锅水蒸发面上形成蒸汽空间。烟箱位于锅胴前部,内有烟筒、乏气喷口、反射板和火星网等通风装置。

燃料投入炉床,在火箱内与从灰箱风门进入的空气混合燃烧产生热能,热能通过内火箱板和大小烟管,传递给周围的锅水和过热管中的蒸汽,烟气进入烟箱,通过烟筒排出。高压高温蒸汽由锅炉最高处的蒸汽包经调整阀、干燥管、过热管和主蒸汽管等蒸汽通路进入汽机。

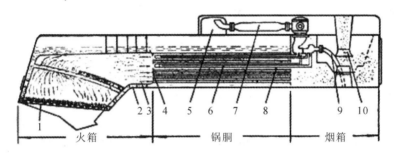

图 3-81 锅炉示意图

1—炉床;2—外火箱;3—内火箱;4—火箱管板;5—汽包;6—过热管;7—干燥管;8—大烟管;9—主蒸汽管;10—烟筒

2)汽机

汽机是将蒸汽的热能转变为机械能的部件。汽机连同机械部分包括气室、气缸、活塞、十字头、摇杆、连杆、阀动装置等部件。阀动装置是支配气阀与活塞协调动作的配气机构,用于调节进入气缸的蒸汽量和实现机车的前进或后退。锅炉产生的高压高温过热蒸汽进入气室后,通过阀动装置的配气作用,进入气缸,在气缸内膨胀做功,推动活塞时,机械能经活塞杆、十字头、摇杆等机械部件传递给主动轮,再经连杆传递给其他动轮,通过轮轨接触,牵引列车。汽机结构如图 3-82 所示。

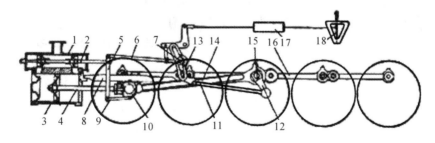

图 3-82 汽机结构图

1—气室;2—气阀杆;3—气缸;4—活塞杆;5—合并杆;6—半径杆;
7—滑块;8—滑床板;9—结合杆;10—十字头;11—偏心杆;12—偏心曲拐;
13—月牙板;14—摇杆;15—主曲拐销;16—连杆;17—回动机;18—回动手把

3)车架和走行部

车架和走行部是机车上锅炉、汽机等设备的安装基础。车架和走行部由车架、弹簧悬挂装置、动轮、导轮、从轮、轴箱、导轮转向架、从轮转向架和牵引装置等构成。锅炉、汽机等部件固装于车架上,经弹簧悬挂装置将重量由轴箱传至车轮。动轮把机械部传来的机械能转变为机车在轨道上的走行功。

4) 煤水车

煤水车是装载煤、水、油脂和存放工具等的车辆,挂在机车司机室后面。煤水车由煤槽和水柜两部分组成。大功率机车,由于单位时间的燃煤量大,在煤水车上装有推煤机和输煤机,将煤均匀地喷投到炉床各处。

5) 热效率

蒸汽机车热效率很低,锅炉内燃料燃烧的热量只有一部分转变为蒸汽的热能,锅炉的效率一般为50%~80%。蒸汽在汽机内做功,汽机效率只有10%~15%。此外,在汽机到轮周的力的传递中,机械效率为80%~95%。因此蒸汽机车的最高热效率只有8%~9%,而且在车站停车,在机务段整备、停留等仍需消耗燃料,所以实际热效率只有5%~7%。

2. 蒸汽机车的分类

1) 按工作性质分类

按工作性质将蒸汽机车分为客运机车、货运机车、调车机车三种。

对货物列车的主要要求是,能够以普通的速度牵引较重的列车。因此,这种机车一般动轮较多,动轮直径比客运机车的小,气缸直径较大,具有较大的牵引力和黏着重量。为了使机车易于安全通过曲线,一般均装有单轴导轮转向架。

对调车机车的要求是,便于通过道岔及半径较小的曲线以及有足够的牵引力,司机室的设置需便于瞭望。因此,这种机车的车身较短,动轮直径较小。我国没有专门类型的蒸汽调车机车,一般是使用旧型货运机车来代替。

2) 按轴式排列类

按轴式排列分类,即将机车的导轴、动轴和从轴的数量用三个阿拉伯数字依次来表示。

三、内燃机车

内燃机车是以内燃机为原动力的一种机车。按其使用的内燃机种类可分为柴油机车和燃气轮机车,以柴油机车的使用最为广泛。我国铁路上采用的内燃机车绝大多数是柴油机车。内燃机车的热效率可达30%左右,是各类机车中效率较高的一种。

内燃机车虽然出世较晚,但它后来居上,比火车家族中的大哥蒸汽机车的本领高强,受到人们的重视。它的突出优点如下。

(1) 速度快。内燃机车启动迅速,加速也快。通常,蒸汽机车的最大速度为110 km/h,而内燃机车的最大速度可达180 km/h,使铁路通过能力提高25%以上。

(2) 马力大。蒸汽机车的功率一般为3000马力左右,而内燃机车可以达到4000~5000马力,因而运载量就多。

(3) 能较好地利用燃料的热能。蒸汽机车的热效率一般仅为7%左右,而内燃机车可达到28%左右,提高了4倍,从而节省了大量的燃料。

(4) 适合缺水地区使用。蒸汽机车是个用水"大王",一列火车平均每行驶10 km,就得消耗水3~4 t。通过干旱的缺水地区,火车就需要自带用水。而内燃机车用来冷却的水仅需要几百千克,可供循环使用,内燃机车上一次水,可连续行驶1000 km,因而它被人们誉为"铁骆驼"。

(5) 司机驾驶操作方便。内燃机的司机不需要像蒸汽机车那样亲自加煤加水,而且驾驶室内明亮宽敞,司机操作时视野开阔,既方便又安全。

内燃机车出世后,以其明显的优势很快就压倒了蒸汽机车。特别是第二次世界大战结束后,由于内燃机车所用的燃料——石油价格较低,能大量供应,因而有力地促进了内燃机车的发展。

(一) 内燃机车的种类

内燃机车按用途可分为干线内燃机车、调车内燃机车和内燃动车组。按传动方式可分为电力传动、液力传动两种类型的内燃机车。电力传动内燃机车如果采用直流发电机和直流牵引电动机,就称为直-直流电传动内燃机车;如果采用交流发电机和直流牵引电动机,就称为交-直流电传动内燃机车,后者在技术、经济指标上要比前者先进一些。此外,还有一种更为先进的电传动方式,即采用交流发电机和交流牵引电动机的交流电力传动,按可控硅变频方式,可分为交-直-交和交-交两种形式。该种传动方式可以提高单节机车的功率,防止机车动轮打滑,是内燃机车发展的方向。

(二) 内燃机车的组成和工作原理

内燃机车的种类很多,但它们的主要组成和工作原理基本相同,都是由柴油机、传动装置、走行部、车体与车底架、车钩缓冲装置、制动装置和辅助装置等几个主要部分组成。

1. 柴油机

柴油机是将柴油燃烧产生的热能转变为机械能的动力机械,柴油机是内燃机车的动力装置。目前铁路机车上的柴油机多为四冲程、多缸、废气涡轮增压、压燃式柴油机。

为满足各种功率的需要,在制造柴油机时,便生产相同气缸直径,不同气缸数的系列产品。小功率的多为直列式,大功率的一般是V形。各种柴油机都用一定的型号来表示,如东风4B型内燃机车的柴油机是16V240ZJB型,表示有16个气缸分两排V形排列,缸径240 mm,Z表示设有涡轮增压器和中间冷却器,J表示铁路牵引用柴油机,B表示产品的一种型号。

现以一个气缸为例,了解四冲程柴油机的结构和工作原理。四冲程柴油机在一个循环中,每个冲程的工作情况如图3-83所示。

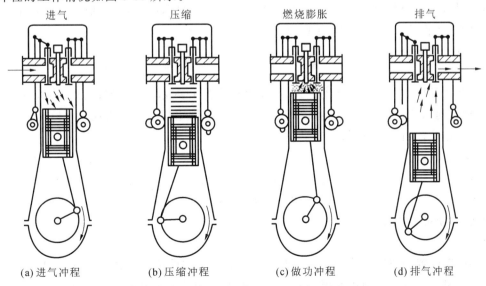

图 3-83 单缸四冲程柴油机工作循环示意图

柴油机在工作过程中,活塞在气缸内作连续的上下往复运动,活塞通过连杆与曲轴相连,曲轴作连续的回转运动;在气缸盖上设有进、排气阀和喷油器,进、排气阀由凸轮轴通过配气机构控制开闭;喷油器由供油装置控制。燃油在气缸内燃烧放热膨胀做功,推动活塞往复运动,并通过曲轴将往复运动变为旋转运动,这样燃料的热能就转化为机械能。活塞需要经过四个冲程,才能完成进气、压缩、燃烧膨胀、排气一个工作循环。此后,随即重新进行下一个工作循环。

2. 传动装置

内燃机车在柴油机将机械能传递给机车走行部的过程中,既要保证柴油机的功率得到充分发挥,又要使机车具有良好的牵引特性,所以柴油机曲轴不能直接驱动机车动轮,而必须在柴油机曲轴与机车动轮之间设置一套传速比可变的中间环节,即传动装置。

内燃机车的传动装置有电力传动和液力传动两种。液力传动内燃机车采用的是液力传动装置。而柴油机驱动液力传动装置的变扭器泵轮,将机械能转变成液体的动能,再经变扭器的涡轮转换成机械能,以适应机车的各种运行情况,然后经万向轴、车轴齿轮箱等部件传至车轮。这种机车可节省大量钢材,但传动效率比电力传动低,因此液力传动内燃机车的牵引功率较小,目前各国多采用电力传动方式。我国铁路上广泛应用的东风系列内燃机车均为电力传动,电力传动内燃机车采用电传动装置。

3. 走行部

内燃机车的走行部一般采用三轴或二轴的转向架形式。

机车转向架的作用是承受车架以上各部分的重量,包括车体、车架、动力装置以及辅助装置等,在保证必要的黏着前提下,将轮轨接触处产生的轮轴牵引力传递给车架和车钩,牵引车列前进;产生必要的制动力,以便使机车在规定的制动距离内停车;同时缓和来自线路不平顺的冲击和隔离震动,保证机车沿轨道运行并顺利通过曲线。

每个转向架主要由构架、弹簧装置、连接装置、轮对和轴箱、驱动机构、基础制动装置等部分组成。

4. 制动装置

为了提供必要的制动力,在内燃机车上设有主要的制动装置,如:空气制动装置、电阻制动装置;基础制动装置以及辅助制动手段,如手制动。

1) 主要的制动装置

(1) 空气制动装置。

空气制动是机车上的主要制动方式,空气制动装置主要由空气压缩机、总风缸、分配阀、制动缸、单独制动阀(即小闸)和自动制动阀(即大闸)等部件组成。当司机操纵小闸时,通过分配阀的作用能单独控制机车,使机车产生制动或缓解作用。

(2) 电阻制动装置。

电阻制动是利用直流电机的可逆原理,在机车需要减速时,将机车转换为制动工况,此时牵引电动机转换为发电工况,并通过轮对将列车的动能变成电能,再通过制动电阻把电能转换为热能消耗掉,使机车速度降低而起制动作用。

2) 基础制动装置

基础制动装置的作用是将制动缸的力经杠杆系统增大后传给闸瓦。基础制动装置可由若干制动单元组成。每一制动单元包括一个制动缸、一套杆件系统和闸瓦。制动缸内作用于活塞的压缩空气推力(或手制动装置手轮上的力),经过一系列的杠杆增大一定倍数后传给各个闸瓦,使闸瓦压紧轮箍,最后通过轮轨的黏着产生制动作用。

3) 辅助制动装置

在内燃机车每端的司机室内装有手制动轮。当需要使用手制动时,转动手制动轮,就能使这一端转向架上的基础制动装置起制动作用。

5. 辅助装置

内燃机车辅助装置的作用是保证机车柴油机、传动装置、走行部与电气控制设备等的正常工作和可靠运行,以及乘务人员正常工作条件的各项装置。它是内燃机车必不可少的重要组成部分,主要包括:冷却系统、机油系统、燃油系统、压缩空气系统、通风装置、空气滤清系统、预热系统、辅助驱动装置、撒砂装置,以及目的在于改善乘务员工作条件的各种设备。

四、电力机车

(一) 电力机车的简介

电力机车的牵引力是电能,但机车本身没有原动力,而是依靠外部供电系统供应电力,通过机车上的牵引电动机驱动机车运行。采用电力机车牵引的铁道称为电气化铁道。电气化铁道由牵引供电系统和电力机车两部分组成。

从世界各国铁路牵引力的发展来看,电力机车是被公认为最有发展前途的一种机车。在运营上有良好的经济效果,表现如下:

(1) 可制成大功率机车,运输能力强;

(2) 启动快,速度高,爬坡性能好;

(3) 不污染空气,劳动条件好;

(4) 运营费用低;

(5) 可利用多种能源。

1. 电气化铁路供电系统

电力机车本身没有发电设备,必须由外部供给电能牵引力运行,所以需要一套电气铁道供电系统。将电能从电力系统传送到电力机车的电力设备总称为电气化铁道的供电系统。

发电厂发出的电流经升压变压器提高后,由高压输电线送到铁路原先的牵引变电所。在牵引变电所里把高压的三相交流电变换成所要求的电流或电压后,再转送到邻近区间和站场线路的接触网上供电力机车使用。

在牵引供电系统中,根据电流的种类和电压的高低,大致可分为直流制和交流制。在交流制中,目前世界上大多数国家用工频(50 Hz)交流制。牵引变电所将三相交流电改变成 25 kV 的频率单向交流电后送到接触网上,在电力机车内再将交流电变成直流电供给电动机使用,这种机车叫交流电力机车。

1) 牵引变电所

牵引变电所的任务是将电力系统高压输电网输送来的 110 kV(或 220 kV)的三相交流电,改变成不低于 25 kV 的单相交流电后,流向邻近区间和所在站场线路的接触网,保证可靠而又不间断地向接触网供电。

在牵引变电所内设有变压器、避雷器和各种高压开关等配电装置。为使牵引变电所内各种电气设备正常运行,确保安全可靠供电,牵引变电所内还装有各种控制、测量、监视仪表和继电保护装置等。

2)接触网及 AT 供电方式

接触网是架在电气化铁道上空,向电力机车供电的一种特殊形式的输电线路。接触网的质量和工作状态直接影响着电气化铁道的运输能力。接触网如图 3-84 所示。

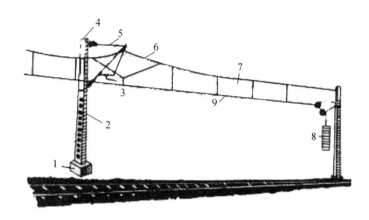

图 3-84 接触网示意图

1—支柱基础;2、4—绝缘子;3—定位器;5—拉杆;6—腕臂;
7—承力索;8—接触杆导线吊弦;9—坠砣

AT 供电方式在电气化铁道接触网周围的空间产生磁场,因此对临近通信线路广播设备等产生干扰和影响,使通信质量下降,甚至危及设备和人身安全。为了解决这一问题,接触网采用 AT 供电是较好的一种方式。AT 供电方式示意图如图 3-85 所示。

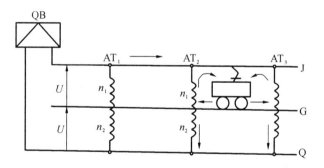

图 3-85 AT 供电方式示意图

AT 供电方式是在馈电线中设置自耦变压器(简称 AT),它并联于接触网、钢轨和正馈线上,其中点抽头与钢轨相接,形成两条牵引电流回路。

接触网与钢轨、正馈线与钢轨间的自耦变压器两半线圈上电压相等。

理想情况下,接触网与正馈线中流过的电流大小相等,方向相反,因此,在通信线路中产生的感应影响相互抵消,有效地减弱对通信线路的电磁影响。

2. 电力机车及其组成

1)电力机车的基本组成

电力机车靠顶部升起的受电弓从接触网上取得电能,并转换成机械能使机车运行。图 3-86

是 SS4 电力机车利用受电弓从接触网供电运行示意图。

电力机车主要由车体、车底架、走行部、车钩缓冲装置、制动装置和一整套电气设备等组成。除电气设备外，其余部分都同交-直流电力传动内燃机车相似。走行部为两台三轴转向架。在每根车轴上都装有一台牵引电动机，因此这种机车的车轴排列形式为 B_0-B_0。

图 3-86　SS4 电力机车利用受电弓从接触网供电运行示意图

2）电力机车制动

当机车需要制动时，除使用空气制动装置外，还可以辅以电阻制动。司机扳动转换开关，使它从牵引位转到制动位，把牵引电动机从串励电动机改为他励电动机，把电枢绕组同制动电阻连接起来。这样，车轴带动电动机的电枢旋转，发出的电流就会被制动电阻变成热能散逸，从而消耗了机车惰行时的机械能。如果将电能重新反馈回电网中并加以利用，就称之为"再生制动"（或"反馈制动"）。此外，电力机车上还有防空转系统、过压、过流、短路、接地等各种保护装置，以及司机室的显示屏装置等。

（二）电力机车的分类

电力机车从接触网上获取电能，接触网供给电力机车的电流有直流和交流两种。由于电流制式不同，所用的电力机车也不一样，基本上可以分为直-直流电力机车、交-直流电力机车、交-直-交流电力机车三类。

直-直流电力机车采用直流制供电，牵引变电所内设有整流装置，它将三相交流电变成直流电后，再送到接触网上。因此，电力机车可直接从接触网上取得直流电供给直流串励牵引电动机使用，简化了机车上的设备。

交-直流电力机车采用交流制供电，目前世界上大多数国家都采用工频（50 Hz）交流制，或 25 Hz 低频交流制。在这种供电制式下，牵引变电所将三相交流电改变成 25 kV 工业频率单相交流电后送到接触网上。但是在电力机车上采用的仍然是直流串励电动机，把交流电变为直流电的任务在机车上完成。由于接触网电压比直流制时提高了很多，接触导线的直径可以相对减小，从而减少了有色金属的消耗和建设投资。因此，工频交流制得到了广泛采用，世界上绝大多数电力机车也是交-直流电力机车。

交-直-交流电力机车采用交流无整流子牵引电动机（即三相异步电动机），这种电动机在制造、性能、功能、体积、重量、成本、维护及可靠性等方面远比整流子电机优越得多。这种机车具有优良的牵引能力，很有发展前途。

(三）电力机车的基本构造及工作原理

1.电力机车的基本构造

电力机车是由电气部分、机械部分和空气管路系统三部分组成的。

（1）机械部分：包括走行部和车体。

走行部是承受车辆自重和载重并在钢轨上行走的部件，由两轴或三轴转向架以及安装在其上的弹簧悬挂装置、基础制动装置、轮对和轴箱、齿轮传动装置和牵引电动机悬挂装置组成。

车体用来安放各种设备，同时也是乘务人员的工作场所，由底架、驾驶室、台架、侧墙和车顶等部分组成。驾驶室设在车顶的两端，由走廊相通。驾驶室内安装控制设备，如司机控制器、制动阀、按钮开关、监测仪表和信号灯等。两驾驶室之间用来安装机车的全部主要设备，有时划分成小室，分别安装辅助机组、开关设备、换流装置以及牵引变压器等。部分电气设备如受电弓、主断路器和避雷器等则安装在车顶上。车钩缓冲装置安装在车体底架的两端牵引梁上。车体和设备的重力通过车体支承装置传递到转向架上，车体支承装置同时起传递牵引力与制动力的作用。

（2）电气部分：机车上的各种电气设备及其连接导线，包括主电路、辅助电路、控制电路以及它们的保护系统。

主电路是电力机车最重要的组成部分。它决定机车的基本性能，由牵引电动机以及与之相连接的电气设备和导线共同组成。在主电路中流过全部的牵引负载电流，其电压为牵引电动机的工作电压，或者接触网的网压，所以主电路是电力机车上的高电压大电流的动力回路。它将接触网上的电能转变成列车牵引所需的牵引动力。

辅助电路是供电给电力机车上的各种辅助电机的电气回路。辅助电机驱动多种辅助机械设备，如冷却牵引电动机和制动电阻用的通风机，供给各种气动机械所需压缩空气的压缩机等。

控制电路是由司机控制器和控制电器的传动线圈及联锁触头等组成的低压小功率电路。控制电路的作用是使机车主电路和辅助电路中的各种电器按照一定的程序动作。这样，电力机车即可按照司机的意图运行。

保护系统是保护上述各种电路的设施。

（3）空气管路系统：它是风压的通道，为机车受电弓上升、机车制动、机车散热提供风源，主要包括供给机车和车辆制动所需压缩空气的空气制动气路系统，供给机车电气设备所需压缩空气的控制气路系统，供给机车撒砂装置、风喇叭和刮雨器等辅助装置所需压缩空气的辅助气路系统。

2.电力机车的工作原理

电力机车上的主电路是产生机车牵引力和制动力的电气设备电路，它将从接触网上获得的电能转变为牵引列车的机械能。辅助电路系统为主电路电气设备服务，包括冷却、提供压缩空气等。控制电路系统用于间接控制机车上的高压电气设备和辅助电气设备。

电力机车在运行过程中，经受电弓将接触导线供给的单相工频交流电引入机车内部，经过主断路器再进入主变压器降压，交流电从主变压器的牵引绕组经过硅机组整流后转换为直流电，然后向直流（脉流）牵引电动机供应直流电，从而使牵引电动机产生转矩，将电能转变为机械能，经过齿轮的传递，驱动机车动轮转动。

电力机车的速度控制,主要由司机通过控制牵引电动机转速来实现的。当机车需要制动时,除使用空气制动装置外,还可以辅以电阻制动。如果将电能重新反馈回电网中并加以利用就称之为"再生制动"(或"反馈制动")。从能量利用上看,电阻制动虽然不如再生制动,但电阻制动的主电路工作可靠稳定,技术比较简单,目前在电力机车上得到广泛使用。

(四) 电力机车的电气设备及功能

电力机车上设有各种复杂的电气设备,而所有电气设备,则分别装设在主电路、辅助电路和控制电路这三条电气回路中。

1. 主电路的电气设备

主电路中的电气设备主要有受电弓、主断路器、主变压器(即牵引变压器)、调压开关、整流装置、平波电抗器、牵引电动机和制动电阻等。

(1) 受电弓:机车顶部装有两套单臂受电弓,受电弓紧压接触网导线滑行摩擦从电网上取得电流。运行时机车只需升起一套受电弓,另一受电弓作为备用。接触网上送来的 25 kV 工频单相交流电就由此引入机车。

(2) 主断路器:主断路器是用来接通或断开电力机车高压电路的。当主电路发生短路、接地或整流调压电路、牵引电动机等设备发生故障时,它能自动切断机车电源,实现对机车上设备的保护。

(3) 主变压器:又称为牵引变压器,它把从接触网上取得的 25 kV 高压电降低为牵引电动机所适用的电压。变压器共有 4 个绕组:1 个原边绕组接 25 kV 高压电;3 个副边绕组,其中牵引绕组用来向牵引发电机供电,励磁绕组用在电阻制动时给电动机提供励磁电流,辅助绕组用来给机车的辅助电机供电。

(4) 调压开关:用来调节牵引变压器中副边牵引绕组的输出电压,从而使牵引电动机的端电压得以改变,以达到机车的调速目的。

(5) 平波电抗器:由于牵引电动机本身的电感极小,不足以将整流后的电流滤平到所需要的范围。因此,在牵引电动机电路中串接一个增大电感的平波电抗器,以减小整流电流的脉动。

2. 辅助电路的电气设备

辅助电路电源来自主变压器的辅助绕组,通过劈相机将单相交流电转变成三相交流电后,供给牵引通风机、油泵机组和空气压缩机等辅助电机使用。

3. 控制电路的电气设备

控制电路将主电路和辅助电路中各电气设备的控制电器(包括各种控制开关、接触器、电空阀等)同电源、照明、信号等的控制装置连成一个电系统。

以上三个电路系统在电气方面一般是相互隔离的,但三者通过电磁、电空或机械传动等方式相互联系、配合运作,用低压电控制高压电,以保证操作的安全和实现机车的运行。

第六节 铁路信号与通信设备

铁路信号设备是铁路信号、联锁设备、闭塞设备的总称。其主要功能是保证行车安全,提高运输效率。铁路信号技术的发展应逐渐实现微机化、综合化、集成化和智能化。

铁路通信设备是指挥列车运行、组织铁路运输生产和铁路业务联络而迅速、准确地传输各种信息的通信系统的总称。通信设备应能做到迅速、准确、安全、可靠,使全国铁路的通信系统能成为一个完善与先进的铁路通信网。

一、铁路信号设备

(一)信号的功能与类型

1. 信号的功能

信号是指示列车运行和调车作业的命令。有关行车人员必须按照信号的指示办事,以保证铁路运输安全和提高运输效率。

2. 信号的类型

铁路信号分为视觉信号和听觉信号两大类。视觉信号为昼间、夜间及昼夜通用信号,是以颜色、形状、位置、灯光和状态等表达的信号,如用信号机、信号旗、信号灯、信号牌、信号表示器、信号标志及火炬等显示信号。听觉信号是以不同器具发出音响的强度、频率和音响的长短时间等表达的信号,如用号角、口笛、响墩发出的音响以及机车、轨道车鸣笛等发出的信号。

铁路信号中用手拿的信号灯、信号旗或用手势显示的信号叫手信号;临时设置的信号牌、信号灯等叫移动信号;在固定地点安装的信号设备统称固定信号。铁路信号中,固定信号是主要信号。固定信号是固定安装在一定位置用于防护固定地点的信号设备,如信号机、信号表示器等。

信号按用途分为12种:进站、出站、通过、进路、预告、遮断、防护、驼峰、复示、调车、容许和引导信号。

(二)固定信号机

1. 固定信号机的类型

1) 按用途分类

主体信号机:进站、出站、通过、进路、防护等信号机,都能独立地显示信号,指示列车运行的条件,将它们叫作主体信号机。

从属信号机:预告、复示信号机等,本身不能独立存在,而是附属于某种信号机,所以叫作从属信号机。

预告信号机的进站信号机也是它的主体信号机。

2) 按显示意义的数目分类

单显示:出站、进路的复示信号机及遮断信号机都是单显示的信号机。

二显示:预告信号机就是二显示信号(绿灯或黄灯)。它预告进站、通过或防护信号机的禁止和进行信号显示。

三显示:我国铁路自动闭塞区段的通过信号机是三显示信号(红灯、绿灯或黄灯)。

四显示:适宜于铁路提速、高速区段的通过信号机是四显示信号(红灯、绿灯、黄灯或黄绿两灯)。

3) 按构造分类

色灯信号机:一种白天和夜间用不同颜色的灯光来显示信号的信号机。目前,主要采用透镜式(又称多灯式)色灯信号机,如图3-87所示。透镜式色灯信号机每个灯光颜色都各有一个灯头来显示。根据机柱的有无,色灯信号机又有高柱型和矮型的区别。矮型色灯信号机没有机柱,一般可以用作调车信号机和站内到发线上的出站信号机。进站信号机、正线上的出站信号机等,都应采用高柱信号机。高柱透镜式色灯信号机主要由色灯信号机构、机柱和基础等部分组成。

图 3-87　透镜式色灯信号机

臂板信号机:这种固定信号机白天用臂板的不同位置,夜间用不同颜色的灯光显示信号,适用于无可靠电源的车站。按操纵方式来划分,有机械臂板信号机和电动臂板信号机两种。机械臂板信号机用人力操纵、导线传动;电动臂板信号机则由电动机使其运作。按臂板的数目划分,有单臂板信号机、双臂板信号机和三臂板信号机。臂板的形状和颜色有两种。一种是作为主体信号用的红色臂板,其端部为方形;另一种是端部为鱼尾形的黄色臂板(即预告臂板),它的作用是将主体信号机(如进站、出站、防护、通过信号机)的显示状态提前告诉司机。

2.固定信号机的设置

固定信号机应设在列车运行方向的左侧,或设在它所属线路中心线的上空。但在有曲线、建筑物等影响瞭望信号的特殊情况下,也可设在右侧。

(1)进站信号机:用来防护车站,指示列车能否由区间进入车站以及进入车站的有关条件。进站信号机应设在距车站最外方进站道岔尖轨尖端(逆向道岔)或警冲标(顺向道岔)不少于50 m的地点。

(2)出站信号机:用来防护区间,作为列车占用区间的凭证,指示列车可否由车站开往区间。出站信号机应设在每一发车线的警冲标内方(逆向道岔为道岔尖轨尖端外方)的适当地点。

(3)预告信号机:用来向司机预告主体信号机(如进站信号机、通过信号机等)的显示,应设在距主体信号机不少于一个列车制动距离(800 m)的地点。

(4)通过信号机:用来防护自动闭塞区段的闭塞分区或非自动闭塞区段的所间区间,指示列车能否开进它所防护的分区或区间,应设在闭塞分区或所间区间的分界处。

(5)进路信号机:在有几个车场的车站,为了防护从一个车场到另一个车场之间的进路,指示列车能否由这一个车场开往另一个车场,应当设置进路色灯信号机。

(6)调车信号机:设在电气集中联锁的车站并经常进行调车作业的线路上(如到发线、咽喉道岔区等),用来指示机车进行调车作业。在到发线上,可以和出站信号机合并,在出站信号机柱上添设一个容许调车的月白灯,称为出站兼调车信号机。

（7）驼峰信号机：在驼峰调车场每条推送线峰顶平台处,应装设驼峰色灯信号机,用来指示驼峰调车机的推送速度及去峰下禁溜线进行调车。

信号机有关闭和开放两种状态。将信号机经常保持的显示状态作为信号机的定位。进站、进路、出站信号机对行车安全起着极其重要的作用,规定以显示停车信号——红灯为定位;调车信号机以显示禁止调车信号——蓝灯为定位;预告信号机以显示注意信号——黄灯为定位;驼峰信号机以显示停止信号——红灯为定位。

（三）移动信号、响墩、手信号

当线路上出现临时性障碍或进行施工,要求列车停车或减速时,应按照规定设置移动信号、响墩,或以手信号做出必要的指示,以保证行车安全。

1. 移动信号

在铁路众多的信号中,有一种在施工或维修区段设置的信号牌、信号灯,这就是移动信号。移动信号相对于固定信号而言,是可以根据需要移动、临时设置的信号。

2. 响墩及火炬信号

响墩信号和火炬信号是用于防护线路（包括桥梁、隧道）遇到灾害、发生故障或列车在区间内发生事故或其他原因被迫停车时,为防止前方或后方开来的列车发生列车冲突或脱轨而设置的临时紧急信号。响墩是一种外形扁圆内装有炸药的听觉信号,防护时将其放在钢轨上,当车轮压上后会发出爆炸声要求司机立即停车。火炬是一种在风雨天气都能点燃并发出火光的视觉信号,司机发现火炬信号的火光时应立即停车。

3. 手信号

手信号是有关行车人员用手持信号旗或信号灯做出各种规定动作来表示停车、减速、发车、通过、引导等信号。信号旗有三种基本颜色:绿、黄、红;信号灯（也叫号志灯）有四种基本灯光:绿、黄、红、白。

二、联锁设备

列车进站、出站和车站内的调车作业,主要是根据车站上信号机的显示进行的,而列车和机车车辆的运行进路,则又靠操纵线路上的道岔来排列。因此,为了保证行车安全,车站上的进路、道岔和信号机之间,以及信号机和信号机之间,必须建立一种相互关联、相互制约的关系,这种关系就叫作联锁。为完成这种联锁关系而安装的技术设备叫联锁设备。

联锁设备分为集中联锁（继电联锁和计算机联锁）和非集中联锁（臂板电锁器联锁和色灯电锁器联锁）。编组站、区段站和电源可靠的其他车站,一般采用集中联锁。

（一）继电联锁

继电联锁是集中联锁,它是在信号楼或值班室内利用继电器集中控制和监督全站的道岔、进路和信号机并实现它们之间联锁的设备。由于联锁设备采用色灯信号机,道岔由电动转辙机转换,进路上设有轨道电路,在信号楼进行集中控制和监督,操作人员只需在控制台上按压按钮就能办理或解锁进路,缩短了进路建立和解锁时间,从而提高了车站通过能力。

1. 继电联锁的主要设备

1) 继电器

继电器相当于电路中的开关,可以接通和切断电路。最简单的一种叫直流无极继电器。当电流通过线圈时,铁芯吸动衔铁,带动中簧片,使中簧片断开后接点而与前接点闭合;当电源切断后,铁芯失磁,衔铁自动释放,使中簧片断开前接点而和后接点闭合。继电器的前、后接点及中簧片都接有引线片,当引线片用导线连接在一个外部电路时,就可以控制外部电路。

2) 电动转辙机

转辙机用以可靠地转换道岔位置,改编道岔开通方向,锁闭道岔尖轨,反映道岔位置。采用电动转辙机时,转换道岔时间短,一般只需几秒钟,安全程度高,对于提高运输效率和保证行车安全都是十分有利的。

电动转辙机由转换、锁闭和表示三部分组成。当需要转换道岔时,给电动转辙机的电动机接通电源,通过转换部分改变尖轨的位置;当转换到尖轨与基本轨密贴时,锁闭部分则将尖轨牢固地锁在与基本轨密贴的位置上;在道岔转换完了以后,表示部分则将表示接点接通,在控制台上反映道岔所处的状态,以便与进路信号机进行联锁。

3) 轨道电路

轨道电路是铁路信号的重要基础设备,借助轨道电路可以监督线路占用情况,以及将列车运行与信号显示联系起来。将一段轨道的钢轨作为导线,两端用绝缘节隔开,中间的轨缝用接续线连接起来,一端送电,另一端受电,这样构成的电路叫作轨道电路。

在平时,这一轨道电路区段上无车时,轨道继电器有电吸起,前接点闭合,点亮绿灯。有车时,因机车车辆轮对的电阻比轨道继电器线圈的电阻小得多,于是轨道电路被短路,继电器衔铁被释放,前接点断开,后接点闭合,点亮红灯。

4) 控制台

控制台设于信号楼控制台室或车站值班员室内,是车站值班员指挥列车运行和调车作业的控制中心,用来控制道岔的转换和信号的开放,并对进路、信号、道岔进行监督。控制台的正面装有照明盘,盘面上有全站股道平面图及各种进路按钮、道岔按钮和其他按钮等;需要办理进路时,按压控制台模拟站场图上进路的始端按钮和终端按钮,就能将进路中有关道岔转换到规定位置,且防护该进路的信号机也自动开放,并将这一进路排列状况反馈显示在控制台模拟图上。

控制台上的主要表示器是光带和表示灯。其用途是正确反映室外监控对象的状态及线路运用情况;表示操作手续是否完成;反映继电器电路的工作状态;若发生故障可以及时发现故障发生地点。

2.继电联锁原理

信号操纵人员将控制信号机和电动转辙机开放或关闭的指令,通过连接继电器室内的电缆传送到继电器室内的继电器组上,使继电器的衔铁被吸动或复原,继电器动作的信息再由电缆传送到相应的信号机和控制相应道岔动作的电动转辙机上,使信号机处于开放或关闭状态,使道岔处于定位或反位状态,从而使进路上的信号机、道岔与相应的进路实现联锁。

(二) 计算机联锁

利用计算机对车站作业人员的操作命令及现场表示的信息进行逻辑运算,从而实现对信号机及道岔等集中控制,使其成为相互制约的车站联锁设备,即计算机集中联锁。计算机联锁是最先进的车站联锁设备,具有运作速度快、信息量大、操作方便、安全性高、设备体积小、重量轻、便于调试和维修的特点,提高了车站作业的自动化程度和作业效率。

1.计算机联锁系统的组成

计算机联锁系统由硬件设备和软件设备构成。硬件设备包括联锁计算机(完成联锁功能和显示功能)、安全检验计算机(用以检验联锁计算机的运行情况,发现故障可导向安全)、彩色监视器、微型集中操纵台、安全继电输入输出接口柜、计算机联锁专用电源屏以及现场信号机、转辙机、轨道电路等室外设备。软件设备是实现进路、信号机和道岔相互制约的核心部分,由两部分组成:一是参与联锁运算的车站数据库;二是进行联锁逻辑运算,完成联锁功能的应用程序。车站数据库包括车站赋值表、车站联锁表、按钮进路表、车站显示数据等。应用程序由多个程序模块组成,即系统管理程序模块、时钟中断管理程序模块、表示信息采集及信息处理程序模块、操作命令输入及分析程序模块、选路及转岔程序模块、信号开放程序模块、解锁程序模块和站场彩色监视器显示程序模块等。

2. 计算机联锁的作用原理

计算机联锁的操作方法与继电联锁相似。办理进路时,只需先按进路始端钮,再按进路终端钮即可完成。此时,计算机就执行输入程序和联锁处理程序。根据输入的按钮代码,从进路矩阵中找出相应的进路,然后检查是否符合选路条件,只有完全满足选路条件后,程序才能转入选路部分。然后,先检查对应道岔是否在规定位置,再将需要交换位置的道岔转换位置,接着锁闭进路,并建立对应的运行表区。在执行信号开放程序中,根据运行表区内容,连续不断地检查各项联锁条件,条件满足后信号机才能开放。当列车进入信号机后方,信号机即自动关闭,随着列车的运行,进路可顺序逐段解锁。

三、闭塞设备

(一) 半自动闭塞

在单线区段,一般采用半自动闭塞,繁忙区段可根据情况采用自动闭塞。在我国铁路上,普遍采用的是继电半自动闭塞,主要有 64D 和 64F 两种型号,其设备主要如下。

1. 操纵箱

操纵箱是半自动闭塞的操纵元件(包括按钮、电铃和表示灯等),可以和联锁设备的操纵元件组装在同一个操纵台上,也可以单独设一个闭塞设备的小型操纵箱。

2. 继电器箱

两个相邻的车站各有一个继电器箱,并用外部电线互相连接。闭塞设备的继电器都集中地设在箱内。

两个车站的出站信号机都受两站闭塞设备的继电器控制,只有当两站办理了必要的闭塞手续,使发车站继电器箱内的开通继电器吸起,才能在发车进路准备妥当的情况下,开放发车站的出站信号机。

3. 轨道电路

为了检查列车的出发和到达,在车站出站咽喉的外面至进站信号机内方,设有一段轨道电路。

出发列车经过出站信号机进入轨道电路区段时,由于轨道继电器的运作,使开通继电器失磁落下,出站信号机就自动关闭。

此外,继电半自动闭塞还必须有相应的电源设备。

(二) 自动闭塞

自动闭塞是由运行中的列车自动完成闭塞任务的一种设备。将两个相邻车站之间的区间正线划分成若干个小段——闭塞分区（其长度一般为 1200～1300 m），每个分区的起点设置一个通过信号机进行防护。由于通过色灯信号机的显示是随着列车的运行由列车自动控制的，不需要人工操纵，所以叫自动闭塞。

自动闭塞按不同方法可分为如下几类。

1. 单向自动闭塞和双向自动闭塞

自动闭塞按行车组织方法可分为单线双向自动闭塞、双线单向自动闭塞和双线双向自动闭塞。

在单线区段，既要运行上行列车又要运行下行列车。为了调整双方向列车的运行，在线路两侧都要装设通过信号机，这种自动闭塞称为单线双向自动闭塞。

在双向区段，以前多采用单方向运行的方式，即一条线路只允许上行列车运行，而另一条线路只允许下行列车运行。为此，对于每条铁路线仅在一侧设通过信号机，这样的自动闭塞称为双线单向自动闭塞。

为了充分发挥铁路线路的运输能力，在双向区段的每条线路上都能双方向运行列车，这样的自动闭塞称为双线双向自动闭塞。其地面通过信号机的设置同双线单向自动闭塞，仅在基本运行方向侧设置地面通过信号机。

2. 三显示和四显示自动闭塞

三显示自动闭塞的通过信号机有三种显示，能预告列车运行前方两个闭塞分区的状态，它使列车经常按规定速度在绿灯下运行，并可得到运行前方通过信号机显示的预告，基本上能满足运行要求，又能保证行车安全，因此在列车未提速前应用广泛。

列车在三显示自动闭塞区段运行，越过显示黄灯的通过信号机时开始减速，到下一个显示红灯的通过信号机前停车，因此要求每个闭塞分区的长度绝对不能小于列车的制动距离。随着列车速度和密度的不断提高，在一些繁忙的客货混运区段，各种列车运行的速度和制动距离相差很大，三显示自动闭塞不能解决这一矛盾，所以必须采用四显示自动闭塞。

四显示自动闭塞是在三显示自动闭塞的基础上增加一种绿黄显示。它能预告列车运行前方三个闭塞分区的状态。高速列车以规定的速度越过绿黄显示的通过信号机后必须减速，以使列车在抵达黄灯显示的通过信号机时不大于规定的允许速度，保证在显示红灯的通过信号机前停车。而对于低速、制动距离短的列车越过绿黄显示的通过信号机后不减速。

3. 轨道电路自动闭塞和计轴自动闭塞

自动闭塞按监测列车完整性和运行位置的方式可分为轨道电路方式和计轴器方式两大类。计轴式自动闭塞采用在闭塞的入口和出口装设车轮感应器，当离开分区的列车轴数与进入分区的列车轴数相等时，也就意味着列车占用过该分区并且已经完整离开，现处于空闲状态，反之则意味着该分区存在车辆处于占用状态。计轴式自动闭塞是非连续检查列车完整性与运行位置的方式，在我国仅在轨道电路方式不能可靠运用的线路上少量发展。

4. 有绝缘和无绝缘自动闭塞

自动闭塞按采用轨道电路的不同，分为有绝缘和无绝缘自动闭塞。传统的自动闭塞在闭塞分区分界处均设有钢轨绝缘，以分割各闭塞分区。但钢轨绝缘的设置不利于线路向长钢轨、无缝化方向发展，钢轨绝缘损坏率高，影响了设备的稳定工作，且增加了维修工作量和费用。尤其是电气化区段，牵引电流为了通过钢轨绝缘，必须安装扼流变压器，缺点更显著。无绝缘轨道电路分为谐振式和感应式两种,取消了区间线路的钢轨绝缘,是今后自动闭塞发展的方向,可以满足铁路无缝化、电气化发展的需要。

四、铁路通信设备

铁路通信按传输方式可分为有线通信和无线通信两大类;按服务区域可分为长途通信、地区通信、区段通信和站内通信等;按业务性质不同可分为公用通信、专用通信及数据传输等。铁路专用通信一般是指专门用于组织、指挥铁路运输及生产的专用通信设备。这些设备专用于某一目的,接通一些指定用户,一般不与公务通信的电报、电话网连接。目前我国铁路通信系统已成为一个独立的主要信息传递系统。可靠、易维修及大容量是对普通通信及铁路专用通信的共同要求。

图像通信、会议电视、可视电话技术已成为现代化通信的发展方向。移动通信、卫星通信、微波中继通信、室内无线通信等将与光纤通信、程控交换等相结合,形成一个多种方式和手段的通信网,它将大大提高通信的可靠性和有效性,以满足铁路运输发展的需要。

(一)铁路专用通信设备

1.列车调度电话

铁路列车调度电话是调度所调度员指挥沿线各车站及列车段、机务段等有关列车运行人员关于列车运行业务的通信设备。其总机部分安装在调度所,分机安装在沿线各车站。列车调度电话的显著特点是调度员可以对个别车站呼叫,称为单呼;也可以对成组车站呼叫,称为组呼;或者对全部车站集中呼叫,称为全呼。列车调度员可以与车站互相通话,任何车站也可以方便地对列车调度员呼叫并通话。

2.列车无线调度电话

列车有线调度电话仅供列车调度员和车站值班员之间进行通信联系,而列车无线调度电话则可供列车调度员、机车调度员、车站值班员等调度指挥人员和列车司机相互通话。列车在运行过程中,发生临时故障,或区间线路、桥梁出现不正常现象时,司机可以及时报告调度员或邻近的车站值班员,也可以直接通知邻近区段的机车司机;或者车长向司机或车站值班员通报情况,以便及时采取措施,更好地确保行车安全。

3.铁路站场通信系统

铁路站场通信系统主要是解决站场工作人员相互联系通信的设备。它包括站场电话系统、站场扩音对讲系统、站场无线电话系统和客运广播系统。站场电话是供站内运输人员指挥站内行车和调车作业,以及联系车站日常运输组织工作之用;站场扩音对讲装置,包括行车作业使用的对讲设备和供调车作业使用的对讲设备,并且可向室外扩音;站场无线电话,是站场流动作业人员之间和流动人员与固定作业人员之间互相联系使用的设备,以便保证作业安全和提高作业效率;客运广播系统供客运作业人员使用。

(二)铁路调度通信网

铁路调度通信网的网络结构根据铁路运输调度体制来安排,按干线、局线、区段三级调度分三层网络结构。

1.铁路干线调度通信系统

铁路干线调度通信网络由一套HICOM382调度交换机,十多套HICOM372调度交换机,以及外围设备调度功能模块、调度台、多媒体终端、网络管理和调度管理系统等组成。纳入调度台的用户,调度员无须拨号,单键直呼所属调度分机,分机遇忙,调度员可强插通话,调度员还可进行全呼、组呼。

2. 局线调度通信系统

铁路局的局线调度通信网络,由铁路局汇接中心利用干调 HICOM372 调度交换机或另设数字调度交换机与设在各铁路调度区段的数字专用通信系统组成,还可利用区段数字调度通信或专线延伸至区段站、编组站和中间站,构成星型网络结构的局线调度通信网。

3. 区段调度通信系统

区段调度通信系统的主系统放置于调度区段中心调度所或大型调度指挥中心,主要用于接入各调度操作台和各种调度电路,是整个系统的核心。主系统由数字调度主机、调度操作台、集中维护管理系统、录音系统等组成,分系统放置于调度区段管辖范围内各车站,通过数字传输通道与主系统相连,主要用于接入车站操作台、远端调度分机、站间电话、区间电话、站场电话等。分系统由数字调度主机、车站操作台等组成。

区段调度通信系统可以全面实现各项专用通信业务,包括区段调度通信、站场通信、站间通信、区间通信、专用通信等,完成列车调度、货运调度、电力调度、无线列车调度等区段内调度通信业务。

(三) 铁路综合数字移动通信系统

铁路综合数字移动通信系统(global system for mobile communication for railways,GSM-R)是铁路专用通信系统。系统在数字蜂窝移动通信系统(GSM)上增加了调度通信功能和适合高速环境下使用的要素,可以满足列车运行速度为 500 km/h 时的无线通信要求,且安全性好,是高速铁路通信最理想的技术解决方案。

1. GSM-R 网络系统

(1) 基站子系统:包括基站收发信机、基站控制器、编译码速率适配单元等。

(2) 网络交换子系统:包括移动交换中心、网关移动交换中心、拜访位置寄存器、组呼寄存器、归属位置寄存器、鉴权中心、短消息确认中心、固定用户接入交换机等设备。

(3) 通用分组无线业务系统:包括网关业务支持节点、业务支持节点、分组控制单元、域名服务器、认证服务器等设备。

(4) 智能网系统:包括业务控制点、业务交换点、业务管理系统等。

(5) 运行和维护子系统:包括交换网络管理子系统、无线网络管理子系统、GPRS 网络管理子系统、直放站管理子系统、FAS 网络管理系统等。

(6) 终端:包括固定终端和移动终端。

2. GSM 调度通信业务

根据调度工作的需要,调度通信应提供四类业务,即点对点个别呼叫、组呼、会议呼(临时组呼)、广播呼叫。

(1) 点对点个别呼叫:包括固定终端呼叫移动终端和移动终端呼叫固定终端。

(2) 组呼和广播呼叫:包括移动终端发起组呼、固定终端发起组呼和 GSM-R 广播呼叫。

(3) 会议呼(临时组呼):会议呼是由一方发起多方参与的会议型的通信方式,在 GSM-R 网络内提供多方通信的补充业务,实现会议呼。

【复习思考题】

一、简答题
1. 简述车辆的基本结构和各部分的作用。
2. 简述车站线路名称及用途。
3. 铁路信号设备分为哪几类?
4. 我国有几种高速动车组?
5. 高速列车运行控制系统是由哪些设备组成的?

二、论述题
1. 举例说明我国铁路重载运输方面的技术成果。
2. 试谈铁路运输设备的发展趋势。

第四章　水路运输设备

【教学目标】

(1) 明确水路运输的概念、分类和特点。
(2) 熟悉水路运输系统的构成和技术设备。
(3) 了解航道、港口等相关知识。
(4) 掌握船舶的分类、基本结构、技术指标、动力装置等。
(5) 掌握航标的功能、种类,了解水运通信导航系统。

【教学重难点】

(1) 水路运输的概念、分类和特点。
(2) 航道、港口等相关知识。
(3) 船舶的分类、基本结构、技术指标、动力装置等。
(4) 掌握航标的功能、种类。

【案例导入】

欧洲门户——鹿特丹港

鹿特丹港是欧洲最大的海港,连接欧、美、亚、非、澳五大洲,是国际货物流通的重要枢纽,有"欧洲门户"之称。

鹿特丹港位于莱茵河与马斯河河口,西依北海,东溯莱茵河、多瑙河,可通至里海,鹿特丹港区面积约 100 平方千米,码头总长 42 千米,吃水深度 24 米,可停泊 54.5 万吨的特大油轮。海船码头总长 56 千米,河船码头总长 33.6 千米,同时可供 6000 多艘千吨船和 30 多万艘内河船舶停泊,年吞吐货物 4 亿吨左右。

荷兰的交通运输非常发达,是欧洲地区铁路运输业发展的先锋。2000 年,鹿特丹市政港务管理局和荷兰政府交通部门共同投资 121 亿美元,专门用于铁路线的升级换代和铁路沿线的车站、停车场、通信网络等重要设施的建设。四通八达的内陆交通运输网络使得货物可以高效、经济地经由鹿特丹港通过内河船舶运输得以深入欧洲的心脏区域。

鹿特丹港拥有现代化的港口建设。鹿特丹港以新航道为主轴,港池多采用挖入式,雁列于主航道两侧,按功能分设干散货、集装箱、滚装船、液货及原油等专用和多用码头,实行"保税仓库区"制度,构成由港口铁路、公路、内河、管道和城市交通系统及机场连接的集疏运系统。

在港区服务方面,鹿特丹港最大的特点是储、运、销一条龙。货物通过保税仓库和货物分拨中心进行储运和再加工,货物的附加值得到提高,再通过公路、铁路、河道、空运、海运等多种运输路线将货物送到荷兰和欧洲的目的地。

同时，鹿特丹港的现代化程度较高，调度指挥靠的是先进的设备和科学的方法。集装箱装卸过程完全用电脑控制。有500多人定班轮流服务，将鹿特丹与世界各地的1000多个港口连接起来。

独特优越的地理位置，四通八达的内陆交通运输网络，富有竞争力的服务，科学的管理，以及港务当局为广大客户提供的合情合理的运输市场环境保证了鹿特丹港成为欧洲的门户。

【思考题】

鹿特丹港作为"欧洲门户"充分利用了港口的地理优势且港口设备先进，结合鹿特丹港的发展谈谈对我国港口建设发展的建议。

第一节　水路运输概述

运输是现代物流过程中极为重要的环节，而在国际货物流通过程中，水路运输方式承担的运量占据了国际货运总量的90%以上。水路运输（water transportation）是指利用船舶及其他航运工具，在江、河、湖、海以及人工水道上运送旅客和货物的一种运输方式。水路运输可按经由水域的不同而细分为内河运输和海上运输。

一、水路运输的分类及特点

（一）水路运输的分类

水路运输有多种分类方法，具体如下。

按贸易种类，水路运输可分为外贸运输和内贸运输。外贸运输指本国同其他国家和地区之间的贸易运输；而内贸运输指本国内部各地区之间的贸易运输。

按船舶的航行区域，水路运输大体上可划分为内河运输、沿海运输和远洋运输三大类。内河运输是指利用船舶或其他浮运工具，在江、河、湖泊、水库以及人工水道上从事的运输；沿海运输是指利用船舶在国内沿海区域各港口之间的运输；远洋运输是指国际各港口之间的海上运输。

按照运输对象不同，水路运输可以分为旅客运输和货物运输两大类。旅客运输有单一客运和客货兼运之分，货物运输有散货运输和杂货运输两类。散货运输是指无包装的大宗货物如石油、煤炭、粮食等的运输；杂货运输是指批量小、件数多的零星货物运输，现在逐渐被集装箱运输所替代。

按照船舶营运组织形式，水路运输可以分为定期船运输、不定期船运输和专用船运输。定期船运输是指选配适合具体营运条件的船舶，在规定的航线上，定期停靠若干固定港口的运输；不定期船运输是指船舶的运行没有固定的航线，按运输任务或按租船合同所组织的运输；专用船运输是指企业自置或租赁船舶从事本企业自有物资的运输。

（二）水路运输的特点

水路运输与其他运输方式相比，具有如下一些特点。

(1) 水路运输运载能力大，单位成本低。水路运输利用天然有利条件，实现大吨位、长距离的运输,因此载运量大,单位成本低,适合长距离大宗货物运输。例如,现代大型运输船舶排水量已经达到30万吨,运输同样的货物需要约10万辆重型载重汽车,3000架货载飞机或30列重载货运列车。

图4-1所示为不同运输工具的尺寸比较。

图4-1 不同运输工具的尺寸比较

(2)水路运输具备良好的能耗使用效率,碳排放低,绿色环保。由于船舶浮在水面上,阻力小,船舶运输能源效率比其他任何货运工具更高,内燃机推船油耗量为铁路机车的60%左右,具有良好的经济性。同时,航运被认为是最具碳效率的一种运输方式,所排放的有害物质,CO_2亦远低于飞机、卡车和货车。据估计,集装箱船舶的平均CO_2排放水平只为大型货运飞机的1/90左右,是重型卡车的1/8左右,具体数据请参见图4-2。国际海运业排放的二氧化碳占全球温室气体排放量的2.7%。

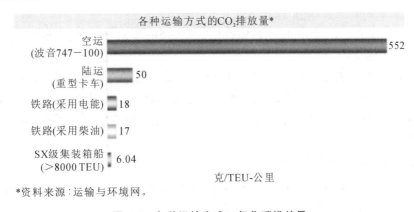

图4-2 各种运输方式二氧化碳排放量

(3)水路运输主要利用内河、湖泊或海洋的"天然航道"来进行,虽然在航道维护、码头建设工程上需要投入资金,但相对其他运输方式而言,水路运输辅助设施建设投资较少,能够迅速形成运输产能。

(4)水路运输也具有速度较慢、运输生产环节多、受自然条件影响较大等不利条件。

二、水路运输系统的构成和技术设备

水路运输系统由船舶、港口、各种基础设施和服务设施组成。水路运输设备系统主要包括水路运输技术设施和水路运输运载工具。水路运输的主要技术设备包括:航道、港口、船舶以及通信导航等设施。

航道是供船舶航行的水道。港口是货物和旅客由陆路进入水路运输系统或由水路转向陆路运输系统的接口。现代港口是具有仓储运输、商业贸易、工业生产和社会服务功能的现代化、综合性工商业中心和集海陆空运输为一体的立体交通运输枢纽。

水路运输工具也称为浮动工具,主要包括船、驳、舟、筏等。船与驳是现代水路运输工具的核心。

为了保证进出口船舶的航行安全,每个港口、航线附近的海岸均有各种助航设施。航标就是标示航道方向、界限与障碍物的标志,永久性航标的位置、特征、灯质、信号等已载入各国出版的航标和海图。随着水路运输的发展,水上通信的能力不断增强,水上通信导航新技术日益呈现出多样性。

三、水路运输的发展趋势

(一) 我国水路运输取得的成就

我国水路交通运输经过长时间的发展,取得了明显成效。

(1) 在基础设施建设方面,一批专业化煤炭、原油、铁矿石、集装箱码头投入运营,以长江、珠江等水系和京杭运河为主体的内河水运格局基本形成。

(2) 在技术装备方面,超大型油轮、集装箱船舶的建造水平大幅提升,深水筑港、河口航道治理等关键技术取得重大突破。

(3) 在运输服务水平方面,交通安全监控措施不断完善,运输安全性不断提高,多式联运发展迅速。

(4) 在节能环保方面,实施港口机械油改电,淘汰老旧车船,优化航路航线等,着力推进节能环保技术与装备的应用。

(5) 在信息化方面,覆盖全国沿海和重要内河水域的船舶自动识别岸基网络系统基本建成,沿海重要港口进港航道、重点码头和内河重点航段的视频监控系统基本建立,整合了雷达、船舶自动识别、卫星定位、视频监控、海岸电台和卫星通信等监控和通信手段,提高了船舶日常监管和应急处置能力。

(二) 我国水路运输发展趋势

(1) 在客运方面,将在现有水平上有所发展;在货运方面,大宗货物的散装运输,件杂货的集装箱运输,将是水路货物运输发展的主要趋势。

(2) 在航道方面,航运网的规划和建设会得到充分重视,在通航河流上应以航运为主,结合发电、灌溉、防洪、供水、渔业等方面进行综合开发和利用。

(3) 在港口方面,港口建设将同工业区的发展紧密结合,将建设大量深水专业化码头;提高港口现代化装备水平,鼓励港口使用电力驱动的装卸设施,淘汰高耗能交通设施设备和工艺,使装卸设备和工艺向高效率和专业化方向发展。

(4) 在船舶方面,继续发展大型干散货船、大型油轮、集装箱船、滚装船和液化气船,鼓励发展邮轮、游艇,加快推进内河运输船舶标准化,加速淘汰老旧船舶,提升远洋、沿海和内河运输船舶的整体技术水平,优化船队结构,船队总体上达到国际先进水平。

(5) 在水运信息化方面,将完善船舶交通管理、航道管理、港口安全管理信息系统,健全沿海港口重点水域及内河高等级航道的船舶交通、通航环境、航道变迁、港航设施、水域污染、水文气象等状态的实时监测和安全预警体系,整合现有各种交通动态监控资源,合理调度船舶安全通过风险水域,防止航道阻塞,及时发布航行通(警)告、航道通告(通电)等信息,避免船舶交通事故发生,并为水上人员救助、通航水域清障、船舶污染防治、船舶消防等应急抢险提供信息支撑。

第二节 航　　道

　　航道是指在内河、湖泊、港湾等水域内供船舶安全航行的通道,由可通航水域、助航设施和水域条件组成。现代水上航道已不仅是天然航道,而是包括人工水道、运河、进出港航道以及保证航行安全的航行标志系统和现代通信导航设备系统在内的工程综合体。

一、航道的分类

1.按形成原因分类

(1)天然航道:自然形成的江、河、湖、海等水域中的航道,包括水网地区在原有较小通道上拓宽加深的那一部分航道等。

(2)人工航道:在陆地上人工开发的航道,包括人工开辟或开凿的运河和其他通航渠道,如平原地区开挖的运河,山区、丘陵地区开凿的沟通水系的越岭运河,可供船舶航行的排灌渠道或其他输水渠道等。

2.按使用性质分类

(1)公用航道:由国家各级政府部门建设和维护,供社会使用的航道。

(2)专用航道:由军事、水利电力、林业、水产等部门以及其他企业事业单位自行建设、使用的航道。

3.按管理归属分类

1)国家航道

(1)构成国家航道网、通航500 t级以上船舶的内河干线航道。

(2)跨省、自治区、直辖市,常年通航300 t级以上船舶的内河干线航道。

(3)沿海干线航道和主要海港航道。

(4)国家指定的重要航道。

2)地方航道

地方航道指国家航道和专用航道以外的航道。

4.按所处地域分类

(1)内河航道:河流、湖泊、水库内的航道以及运河和通航渠道的总称。

(2)沿海航道:沿海航道原则上是指位于海岸线附近,具有一定边界可供海船航行的航道。

5.按通航条件分类

(1)常年通航航道:可供船舶全年通航的航道,又称常年航道。

(2)季节通航航道:只能在一定季节(如非封冻季节)和水位期(如中洪水期或中枯水期)内通航的航道,又称季节性航道。

6.按通航限制条件分类

(1)单行航道:同一时间内,只能供船舶沿一个方向行驶,不得追越或在行进中会让的航道,又称单线航道。

(2) 双行航道:同一时间内,允许船舶对驶、并行或追越的航道,又称双线航道或双向航道。

(3) 限制性航道:由于水面狭窄、断面系数小等原因,对船舶航行有明显限制的航道,包括运河、通航渠道、狭窄的设闸航道、水网地区的狭窄航道以及滩险航道等。

7. 按通航船舶类别分类

(1) 内河船航道:只能供内河船舶或船队通航的内河航道。

(2) 海船进江航道:内河航道中可供进江海船航行的航道。

(3) 主航道:供多数尺度较大的标准船舶或船队航行的航道。

(4) 副航道:为分流部分尺度较小的船舶或船队而另行增辟的航道。

(5) 缓流航道:为使上行船舶能利用缓流航行而开辟的航道,一般靠近凸岸边滩。

(6) 短捷航道:分汊河道上开辟的较主航道航程短的航道,一般位于支汊内。

除上述分类方法外,航道还可按所处特殊部位分别定名,如桥区航道、港区航道、坝区航道、内河进港航道、海港进港航道等。图 4-3 所示为航道实景图。

图 4-3　航道实景图

二、航道的等级

国际上划分航道等级的技术指标有两种:一种是以航道水深作为分级指标,结合选定相应的船型;另一种是以标准驳船的吨位及船型作为分级指标。我国航道分级采用后一种。根据《内河通航标准》的规定,我国航道等级由高到低分Ⅰ、Ⅱ、Ⅲ、Ⅳ、Ⅴ、Ⅵ、Ⅶ级航道,这七级航道均可称为等级航道。通航标准低于Ⅶ级的航道可称为等外级航道。如长江口航道属于国家一级航道。

我国航道的等级划分,见表 4-1。

表 4-1　航道的等级划分

级　　别	可通航船舶吨位	级　　别	可通航船舶吨位
Ⅰ级航道	3000 t	Ⅴ级航道	300 t
Ⅱ级航道	2000 t	Ⅵ级航道	100 t
Ⅲ级航道	1000 t	Ⅶ级航道	50 t
Ⅳ级航道	500 t	等外级航道	50 t 以下

三、航道的航行条件

航道的航行条件通常指内河航道的航行条件。影响航道通行能力的主要因素包括航道深度、航道宽度、航道转弯半径、航道许可流速、潮汐及季节性水位变化等。

1. 航道深度

航道水深是河流通航的基本条件之一，航道深浅是选用船舶吃水量和载重量的主要因素。航道深度指全航线中所具有的最小通航保证深度，是限制船舶吨位和通过能力的关键指标。航道水深取决于航道上关键性的区段和浅滩上的水深。航道深度增加，可以航行吃水深、载重量大的船舶，但增加航道深度，必然会使整治和维护航道的费用增高。因此，航道深度应满足以下公式：

$$最小通航深度＝船舶满载吃水＋富余水深$$

其中，富余水深应根据河床土质、船舶类型、航道等级来确定。一般沙质河床可取 0.2～0.3 m，砾石河床则取 0.3～0.5 m。

2. 航道宽度

航道宽度视航道等级而定。通常，单线航行的情况极少，双线航行最普遍，在运输繁忙的航道上还应考虑三线航行。航道宽度应满足以下公式：

$$所需航道宽度＝同时交错的船队或船舶宽度之和＋富余宽度$$

其中，富余宽度一般采用"同时交错的船队或船舶宽度总和"的 1.5～2.5 倍。

3. 航道转弯半径

航道转弯半径指航道中心线上的最小曲率半径。航道弯弯曲曲，船舶在航道上航行，需有适宜的航道转弯半径。一般要求航道转弯半径不得小于最大航行船舶长度的 4～5 倍。若河流转弯半径过小，将造成航行困难。受自然条件限制，航道转弯半径最低不得小于船舶长度的 3 倍。

4. 航道许可流速

航道许可流速指航线上的最大水流速度。航道上的流速不宜过大，否则不经济。比较经济的船舶静水速度，一般为 9～13 km/h，即 2.5～3.5 m/s。因此，航道上的流速以 3 m/s 之内为宜。

5. 水上外廓

水上外廓是保证船舶水面以上部分通过所需要的高度和宽度。水上外廓的尺度按航道等级来确定，通常一、二、三、四级航道上的桥梁等建筑物的净空高度，取二十年一遇的洪水期最高水位来确定；五、六级航道则取十年一遇的洪水期最高水位来确定。

第三节 港 口

港湾是指具有天然掩护的，可供船舶停泊或临时避风之用的水域，通常是天然形成的。港口则通常是由人工建筑而成的，具有完备的船舶航行、靠泊条件和一定的客货运设施的区域，港口是水路运输的重要环节，具有水路联运设备和条件，是供船舶安全进出和停泊的运输枢纽。

图 4-4 所示为上海洋山港港口实景图。

图 4-4　上海洋山港港口实景图

一、港口的功能

港口作为船舶停泊、装卸货物、上下旅客、补充给养的场所,是联系内陆和海洋运输的一个天然界面。港口的功能主要包括以下几个方面。

1. 物流服务功能

港口为船舶、汽车、火车、飞机、货物、集装箱提供中转、装卸和仓储等综合物流服务,尤其是提高多式联运和流通加工的物流服务。

2. 信息服务功能

现代国际物流具有流程长、中间环节多、风险大和销售市场覆盖面广等特点,现代信息技术可以保证物流各环节的紧密配合和协调,并为用户提供市场决策和信息咨询服务。采用 EDI 系统及附加贸易网络,构筑支撑陆、海、空国际物流需求的物流管理网络,提供包括贸易情报基础在内的订单管理、供应链控制等相关服务。

3. 商业功能

港口介于远洋航运业和本港腹地客货的运输机构之间,便于客货的运送和交接。港口的存在既是商品交流和内外贸存在的前提,又促进它们的发展。现代港口为用户提供方便的运输、商贸和金融服务,如代理、保险、融资、货代、船代、通关等。即在商品流通过程中,货物的集散、转运和一部分储存都发生在港口。

4. 产业功能

建立现代物流需要具有整合生产力要素功能的平台,港口作为国内市场与国际市场的接轨点,已经实现从传统货流到人流、货流、商流、资金流、技术流的全面大流通,是货物、资金、技术、人才、信息的聚集点。通过港口,由船舶运入供应工业生产的原料,再由船舶输出加工制造的产品,前者使工业生产得以进行,后者使工业产品的价值得以实现。港口的存在是工业存在和发展的前提,在许多地方,港口和工业已融为一体。

二、港口的分类

1. 按用途分类

(1) 商港:主要供旅客上下和货物装卸转运的港口,又分为一般商港和专业商港。一般商港用于旅客运输和装卸转运各种货物;专业商港是指专门进行某种货物的装卸,或以某种货物为主的商港。

(2) 渔港:专为渔船服务的港口。渔船在这里停靠,并卸下捕获物,同时进行淡水、冰块、燃料及其他物资的补给。

(3) 工业港:固定为某一工业企业服务的港口,它专门负责该企业进行原料、产品及所需物资的装卸转运工作。

(4) 军港:专供海军舰船用的港口。

(5) 避风港:供大风情况下船舶临时避风的港口。通常仅有一些简单的系靠设备。

2. 按地理位置分类

(1) 海港:在自然地理条件和水文气象方面具有海洋性质,而且是为海船服务的港口。海港包括海湾港、海峡港、河口港。海湾港位于海湾内,常有岛屿等天然屏障作为保护,不需要或只需要较少的人工防护即可防御风浪的侵袭。海峡港处于大陆和岛屿或岛屿与岛屿之间的海峡地段。河口港位于海河流河口地段,可兼为海船和河船服务。

(2) 河港:位于沿河两岸,并且具有河流水文特性的港口。

(3) 湖港和水库港:位于湖泊和水库岸边的港口。湖泊港和水库港水面宽阔,有时风浪较大,因此同海港有许多相似处,如往往需修建防波堤等。

3. 按潮汐的影响分类

(1) 开敞港:港内水位潮汐变化与港外相同的港口。

(2) 闭合港:在港口入口处设闸,将港内水域与外海隔开,使港内水位不随潮汐变化而升降,保证在低潮时港内仍有足够水深的港口。

(3) 混合港:兼有开敞港池和闭合港池的港口。

4. 按地位分类

(1) 国际性港:靠泊来自世界各国船舶的港口。

(2) 国家性港:主要靠泊往来于国内船舶的港口。

(3) 地区性港:主要靠泊往来于国内某一地区船舶的港口。

三、港口的组成

港口由水域和陆域以及水工建筑物等组成。港口水域包括港外水域和港内水域。陆域包括码头、泊位、仓库、堆场、起重运输机械以及辅助生产设施和铁路及道路等。

1. 港口水域

港口水域是供船舶进出港,以及在港内运转、锚泊和装卸作业使用,通常要求它有足够的水深和面积,水面基本平静,流速和缓,以便船舶的安全操作。

1) 港外水域

港外水域主要是进港航道和港外锚地。

进港航道为保证船舶安全方便地进出港口,要求有足够的深度和宽度,适当的位置、方向和弯道曲率半径,避免强烈的横风、横流和严重淤积。当港口位于深水岸段,低潮或低水位时,天然水深能满足船舶航行需要时,无须人工开挖航道,但要标志出船舶出入港口的最安全方便路线。如果不能满足上述条件并要求船舶随时都能进出港口,则须开挖人工航道。人工航道分单向航道和双向航道。大型船舶航道宽度为 80～300 m,小型船舶为 50～60 m。

港外锚地是供进出港船舶抛锚停泊使用的,船舶在这里接受边防检查、卫生检疫等,引水员也在这里上下海港;内河驳船船队可在此进行编解船队和换拖(轮)作业。进出港航道和港外锚地均需用航标加以标示。

2) 港内水域

港内水域包括港内航道、船舶掉头区、码头前沿水域和港内锚地等。

港内航道与码头之间有供船舶进行回转的掉头区,该段水域要有足够的宽度。大型海轮在港内靠离码头时常有拖轮协助,而内河船靠泊时为便于控制,需要将船首面对着水流的方向,船舶掉头区正是供其使用的。

码头前沿水域要求有足够的深度和宽度,以使船舶能方便地靠离。不仅要保证船舶靠码头的一侧能进行装卸作业,有时还要考虑另一侧同时进行水上(船过船)装卸作业需要。

港内锚地主要供船舶等待泊位,或是进行水上装卸用。在气候恶劣情况下,还可供船舶避风停泊。而河港锚地主要用于编解船队和进行水上作业,水上装卸作业是内河港、河口港的主要作业方式之一,并设置有"水上作业平台",配备有浮式起重机等。

2. 港口陆域

凡是在港口范围的陆地面积,统称为陆域。陆域是供旅客上下船,以及货物的装卸、堆存和转运使用。陆域必须有适当的高程、岸线长度和纵深,以便在这里安置装卸设备、仓库和堆场、铁路、公路,以及各种必要的生产、生活设施。

1) 码头与泊位

码头是供船舶停靠,以便旅客上下、货物装卸的水工建筑物。码头前沿线通常即为港口的生产线,是港口水域和陆域的交接线。码头线的布置有多种形式,与岸线平行的称为顺岸码头,与岸线正交或斜交称为突堤码头。前者多用于河港,后者多出现在海港。码头前沿的水深一定要满足船舶吃水,并考虑到船舶装卸和潮汐变化的影响,留有足够富余的水深。

泊位即供船舶停泊的位置。一个泊位即可供一艘船舶停泊。由于不同的船型其长度是不一样的,所以泊位的长度依船型的大小而有差异,同时还要留出两船之间的距离,以便于船舶系解绳缆。一个码头往往同时要停泊几艘船,即要有几个泊位,因此码头线长度是由泊位数和每个泊位的长度来确定的。

2) 仓库和堆场

仓库和堆场是供货物装船前和卸船后短期存放使用的。多数较贵重的件杂货都在仓库内堆放保管;不怕风吹雨淋的货物,如矿石、建材等可放在露天堆场或货棚内,一般散堆装货物的堆场设在远离市区和其他码头处,以免环境污染。

从港口货场到码头前沿为码头前方场地,即码头前沿作业区。码头前沿作业区设置装卸机械和火车或汽车的通道,使货物方便转运,或能进入货场或直接运往港外。码头前方场地通常是港口最繁忙的区域。

在有旅客运输的港口,还需专门设立客运码头。在临近码头的附近建有客运站,供旅客候船休息以及购买船票、存取行李之用。客运站周围通常需留有一定场地,供市内交通在此接转旅客,以及布置各种服务网点。

3) 铁路与道路

货物在港口的集散除了充分利用水路外,主要依靠陆路交通,因此铁路和公路系统是港口陆域上的重要设施。当有大量货物用铁路运输时,需设置专门的港口车站。在这里,货物列车可以进行编组或解体,并配有专门的机车,将车辆直接送往码头前沿或库场的装卸线;装卸完毕后,再由机车取回送往港口车站编组。在没有内河的海港,铁路是主要的转运方式。

港口道路与港外公路应有很好的连接,对于有集装箱运输的港口,道路系统尤为重要,港区内的道路要能通往码头前沿和各库场,回路要畅通,进口与出口常常分开设置,并尽可能减少与铁路线或装卸线的平面交叉,以减少相互间的干扰。

4) 起重运输机械

现代港口装卸工作基本是由各式各样的机械来完成。起重运输机械主要包括用来起吊货物机械的起重机械和用于搬运货物的运输机械。起重运输机械在港口对船舶可实行装卸作业,在船舱内可进行各种搬运、堆码和拆垛等作业,在库场上可进行起重、搬运、堆码、拆垛等作业。

港口机械通常分为起重机械、输送机械、装卸搬运机械、专用机械四大类。对于专业化的码头,通常都设有专门的装卸机械,如煤炭装船码头设有装船机,散粮卸船码头设有吸粮机,集装箱码头前方设有集装箱装卸桥,后方设有跨运车、重型叉车等。在港口经常见到的比较典型的机械有门式起重机(简称门吊、门机)、浮式起重机(简称起重船、浮吊)、装卸桥、带式输送机、带斗提升机、叉式装卸车(简称叉车、铲车,又称万能装卸机)等。图4-5所示为轨道式龙门起重机;图4-6所示为岸壁集装箱起重机;图4-7所示为浮式起重机;图4-8所示为集装箱正面吊;图4-9所示为集装箱堆高机。

图 4-5 轨道式龙门起重机

图 4-6 岸壁集装箱起重机

图 4-7 浮式起重机

图 4-8 集装箱正面吊

图 4-9 集装箱堆高机

5）港口辅助生产设施

港口辅助生产设施主要包括给排水系统,输电、配电系统,燃料供应站,工作船基地,各种办公用房,船舶修理站等。

港口的设施可归纳为船舶航行作业、装卸作业、货物存储以及集疏运四大部分。船舶航行作业部分包括港内外航道、锚地、港池和船舶回转水域,还有为安全航行的通信、导航设施;装卸作业部分包括码头、水上装卸锚地,以及各种装卸设备;货物存储部分主要包括陆域上的仓库和堆场,以及库场上的机械设备。对于有旅客运输的港口,在陆域上还必须特别注意建设客运站等设施。集疏运部分除了水路外,主要就是铁路和公路。

3. 港口水工建筑物

根据各种不同用途,港口水工建筑物分为防护建筑物、码头建筑物、护岸建筑物三大类。

1）防护建筑物

防护建筑物又称防波堤。由于建造在开敞海岸、海湾或岛屿的港口,通常由防波堤来形成有掩护的水域。防波堤的功能主要是防御波浪对港域的侵袭,保证港口具有平稳的水域,便于船舶停泊,顺利进行货物装卸作业和上下旅客。有的防波堤还具有防沙、防流、防冰、导流或内侧兼作码头的功能。防护建筑物形式有以下六种,如图 4-10 所示。

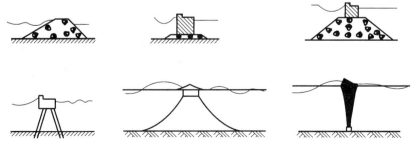

图 4-10 防护建筑物(防波堤)示意图

（1）斜坡式：主要由块石等散体材料堆筑而成，并用抗浪能力强的护面层加以保护，有两个侧坡的堤，坡度一般不陡于 1∶1，由于石块有空隙而使海上传来的波浪被吸收，起到消波的作用，从而使港内水域不受或少受波浪的影响。一般用在水深不超过 10 m 的情况。斜坡式防波堤是一种古老而简单的形式，在港口工程中得到了广泛应用。

（2）直立式：用混凝土制成的大块叠砌于碎石基床上而形成的一道直立墙，使海上传来的波浪被抵抗而反射，因此使得港内不受波浪的影响。常适用于水深小于 20 m 的情况。

（3）混合式：由直立式与斜坡棱体共同组成，一般上部是直立墙，下部是斜坡棱体。多数用于水深大于 20 m 的情况。

（4）透空式：由桩基制成的类似桥墩一样的独立支墩，墩上支承着用钢筋混凝土制成的空箱桥。波浪传来时，主要由空箱桥起到阻抗反射作用，只有较少的波能从桥板下的桥墩间传入港内，而实际上因波能大部分集中在水表层，所以传入的波能对港内影响不大，消波可达 80%。

（5）浮堤式：将一列或几列由金属或钢筋混凝土制成的浮箱，用锚固定住位置，将水表层的波浪反射，其道理与透空式相同，优点是更适合于水位变化大或地质条件不好的状况，其缺点也与透空式相同。

（6）压气式：在港口入口处的海底敷设一条带有小孔眼的管子，当有巨浪浸入港口时即灌入高压气体，使这些气体从小孔眼中喷出，形成一道气泡幕，用以抵消波浪。

2）码头建筑物

码头是港口的主要组成部分，码头建筑物也是港口的主要水工建筑物。它由主体结构和附属设备两部分组成。主体结构的上部有胸墙、梁、靠船构件等；下部有墙身、基础或板桩、桩基等。附属设备主要是系船柱、护木、系网环、管沟、门扣和铁路轨道，以及路面等。

码头的主要分类方法如下。

（1）按用途分，码头主要有客运码头、一般件杂货码头、专用码头（渔码头、油码头、煤码头、矿石码头、集装箱码头、游艇码头等）、供港内工作船使用的工作船码头以及为修船和造船工作而专设的修船码头和舾装码头。

（2）按码头的平面布置分，码头主要有顺岸式码头、突堤式码头、墩式码头等。墩式码头又分为与岸用引桥连接的孤立墩或用联桥连接的连续墩；突堤式码头又分窄突堤（突堤是一个整体结构）和宽突堤（两侧为码头结构，当中用填土构成码头地面）。

（3）按断面形式分，有直立式、斜坡式、半直立式和半斜坡式。

（4）按结构形式分，有重力式、板桩式、高桩板梁氏等。

（5）按使用时间长短可分为临时性码头和永久性码头。

3）护岸建筑物

港口陆域和水域的交接地带，除停靠船舶的码头岸线外，其他未被利用的天然岸坡因经常遭受着潮汐、水流和波浪的作用，若边坡土质比较松软，非常容易被冲刷而引起坍塌。由于对岸边的破坏影响陆域及其上面建筑物的安全，同时也会影响水域的深度，因此要对这些岸边进行加固，这就是护岸建筑物的作用。最常见的护岸建筑物有护坡和护墙。

第四节 船 舶

一、船舶的分类

1. 客船

客船是专门用于载运旅客及其行李和邮件的运输船舶;以载运旅客为主,兼运一定数量货物的运输船舶则称为客货船。

客船一般有较大的甲板面积和舱室面积,其长度比一般同吨位货船长,上层建筑庞大,甲板层数较多,一般有8~9层,多者可达十多层。

为保证旅客安全,客船设有足够数量的消防、通信、救生等设备;有较高的航速和较大的功率储备;为改善船舶操纵性,客船通常采用双螺旋桨推进,以便其中一个推进器发生故障时,另一个推进器仍能保证船舶继续航行。对于要求较高的客船,为了使船舶在海洋中航行平稳,船上装有减摇水舱或减摇鳍等装置。中小型沿海客船的航速一般为16~18 kn,大型高速客船的航速在20 kn以上。

1) 海洋客船

海洋客船主要包括远洋、近海与沿海几种形式。这类船舶一般吨位大、航速高、设备齐全,如图4-11所示。在航空运输兴起之前,国际邮件主要靠这类船舶输送,故又称为邮船。远洋客船的吨位一般在20000~30000 t,最大可达70000 t;航速较高,约29 kn,最高可达36 kn。近海、沿海客船的吨位在10000 t左右,航速为18~20 kn。

图4-11 海洋客船

2) 旅游船

旅游船供旅游者旅行、游览之用。其船型与海洋客船相似,但吨位较小。船上设备齐全,能为旅客提供疗养、娱乐、智力开发等综合服务,如图4-12所示。

3) 内河客船

运行在江河湖泊上的客船称为内河客船。其载客量较少,速度较低,设备也较海洋客船简单。

图 4-12　旅游船

4）汽车客船

汽车客船也叫滚装客船。除载客外,还能同时载运一定数量的旅客自备汽车。这种客船在船中或船尾设置跳板,以供旅客自备的小型客车驶进船上的车库,如图 4-13 所示。

图 4-13　汽车客船

5）小型高速客船

小型高速客船主要有水翼船和气垫船,多用于沿海及内河的短途航行。

（1）水翼船:船体下装有水翼,航行时靠水翼产生的升力支持船体全部或部分升离水面而高速航行的船舶,如图 4-14 所示。水翼船的航速可达 40~60 kn,排水量为 100~300 t,最多可设有 300 个客位。

图 4-14　民用水翼船

（2）气垫船：利用高压空气在船底与水面间形成气垫，使船体部分或全部垫升而实现高速航行的船舶，如图 4-15 所示。工作时，使用大功率鼓风机将空气压入船底下的围蔽空间，由船底周围的气封装置限制其逸出而形成气垫，托起船体从而使船舶高速航行。目前，气垫船的航速为 60～100 kn，最大可达 130 kn，客位为 100～200 个。

图 4-15　气垫船

2. 货船

货船是专门运输各种货物的船只，是物流运载的工具。货船有干货船和液货船之分。

1）杂货船

杂货船是干货船的一种，它是装载一般包装、袋装、箱装和桶装的普通货物船，如图 4-16 所示。杂货船在运输船中占有较大比重。万吨级货船是指其载重量在 10000 t 或 10000 t 以上，而其总重量和满载排水量还要大很多。在内陆水域中航行的杂货船吨位有数百吨、上千吨，而在远洋运输中的杂货船吨位可达 20000 t 以上。

图 4-16　远洋杂货船

杂货船通常根据货源具体情况及货运需要航行于各港口，没有固定的船期和航线。杂货船有较强的纵向结构，船体的底多为双层结构，船首和船尾设有前、后尖舱，可用作储存淡水或装载压舱水以调节船舶纵倾，受碰撞时可防止海水进入大舱，起到安全作用。船体以上设有 2～3 层甲板，并设置几个货舱，舱口以水密舱盖封盖住以免进水。机舱或布置在中部或布置在尾部，各有利弊，布置在中部可调整船体纵倾，在后部则有利于载货空间的布置。在舱口两侧设有吊货扒杆。为装卸重大件，通常还装备有重型吊杆。

为提高杂货船对各种货物运输的良好适应性,能载运大件货、集装箱、件杂货,以及某些散货,现代新建杂货船常设计成多用途船。

2) 散货船

散货船是专门用来装运煤、矿砂、盐、谷物等散装货物的船舶,如图4-17所示。与杂货船不同的是,它运输的货物品种单一,货源充足,装载量大。依照不同的散货品种,装卸时可采用大抓斗、吸粮机、装煤机、皮带输送机等专门的机械。不像杂货船那样装的是包装或箱装等杂货,规格大小不一,理货时间长,运输效率低。因此,散货船比杂货船的运输效率高,装卸速度快。

图 4-17 散货船

散货船驾驶室和机舱一般设在尾部;货舱口比杂货船的货舱口大;内底板和舷侧用斜边板连接,使货物能顺利地向舱中央集中;有较多的压载水舱,作为空载返航时压载之用。散货船一般为单甲板船,甲板下面两舷与舱口边做成倾斜的顶边舱,以限制散货向左右两舷移动,防止船的稳定性变差。为避免运输货物单一空载返航的损失,多数散货船采取独特设计以适应运输不同货物的需要。

3) 集装箱船

集装箱船是用来专门装运规格统一的标准货箱的船舶。根据国际化标准组织(ISO)公布的规格,集装箱一般都使用20ft和40ft两种,20ft集装箱被定义为统一标准箱。各种货物装船前已装入标准货箱内,在装卸作业过程中不再出现单件货物,便于装卸。

集装箱船的结构和形状跟常规货船有明显不同,如图4-18所示,一般采用球鼻首船型,外形狭长,单甲板,上甲板平直,货舱口达船宽的70%～80%,便于装卸;上层建筑位于船尾或中部靠后,以让出更多的甲板堆放集装箱,甲板上一般堆放2～4层,舱内可堆放3～9层集装箱;船上一般不设装卸设备,由码头上的专用机械操作,以提高装卸效率。集装箱船装卸速度快,停港时间短,航行大多采用高航速,每小时20 n mile以上,但为节能会采用经济航速,每小时18 n mile左右。在沿海短途航行的集装箱船,航速每小时仅10 n mile左右。

集装箱船的机舱设在尾部或中部偏后。集装箱船可分为全集装箱船、半集装箱船、兼用集装箱船三大类。

(1) 全集装箱船:全部货舱和甲板上均可装载集装箱,舱内装有格栅式货架,以适于集装箱的堆放,适用于货源充足而平衡的航线。

(2) 半集装箱船:这种船舶一部分货舱设计成专供装载集装箱,另一部分货舱可供装载一般杂货,适用于集装箱联运业务不太多或货源不甚稳定的航线。

（3）兼用集装箱船：又称集装箱两用船,既可装载集装箱也可装其他包装货物、汽车等;这种船舶在舱内备有简易可拆装的设备,当不装运集装箱而要装运一般杂货时,可将其拆下。

图 4-18　集装箱船

4）载驳船

载驳船也称子母船,是专门装运以载货驳船为货物单元的运输驳船。其运输方式是先将货物或集装箱装载在规格统一的驳船(子船)上,再把驳船装上载驳船(母船)。到达目的港后,将驳船卸到水中,由拖船或推船将其分送内河各地,载驳船则再装载另一批等候在锚地的满载货驳开航驶向新的目的港。

载驳船装卸效率高,运载成本低。载驳船不受港口水深影响,不需占用码头泊位,不需装卸机械。采用载驳船装运货驳的运输方式,是海河直达运输的有效方法。

5）滚装船

滚装船是专门装运以载货车辆为货物单元的运输船舶,如图 4-19 所示。装船或卸船时,类似于汽车与火车渡船,载货车辆从岸上通过滚装船的跳板开到船上,到港口再从船上经跳板开到岸上。

图 4-19　滚装船

滚装船具有纵通全船的主甲板和多层车辆甲板,不设舱口和装卸设备,主甲板下通常是纵通的无横舱壁的甲板间舱,甲板间舱高度较大,适用于装车;各层甲板之间用斜坡道或升降平台连通,便于车辆在多层甲板间行驶;上层建筑位于船首或船尾,且首位设有跳板,供车辆上下船用;机舱设在尾部甲板下面,多采用封闭式;主甲板以下两舷多设双层船壳;主甲板两侧还设有许多通风筒来排放车辆产生的废气。

6) 油船

油船是专门运载石油类液货的船只,如图 4-20 所示。在外形和布置上很容易与一般的干货船区别开来。油船上层建筑和机舱设在尾部,上甲板纵中部位,布置纵通全船的输油管和步桥。石油分别装在各个密封的油舱内,装卸石油用油泵或输油管输送,油船不需起货吊杆和起货机,甲板上也不需大货舱开口。油船的干舷很小,满载航行时,甲板离水面很近。油船的机舱多设在尾部,可以避免桨轴通过油舱时可能引起的轴隧漏油和挥发出可燃气体,引起爆炸的危险,防止烟囱排烟时带出的火星往后吹落入油舱的通气管内而引起火灾。油船各油舱内装有蒸汽加热管路,当温度低时石油的黏度增加,不容易流动,有了加热管加温舱内的石油,就可使石油流动,便于装卸。

图 4-20 油船

7) 冷藏船

冷藏船是使鱼、肉、水果、蔬菜等易腐食品处于冻结状态或某种低温条件下进行载运的专用运输船舶,如图 4-21 所示。冷藏船上设置有制冷装置,根据货物所需要温度,制冷装置一般可控制冷藏舱温度在 15～20 ℃。

图 4-21 冷藏船

3. 其他船舶

1) 渡船

渡船有旅客渡船、汽车渡船、列车渡船和新型的铁路联络船等多种类型。

(1) 旅客渡船,用来载运旅客及其随身携带的物品渡过江河、湖泊、海峡,同时可以运送非机动车和小型机动车辆。旅客渡船上设有旅客座席,常采用双体船船型。

(2) 汽车渡船,用来载运汽车渡过江河、湖泊、海峡,有端靠式和侧靠式两种。前者首尾相同,甲板呈长方形,两端设有吊架和带铰链的跳板,汽车通过跳板上下渡船;后者船比较宽大,汽车可通过码头上的跳板从两侧上下渡船。汽车渡船的特点是首、尾端对称,首、尾端均装有推进器和船舵,因此船的首、尾端均可以靠岸。

(3) 列车渡船,又称火车渡船,用于载运铁路车辆渡过江河、海峡。它的甲板呈长方形,上铺轨道。船的首尾形状相同,列车可从两端进出。船的两端都有舵和推进器,航行时不需要掉头。列车上下渡船要经过栈桥。对于要渡过较宽海峡的列车渡船,要有较好的耐波性,因而首部与常规船相似,列车从船尾端上下渡船。

(4) 铁路联络船,载运列车和旅客渡过海峡的多用途船。船的下层铺有轨道,用于停放列车,列车由船尾上下船。船上上层建筑可供旅客和列车乘务员在渡海航程中活动或休息。

2) 双体船

高速双体船由两个瘦长的片体组成,上部用甲板桥连接,体内设置动力装置,甲板桥上部安置上层建筑,内设客舱、生活设施等,如图4-22所示。由于高速双体船把单一船体分为两个片体,使每个片体变得瘦长,从而减小了兴波阻力,使其具有较高的航速,航速达到35~40 kn;由于双体船的宽度比单体船大得多,其稳定性明显优于单体船,且具有承受较大风浪的能力;双体船不仅具有良好的操纵性,而且还具有阻力峰不明显、装载量大等特点。

图 4-22 双体船

二、船舶的基本结构

船舶虽有大小之分,但其船体结构大同小异,主要由船壳、船体骨架、甲板、船舱和船面建筑五个部分构成。

1. 船壳

船壳即船的外壳,船壳又称船壳板(包括船侧板和船底板)。由多块钢板通过铆钉或电焊结合而成,包括龙骨翼板、弯曲外板以及上舷外板三部分。船体的几何形状由船壳板的形状决定。船体承受的纵向弯曲力、水压力、波浪冲击力等各种外力首先作用在船壳板上。

2. 船体骨架

船体骨架是指为支撑船壳所用各种材料的总称。船体骨架由龙骨、旁龙骨、肋骨、龙筋、舭龙骨、船首柱和船尾柱构成。

(1) 龙骨:在船体的基底中央连接船首柱和船尾柱的一个纵向构件,主要承受船体的纵向弯曲力矩。

(2) 旁龙骨:龙骨两侧的纵向构件,主要作用为承受部分纵向弯曲力矩,并且提高船体承受外力的强度。

(3) 肋骨：船体内的横向构件,主要作用为承受横向水压力,保持船体的几何形状。

(4) 龙筋：船体两侧的纵向构件,和肋骨一起形成网状结构,以便固定船侧板,并能增大船体的结构强度。

(5) 舭龙骨：在船侧和船底交界的一种纵向构件,能减弱船舶在波浪中航行时的摇摆现象。

(6) 船首柱和船尾柱：安装在船体的首端和尾部,下面与龙骨连接,能增强船体承受的波浪冲击力和水压力,还能承受纵向碰撞和螺旋桨工作时的振动。

3. 甲板

甲板是位于内底板以上的平面结构,用于封盖船内空间,并将其水平分隔成层。甲板是船梁上的钢板,将船体分隔成上、中、下层。甲板对保证船体强度及不沉性有重要作用,而且提供了布置各种舱室、安置装备和机械设备的面积。甲板数量的多少取决于船舶的类型、使命和主尺度。通常小型船舶有 1～3 层；中型船舶有 3～5 层；大型船舶有 5～10 层。

4. 船舱

船舱是指甲板以下的各种用途空间,包括船首舱、船尾舱、客舱、货舱、机舱、锅炉舱和各种专门用途的船舱。

5. 船面建筑

船面建筑是指主甲板上面的建筑,主要用于布置各种用途的舱室。上层建筑有首楼、桥楼、尾楼、甲板室以及各种围壁建筑。上层建筑的两侧延伸至船的两舷或至舷边的距离小于船宽的 4%,称为船楼。位于船首、船中、船尾的船楼,分别称为艏楼、桥楼和艉楼,船楼以外的上层建筑,称为甲板室。

海船的舱室可分为船员舱室、工作舱室和营业舱室三大类。船员舱室供船员工作起居及存放船具,包括卧室、卫生室、餐室、会议室等；工作舱室包括驾驶室、海图室、无线电报室、灭火器间、机炉舱、车间、锚链舱、压载水舱,给养储备间、隔离舱和其他工作舱等；营业舱室包括货舱和客舱。

某集装箱船船上建筑部分如图 4-23 所示。

图 4-23　船舶上层建筑

该船体的主要部位、舱室名称及上层建筑结构示意图如图 4-24 所示。

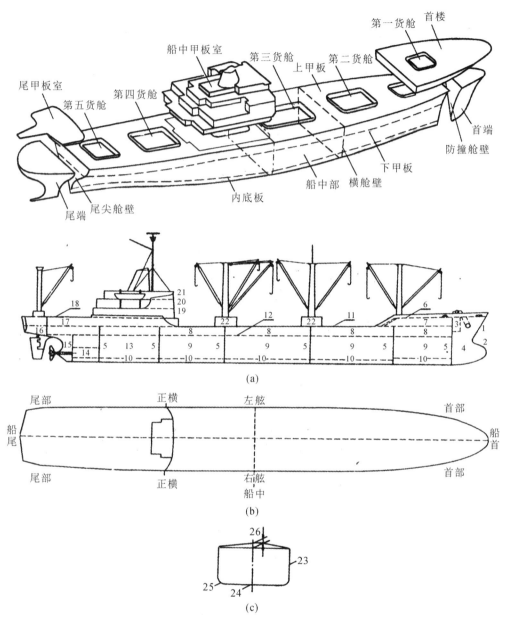

图 4-24　船体的主要部位、舱室名称及上层建筑结构示意图

1—首柱；2—球鼻首；3—锚链舱；4—首尖舱；5—水密舱壁；6—首楼甲板；7—首楼；8—甲板间舱；9—货舱；
10—双层底；11—上甲板；12—下甲板；13—机舱；14—轴隧；15—尾尖舱；16—舵机舱；17—尾楼；18—尾楼甲板；
19—艇甲板；20—驾驶甲板；21—罗经甲板；22—桅屋；23—舷侧；24—平板龙骨；25—舭部；26—梁拱

三、船舶的主要技术指标

(一) 船舶的吨位

船舶吨位是船舶大小的计量单位，分为重量吨位和容积吨位两种。

1. 船舶的重量吨位

船舶的重量吨位分为排水量吨位和载重吨位。

1）排水量吨位

排水量吨位指船舶在水中所排开水的吨数，也是船舶自身重量的吨数。排水量吨位可以用来计算船舶的载重吨；在造船时，依据排水量吨位可知该船的重量。排水量吨位又可分为轻排水量、重排水量和实际排水量三种。轻排水量又称空船排水量，是船舶本身加上船员和必要的给养物品三者重量的总和，是船舶最小限度的重量。重排水量又称满载排水量，是船舶载客、载货后吃水达到最高载重线时的重量，即船舶最大限度的重量。实际排水量是船舶每个航次载货后实际的排水量。

2）载重吨位

载重吨位表示船舶在营运中能够提供的载重能力，分为总载重吨和净载重吨。

（1）总载重吨：总载重吨是指船舶根据载重线标记规定所能装载的最大限度的重量，它包括船舶所载运的货物、船上所需的燃料、淡水和其他储备物料重量的总和。即：

$$总载重吨＝满载排水量－空船排水量$$

（2）净载重吨：净载重吨是指船舶所能装运货物的最大限度重量，又称载货重吨，即从船舶的总载重量中减去船舶航行期间需要储备的燃料、淡水以及其他物品的重量所得的差数。

2. 船舶的容积吨位

船舶的容积吨位是表示船舶容积的单位，又称注册吨，是各海运国家为船舶注册而规定的一种以吨为计算和丈量的单位，以 100 ft^3 或 2.83 m^3 为一注册吨。容积吨又分为容积总吨和容积净吨。

1）容积总吨

容积总吨又称注册总吨，是指船舱内及甲板上所有关闭的场所的内部空间（或体积）的总和，是以 100 ft^3 或 2.83 m^3 为 1t 折合所得的商数。容积总吨用于表明船舶的大小，用于船舶登记，用于政府确定对航运业的补贴或造船津贴，用于计算保险费用、造船费用以及船舶的赔偿等。

2）容积净吨

容积净吨又称注册净吨，是指从容积总吨中扣除那些不供营业用的空间后所剩余的吨位，也就是船舶可以用来装载货物的容积折合成的吨数。容积净吨主要用于船舶的报关、结关，或作为船舶向港口交纳各种税收和费用的依据，以及船舶通过航道时交纳费用的依据。

（二）船舶的航速与载重线

1. 船舶的航速

船舶的航速以"节（kn）"表示，1 kn＝1.852 km/h。船舶的航速依船型不同而不同，其中干散货船和油船的航速较慢，一般为 13~17 kn；集装箱船的航速较快，可达 20 kn 以上，客船的航速也较快。

2. 船舶的载重线

为确定船舶干舷，保证船舶具有足够的储备浮力和航行安全。船级社根据船舶尺度和结构强度，为每艘船舶勘定了船舶在不同航行区带、区域和季节应具备的最小干舷，并用载重线标志的形式勘划在船中的两舷外侧，以限制船舶的装载量。

载重线是绘制在船舷左右两侧船舶中央的标志,以指明船舶入水部分的限度。以载重线的上边缘为准。要求在深色底漆上用用白色或黄色油漆标绘;在浅色底漆上应用黑色油漆标绘,并永久性地勘划在船舶的两侧,并能清晰可见。

载重线标志包括甲板线、载重线圆盘和与圆盘有关的各条载重线,如图 4-25 所示。

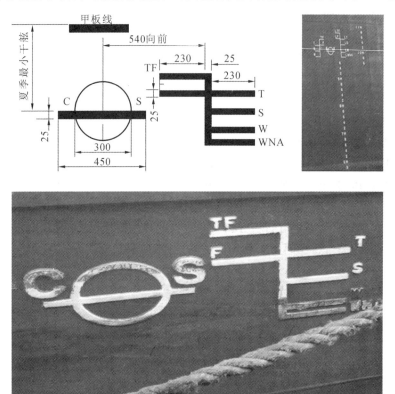

图 4-25　船舶载重线标志

载重线的标记方法具体如下。

(1) 载重线圆盘:一个外径为 300 mm 的圆环和与这个圆环相交的一条 500 mm 水平线。水平线上缘通过圆环中心,圆环的中心位于船中处,圆环的两侧绘有勘定干舷高度的主管机关标记,如 ZC/CS。

(2) 干舷甲板线:干舷甲板线是与载重线圆盘外径等长的一条水平线,其上边缘与干舷甲板的上表面等高并绘制在船壳板的表面上,宽 25 mm。

(3) 最大吃水限制线:位于载重线圆盘上朝向船首方向的线段,线段长 230 mm,宽 25 mm,垂线后端离船中点 540 mm。

(4) 木材船:在圆盘左侧勘划,载重线上除上述规定字母外均附上 L 表示,中文的附上"木"字表示。干舷比一般货船小。

(5) 客货船:除通常的货轮载重线标志外,还勘划分舱载重线。C1 为客轮分舱载重线,C2 为交替运载客货分舱载重线。

TF(RQ)为热带淡水载重线,即船舶航行于热带地区淡水中总载重量不得超过此线。

F(Q)为淡水载重线,即船舶在淡水中行驶时,总载重量不得超过此线。

T(R)为热带海水载重线,即船舶在热带地区航行时,总载重量不得超过此线。

S(X)为夏季海水载重线,即船舶在夏季航行时,总载重量不得超过此线。

W(D)为冬季海水载重线,即船舶在冬季航行时,总载重量不得超过此线。

WNA(BDD)北大西洋冬季载重线,指船长为100.5 m以下的船舶,在冬季月份航行经过北大西洋(北纬36度以北)时,总载重量不得超过此线。

木材船在上述标示前加"L"。

(三) 船舶的尺度

1. 船舶的主要尺度

船舶的主要尺度是表示船体外形大小的基本量度,有船长 L、型宽 B、型深 D 和吃水 T 等,如图4-26所示。

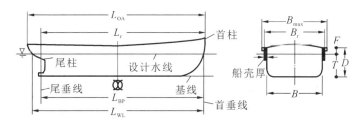

图 4-26 船舶尺度

(1) 船长 L:船长 L 一般分为船的总长 L_{OA}、垂线间长 L_{BP} 和设计水线长 L_{WL} 三种。

① 总长 L_{OA}:船舶首端至尾端的最大水平距离。

② 垂线间长 L_{BP}:首垂线和尾垂线之间的水平距离。

③ 设计水线长 L_{WL}:设计水线平面与船体型表面首尾端交点之间的水平距离。

(2) 型宽 B:指沿船体设计水线自一舷的肋骨外缘量至另一舷的肋骨外缘之间的最大水平距离,一般在船长的中点处。

(3) 型深 D:指在船长中点处,沿舷侧自龙骨上缘量至上甲板下缘的垂直距离。

(4) 吃水 T:指在船长中点处,从龙骨上缘量至设计水线的垂直距离。

(5) 干舷 F:沿中横剖面船侧从设计水线到甲板边板顶面边缘的垂直距离,等于型深和吃水的差值加上甲板厚度。

2. 船舶主要尺度的比值

船舶的主要尺度是一组表示船舶大小的绝对数值,而其主要尺度的比值(主尺度比)则是一组相对数值,在一定程度上反映了船舶的航行性能,用以说明船体的特征。船舶常用的主要尺度的比值如下。

(1) 船长型宽比 L/B:指垂线间长(或设计水线长)与型宽的比值。该比值对船舶的快速性影响显著,通常高速船的 L/B 值较大,表示船型瘦长,而低速船的 L/B 较小,表示船型短宽。

(2) 型宽吃水比 B/T:指型宽与设计吃水的比值。该比值对船舶稳性影响较大,B/T 值越大,船舶稳性越好。

(3) 型深吃水比 D/T:指船舶型深与吃水的比值。该比值影响船舶大倾角稳性和抗沉性。该比值越大,干舷越大,大倾角稳性和抗沉性越有保证。

(4) 船长吃水比 L/T:指垂线间长(或设计水线长)与吃水的比值。该比值影响船舶的操纵性,比值越大,船舶的航向稳定性越好;比值越小则操纵越灵活,船舶的回转性越好。

(5)船长型深比L/D:指垂线间长与型深的比值。该比值对船体结构的坚固性有影响。

四、船舶的动力装置

船舶动力装置是保证船舶推进及其他需要提供各种能源的全部动力设备的总称。船舶动力装置由推进装置、辅助装置、船舶管系、甲板机械以及自动化设备组成。

1. 推进装置

推进装置也称主动力装置,是船舶动力装置中最主要的部分。推进装置包括主机、传动设备、轴系和推进器。

主机发出动力,通过传动设备及轴系驱动推进器产生推力,使船舶克服阻力航行;再通过改变主机的转数和轴系的转动方向,来控制船舶航行的快、慢和进、退。船舶动力装置由于工作条件的特殊性,要求可靠、经济、机动性好、续航能力大等。根据主机形式不同,船舶动力装置可分为蒸汽机动力装置、燃气机动力装置、柴油机动力装置以及核动力装置等几种。

2. 辅助装置

辅助装置是产生除推进装置所需能量以外的其他各种能量的设备,包括船舶发电站、辅助锅炉装置和压缩空气系统。它们分别产生电能、蒸汽和压缩空气供全船使用。

3. 船舶管系

船舶管系是为某一专门用途而设置的运输流体(液体或气体)的成套设备。

(1)动力系统。动力系统是指主、辅机安全运转服务的管系,包括燃油、润滑油、海水、淡水、蒸汽、压缩空气系统等。

(2)船舶系统。船舶系统又称为辅助系统,是为船舶航行安全与人员生活服务的系统,如压缩、舱底、消防、生活供水、施救、冷藏、空调、通风和取暖等系统。

4. 甲板机械

甲板机械是为保证船舶航向、停泊以及装卸货物所设置的机械设备,如锚泊机械、操舵机械和起重机械等。

5. 自动化设备

自动化设备用以实现动力装置的远距离操纵与集中控制。主要由对主、辅机及其他机械装置进行遥控、自动调节、监测、报警等的设备组成。

五、船舶的其他设备

船舶其他设备主要包括舵设备、锚设备、系泊设备、起货设备、救生设备等。

1. 舵设备

舵设备是用于控制船舶方向的装置,由舵、舵机、转动装置以及操纵装置等部分组成。驾驶员操纵舵轮或手柄,或由自动舵发出信号,通过转动装置带动舵机,由舵机带动舵的转动来控制船首方向,使船舶保持航向或回转。通常,舵装在船尾螺旋桨后,远离船舶转动中心,使舵产生转船力矩的力臂最大,而且使螺旋桨排出的水流作用于舵上,增加舵效。

舵按舵面积在舵杆轴线两侧的分布,分为平衡舵、不平衡舵和半平衡舵;按照剖面形状分为平板舵与流线型舵。单螺旋桨船是一个舵,双螺旋桨船是两个舵。

2. 锚设备

锚设备是船舶锚泊时所用装置和机构的总称,由锚、锚链、锚链制动装置、锚机和锚链舵等组成。锚利用它在海底的抓力(一般为锚重的 4~5 倍)以及锚链与海底表面的摩擦力来制动船舶,主要用于船舶在海上锚地固定船位,同时也可作为协助船舶制动、制动船身和掉头的辅助手段。

常见的锚分为档锚、无档锚以及大抓力锚。商船常用的锚为无档锚中的霍尔锚。一般在船首左右各布置一只锚,作为主锚。较大船舶还有备锚和装在尾部的尾锚。锚链用于连接锚与船体,当锚链在海底时,也可增加固定船舶的拉力。它由链环、卸扣、旋转链环和连接环组成。锚链的大小以链环的断面直径表示。锚链的长度以节为单位,每节为 27.5 m,一般左右舷锚链各为 12 节。锚机主要用于收锚或缓慢放锚用。

3. 系泊设备

系泊是船舶的主要停泊方式,系泊设备就是用分布在舷侧的缆绳将船舶固定于码头、浮筒、船坞或邻船用的设备,它主要包括系缆索、带缆桩、导缆器、绞缆机卷缆车和系缆机械。较先进的船上卷缆车本身有动力,用于收绞缆绳。缆绳有尼龙缆、钢丝绳与棕绳,目前用得最多的是尼龙缆。

4. 起货设备

起货设备是船舶自备的、用于装卸货物的装置和机械,主要包括吊杆装置、甲板起重机和其他装卸机械。如液货用输送泵与管路,散货用传送带或抓斗,件货则用吊杆和起重吊车。吊杆或起重吊车由吊杆、起重柱(或桅)、起货机、钢丝绳、滑车、吊钩等组成。吊杆负荷一般不超过 10 t,重吊杆负荷最大几百吨。起重吊车,则是将起货设备与起货机械合为一体。

5. 救生设备

救生设备是装在船上,供船舶失事时船上人员自救和营救落水人员的设备。常用的救生设备有救生艇、救生筏、救生圈和救生衣等。船舶还配备消防和堵漏设备以确保船舶安全航行。

第五节 航 标

一、航标的功能

航标是航行标志的简称,是标示航道方向、界限与碍航物的标志,是帮助引导船舶航行、船舶定位和标示碍航物与表示警告的人工标志。航标包括过河标、沿岸标、导标、过渡导标、首尾导标、侧面标、左右通航标、示位标、泛滥标和桥涵标等,如图 4-27 所示。

航标设置在通航水域及其附近,用以表示航道、锚地、碍航物、浅滩等,或作为定位、转向的标志等。航标也用以传送信号,如标示水深,预告风情,指挥狭窄水道交通等。永久性航标的位置、特征、灯质、信号等都已载入各国出版的航标表和海图中。

航标的主要功能如下。

(1) 船舶定位,为航行船舶提供定位信息。

(2) 表示警告,提供碍航物及其他航行警告信息。

图 4-27　航标

（3）交通指示，根据交通规则指示航行方向。
（4）指示特殊区域，如锚地、测量作业区、禁区等。

二、航标的种类

（一）海区航标

海区航标是指在海上的某些岛屿、沿岸以及港内重要地点所设的航标。按照工作原理，分为视觉航标、音响航标、无线电航标三种。

1. 视觉航标

视觉航标，又称为目视航标。白天以形状、颜色和外形，夜间以灯光颜色、发光时间间隔、次数、射程以及高度来显示，能使驾驶员通过直接观测迅速辨明水域，确定船位，安全航行。目视航标常常颜色鲜明，以便白天观测；发光的目视航标可供日夜使用。常见的视觉航标有灯塔、灯桩、立标、浮标、灯船、系碇设备和各种导标。

（1）灯塔：灯塔是设置在重要航道附近的塔形发光固定航标，是海上航行的重要航标，一般设在港口附近和海上某些岛屿的高处。大的灯塔夜间射程为 20～30 n mile，小的灯塔射程为 5～6 n mile。

（2）灯船：灯船是作为航标使用的专用船舶，装有发光设备，灯光射程一般为 10 n mile。灯船的作用与灯塔相同，锚碇于难以建立灯塔而又很重要的航道进出口附近。

（3）立标：立标是设置在岸边或浅滩上的固定航标，标身为杆形、柱形或桁架形。发光的立标称为灯桩，发光射程比灯塔近得多。

（4）浮标：用锚碇泊于水中的航标，设在港口附近及进出港航道上，用于表示航道、浅滩和碍航物等，发光的称为浮标，主要有方位标志、侧面标志、中线标志和专用标志。方位标志用来直接表示各种危险物的所在地或危险物以及危险区的界限。方位标志分为北界标、南界标、东界标、西界标以及孤立障碍标五种。侧面标志用来标示航道一侧界限，一般在进出港的狭窄航道上使用。侧面标志分为左侧标、右侧标以及分支汇合标三种。航道左侧设左侧标，右侧设右侧标，水道的分支汇合处，则设分支汇合标。中线标志设于航道或荐用航道的中央入口处，示意船舶可靠近标志的任何一侧驶过。专用标志包括沉船标、检疫标、测量标以及捕鱼作业标等。

（5）导标：用于引导船舶进出港口，通过狭窄航道，进入锚地以及转向、避险、测速和校正罗经等。

2. 音响航标

音响航标是指以音响传送信息,引起航海人员注意的助航标志。音响航标可在雾、雪等能见度不良的天气中向附近船舶表示有碍航物或危险,包括雾号、雾笛、雾钟、雾锣、雾哨、雾炮等。

空中音响航标以空气作为传播介质,是使用最早、最普遍的音响航标。空中音响航标包括雾钟、雾锣、雾角、雾哨、雾炮和雾号。

水中音响航标以水为传播介质,常用的有水中钟、水中定位系统和水中振荡器。水中音响航标使用极少。

常用音响航标是雾号,即下雾时按照规定的识别特征发出的音响信号。一般听程仅为几海里。根据工作原理分为气雾号、电雾号和雾情探测器。气雾号用压缩空气驱动发声,电雾号以电能驱动发声,雾情探测器能自动测量能见度和开启电雾号。

3. 无线电航标

无线电航标是利用无线电波的传播特性向船舶提供定位导航信息的助航设施,包括无线电指向标、无线电导航台、雷达应答标、雷达指向标、雷达反射器、卫星导航系统和全球定位系统等。

(1) 无线电指向标:供船舶测向用的无线电发射台,有全向无线电指向标和定向无线电指向标两种。

(2) 无线电导航台:船舶无线电定位和导航系统的地面设备。

(3) 雷达应答标:被船用雷达波触发时,能发回编码信号,在船用雷达荧光屏上显示该标方位、距离和识别信息。

(4) 雷达指向标:一种连续发射无方向信号的雷达信标。船用雷达接收机收到这种信号,荧光屏上便显示出一条通过该标的径向方位线。

(5) 雷达应答标和雷达指向标安装于需要与周围物标回波区别开的航标上。

(6) 雷达反射器:反射能力很强并能向原发射方向反射雷达波的无源工具,安装在灯船或浮标上,可以增大作用的距离。

(二) 内河航标

内河航标是准确标出江河航道的方向、界限、水深和水中障碍物,预告洪汛、指挥狭窄和急转弯水道的水上交通,引导船舶安全航行的助航标志。

内河航标一般分为三等。在航运发达的河道上设置一等航标,由岸杆和浮标交相组成,夜间全部发光,保证船舶昼夜都能从一个航标处看到下一个航标;在航运较为发达的河段上设置二等航标,它的密度较一等航标为稀,夜间只有主航道上的航标发光,亮度也较弱;在航运不甚发达的河段上设置三等航标,密度稀,夜间不发光,船舶只能利用航标和天然参照物在白天航行。内河航标的种类很多,各国不尽相同。我国目前分为三类,即航行标志、信号标志和专用标志,共计19种。

1. 航行标志

航行标志用于标示内河安全航道的方向和位置等。有过河标、接岸标、导标、过河导标、首尾导标、桥涵标6种。例如,过河标标示跨河航道的起点或终点,引导由对岸驶来的船舶过河,同样引导沿本岸驶来的船舶,在标志达到本船正横的时候驶往对岸;接岸标标示沿着河岸的航道,指示船舶继续沿着本岸行驶。

2. 信号标志

信号标志用于标示航道深度、架空电线和水底管线位置,预告风讯,指挥弯曲狭窄航道的水上交通,有水深信号杆、通行信号杆、鸣笛标、界限标、电缆标、横流浮标、风讯信号杆7种。

(1) 水深信号杆:设在浅滩两端航道附近的江河岸上,一般设有水深信号杆,以指示该航道当时的水深。信号杆由直立标杆和水平横梁组成。

(2) 通行信号杆:设在船舶对驶向有危险的狭窄航道、单孔通行的桥梁、急弯、船闸以及其他临时封锁河段的两端,利用信号指挥上下船舶安全通过。

3. 专用标志

专用标志用于指示内河中有碍航行安全的障碍物,有三角浮标、浮鼓、棒形浮标、灯船、左右通航浮标、泛滥标6种。

我国规定,江河左岸、右岸的原则是按水流的方向确定河流的上下游,面向河流下游,左手一侧为左岸,右手一侧为右岸。港口的左右岸以面向进港为准。左岸的航标,标顶漆白色,标杆漆黑白相间的横纹,夜间灯标发白光或绿光;右岸的航标,标顶漆红色,标杆漆红白相间的横纹,夜间灯标发红光。

三、水运通信导航系统

(一) 船舶自动识别系统(AIS)

1. 船舶 AIS 的组成

船舶自动识别系统(automatic identification system,AIS)是一个在海上移动通信频带VHF上工作的广播转发器系统。由岸基(基站)设施和船载设备共同组成,是一个集网络技术、现代通信技术、计算机技术、电子信息显示技术为一体的新型数字助航系统和设备。AIS还包括利用和使用AIS信息的各种应用系统。

船舶自动识别系统(AIS)由舰船飞机敌我识别器发展而成,配合全球定位系统(GPS)将船位、船速、改变航向率以及航向等船舶动态结合船名、呼号、吃水以及危险货物等船舶静态资料,由甚高频(VHF)频道向附近水域船舶及岸台广播,使邻近船舶及岸台能及时掌握附近海面所有船舶之动静态资讯,得以立刻互相通话协调,采取必要避让行动,对船舶安全有很大帮助。

2. 船舶 AIS 的基本功能

船舶 AIS 最基本的功能是船对船、船对岸的信息交换。它能把船舶信息诸如识别码、位置、航向、速度等发送到其他船舶或岸上,并能以快速的更新频率处理多路通信。

岸基 AIS 则可以通过接收船载 AIS 广播发射的识别码、船位、航向、航速、船舶长度、船型和货物信息,使用适当的标绘显示系统,标绘海上交通状况,同时可以建立航行船舶数据库,以利于日后跟踪查询船舶航行信息。

船载 AIS 在无须船员干预的情况下,连续、自动地发射识别码、船位、航向、航速、船舶长度、船型和货物信息,同时连续、自动接收其他船舶或岸基台站发射的信息。船载 AIS 使用适当的标绘显示系统时,通过接收目标船发射的位置信息、航速、航向信息,可以计算两船会遇的最近点和到达最近点的时间,因而可以快速、自动和准确地提供有关碰撞危险信息,同时也接收岸基 AIS 台站发射的航行通告、警告信息。

船舶AIS信息服务的目的如下。

(1) 识别船舶。

(2) 帮助跟踪目标。

(3) 简化和促进信息交换,为避免碰撞提供辅助信息。

(4) 减少口头的强制船舶报告,实现交通运输管理信息化。

利用AIS可设置虚拟航标、为事故调查取证提供证据、完成航路分析、向港口提供船舶流量统计图表等。从功能方面看,AIS已逐渐成为保障航行安全的主要基础设施和系统,是实现海事航标快速发展和水路运输可持续发展的重要保障。

(二) 航标遥测遥控系统

1. 航标遥测遥控系统结构

航标遥测遥控系统利用现代网络技术、电子海图技术、GPS技术、通信技术和数据处理技术来实现。其航标遥测遥控系统结构网络图如图4-28所示。

航标遥测遥控系统主要分为航标监测和航标控制两部分。航标终端采用GPRS无线移动数据传输方式,通过虚拟专网(VPN)和航道分局的数据库服务器建立连接,数据传输采用TCP/IP模式;航道分局的服务器通过数传专网和航道局的服务器进行互联,数据通过数据库同步的方式进行传输。

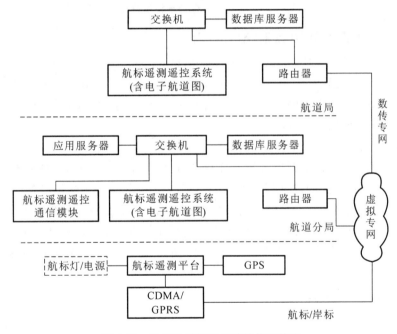

图4-28 航标遥测遥控系统结构网络图

2. 航标遥测遥控系统的基本功能

1) 监测功能

基于AIS航标,将采集到的航标健康状态数据,以二进制电文格式,周期性或按要求发送给航标管理部门。航标健康状态参数主要有航标设备运行参数、主副电机工作状态、供电系统参数、环境参数等。

2) 控制功能

航标管理中心通过航标遥测遥控系统界面,向指定航标发布相关数据信息。管理中心通过设置航标的健康状态参数,控制航标的运行状态,并可实时获取航标的相关信息。航标遥测遥控系统运行原理如图 4-29 所示。

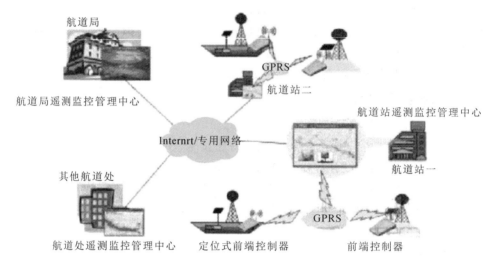

图 4-29 航标遥测遥控系统运行原理

(三) 船舶远程识别和跟踪系统 (LRIT)

船舶远程识别与跟踪系统 (long range identification and tracking of ships, LRIT) 通过从船载自动识别系统 (AIS) 提取船舶识别码、船位和时间等数据,并利用全球海上遇险和搜救系统 (GMDSS) 的 Inmarsat-C 或高频设备 (HF) 以固定的时间间隔发送 LRIT 数据,经计算机对数据处理,实现船舶的远程识别与跟踪。

1. LRIT 的组成

LRIT 由船载终端设备、通信服务提供商 (CSP)、应用服务提供商 (ASP)、数据中心 (DC)、国际数据交换 (IDE) 和数据分配计划 (DDP) 等组成。其基本原理是航行船舶通过卫星通信把 LRIT 信息发送到陆地地球站,地球站再通过 ASP 和 LRIT 分配网络转发到经 IMO 授权的用户终端——IMO 缔约国政府,后者就可以实现对航行船舶进行全球性识别和跟踪。

LRIT 还可以把 LRIT 信息 (预先设定发送时间的船位报告、被要求发送的船位报告和事件报告) 发送给其他经授权的用户。

2. LRIT 的基本服务功能

(1) 海上保安:主要包括加强船舶的保安和沿岸国、港口国的保安。

(2) 海上安全:主要为海上搜寻救助提供信息支持。

(3) 环境保护:为调查海上非法排放、溢油事故等方面提供信息支持。

(4) 其他用途:如通过与 AIS 数据的整合,建立船舶监控系统,应用于卫生防疫、海关等相关管理部门,应用于全球航运生产和管理等。

LRIT 信息内容主要包括:船舶身份、船舶位置 (经度和纬度)、提供位置的日期和时间 (UTC 时间)。在 LRIT 中,对于船舶有三种身份:船旗国、港口国和沿岸国。船旗国主管当局有权接收悬挂其国旗的船舶位置信息。港口国政府有权接收表明意图进入该缔约国港口设施或地点的船舶的信息,无论这些船舶位于哪里,只要不位于根据国际法规定的另一缔约国政府的基线近陆水域内。沿岸国政府有权接收在其沿岸不超过 1000 n mile 距离内航行的其他国家的船舶信息,只要该船不位于根据国际法规定的另一缔约国政府的基线近陆水域内或者船舶悬挂其国旗的缔约国政府领水内。

(四) 海事卫星

海事卫星是一个提供各类通信服务的综合系统,服务包括:电话、传真、数据(IP 和电路)、图像和图片、遇险安全通信等。海事卫星经历了四代发展。第一代:inmarsat—A 站,可以为水上交通通信提供模拟话音、传真、数据服务;第二代:inmarsat—B 站、inmarsat—C 站,可以为水上交通通信提供数字话音、传真、低速数据服务;第三代:inmarsat M,mini—M,F 站,可以为水上交通通信提供话音、传真、ISDN、MPDS 服务;第四代:BGAN、卫星手机,可提供 500kbit/s 的 IP 数据服务,为水上交通通信提供高速数据传输网络。

【复习思考题】

一、简答题

1. 水路运输设备系统包括哪些?
2. 什么是航道?航道的等级是如何划分的?
3. 船舶的基本结构有几部分?分别有什么作用?
4. 航标有什么用途?
5. 什么是船舶远程识别和跟踪系统?其基本服务功能主要有哪些?

二、论述题

1. 影响航道通行能力的主要因素有哪些?
2. 港口水域和港口陆域的基本组成和各个部分的作用是什么?

第五章　航空运输设备

【教学目标】

(1) 明确航空运输的概念、特点,熟悉航空运输设备。
(2) 掌握机场的功能、分类和构成。
(3) 掌握飞机的分类、构造、飞行原理。
(4) 了解飞机的技术参数、通信与导航设备。
(5) 掌握航路、航线、航班、航空集装设备等相关知识。

【教学重难点】

(1) 掌握机场的功能、分类和构成。
(2) 掌握飞机的分类、构造、飞行原理。
(3) 掌握航路、航线、航班、航空集装设备等相关知识。

【案例导入】

"大飞机"梦的起航——国产大飞机 C919 首飞成功

民用航空工业是以高技术为特征的产业,民用飞机的竞争归根到底是技术的竞争。中国大飞机运 10 从 1970 年立项到 1986 年下马,飞行了 170 多个小时,130 多次起落,先后到达北京、拉萨等 9 个城市,走完了整个设计飞行过程。由于当时工业基础及其他一些原因下马,经历了 20 多年的空白期。2002 年 4 月,中国大飞机项目又再度起航,ARJ21 支线客机项目正式成立,2007 年 C919 正式立项,2009 年工程样机交付,2015 年 11 月 C919 首架机总装下线,2017 年 5 月在上海完成首飞,C919 大飞机的研制凝聚着我国数十万科研人员的心血,承载着几代中国人的航空梦想,表明我国航空工业水平的进步。这种大飞机的研制成功和首飞成功,对我国航空工业的发展有着重要的意义,是我国几代航空人对运 10 梦想的延续,也为我国航空工业水平的不断发展前进打下坚实的基础,对我国的航空工业发展产生了多方面的影响。

C919 是中国首款严格按照最新国际适航标准、国际民航规章自行研制,具有自主知识产权的大型干线民用飞机,为取得国际适航许可证打下了坚实的基础。C919 在材料上已经采用大量先进的复合材料,在飞机尾翼(平尾、垂尾、升降舵)、中央翼、机翼活动面、后压力框、尾椎、后机身等部位,先进的复合材料采用率达到了 14%,其中 T800 级碳纤维复合材料用量达到 10% 以上,国际先进的铝合金与铝锂合金也在地板梁、机身蒙皮等部件上面大量使用,更先进的 7085 铝合金在主起落架、机身加强框和机翼后梁内使用,飞机实现减重 5%~10%,超过国际同级别 B7373、A320 的水平,C919 关键承力部件主要使用钛合金,在 C919 上面的钛合金品种达到了 20 多种。

C919 打破了我国无法自主研制大型民用干线客机的尴尬局面,目前我国民航市场使用的飞机多以美国波音和欧洲空客为主,C919 的研制表明我国民航工业水平的进步。C919 干线大飞机的研制首飞对我国民航工业发展有着重要意义,承载着中国人"大飞机梦"的起航。C919 是我国具有完全自主知识产权的新一代大型客机,它的成功研制并首飞成功激励人心,不仅因为这是中国民航大飞机最大、最显著的里程碑,也意味着中国即将跻身美、英、法等少数几个能够自主研制大型民航客机的国家行列中,不再完全依赖国外进口,真正走出一条自主研制的发展之路。

【思考题】

结合中国 C919 大飞机的发展谈谈你对中国航空运输设备的认识。

第一节　航空运输概述

航空运输体系包括飞机、机场、空中交通管理系统和飞行航线四个部分。这四个部分有机结合,分工协作,共同完成航空运输的各项业务活动。

飞机是航空运输的主要载运工具。按运输类型的不同,民用飞机可分为运送旅客和货物的各种运输机和为工农业生产作业飞行、抢险救灾、教学训练等服务的通用航空飞机两大类。按其最大起飞重量,民用机可分为大型、中型、小型飞机。按航程远近,可分为远程、中程、短程飞机。

机场是提供飞机起飞、着陆、停驻、维护、补充给养及组织飞行保障活动的场所,也是旅客和货物的起点、终点或中转点。机场是由供飞机使用的部分(包括飞机用于起飞降落的起飞区和用于地面服务的航站区)和供旅客、接运货物使用的部分(包括办理手续和上下飞机的航站楼、地面交通设施及各种附属设施)组成。

空中交通管理系统是为了保证航空器飞行安全及提高空域和机场飞行区的利用效率而设置的各种助航设备和空中交通管制机构及规则。助航设备分仪表助航设备和目视助航设备。仪表助航设备是指用于航路、进近(又叫进场,指飞机在机场上空由地面管制人员指挥对准跑道下降的阶段,飞机需要按规则绕机场飞行后直接对准跑道、减速、放下襟翼和起落架)、机场的管制飞行的装置,包括通信、导航、监视设备(雷达)等。目视助航设备是指用于引导飞机降落、滑行的装置,包括灯光、信号、标志等。空中交通管制机构通常按区域、进近、塔台设置。空中交通管制规则包括飞行高度层配备,垂直间隔、水平间隔(侧向、纵向)的控制等。管制方式分程序管制和雷达管制。

飞机航线是航空运输的线路,分固定航线与非固定航线。固定航线用于定期航班运行。非固定航线用于临时性的航空运输或通用航空运行。

航空运输体系除了上述四个基本组成部分外,还有商务运行、机务维护、航空供应、油料供应、地面辅助及保障系统等。

一、航空运输的特点

(一) 航空运输的优点

1. 速度快

"快"是航空运输的最大特点和优势。现代喷气式客机,巡航速度为 800～900 km/h,比汽车、火车快 5～10 倍,比轮船快 20～30 倍,距离越长,航空运输所能节约的时间越多,快速的特点也越显著。

2. 机动性大、灵活

飞机在空中飞行,受航线条件限制的程度比汽车、火车和轮船小得多,它可以将地面上任何距离的两个地方连接起来,可以定期或不定期飞行,尤其是执行对灾区的救援、供应边远地区的急救等紧急任务,航空运输已成为必不可少的手段。

3. 舒适,安全

喷气式客机的巡航高度一般在 10000 m 左右,飞行不受低气流的影响,平稳舒适。现代民航客机的客舱宽敞,噪声小,机内有供膳、视听等设施,旅客乘坐的舒适程度较高。由于科学技术的进步和对民航客机适航性严格要求,航空运输的安全性比以往已大大提高。

4. 周期短,投资省

要发展航空运输,从设备条件讲,只要添置飞机和修建机场。这与修建铁路和公路相比,建设周期短,占地少,投资省,收效快。据计算,在相距 1000 km 的两个城市之间建立交通线,若载客能力相同,修建铁路的投资是开辟航线的 1.6 倍,且开辟航线只需两年。

5. 节约包装、保险、利息等费用

由于采用航空运输方式,货物在途时间短,周转速度快,企业存货可以相应减少。一方面有利于资金的回收,减少利息支出,另一方面也可以降低企业仓储费用。又由于航空货物运输安全、准确,货损、货差少,保险费用较低。与其他运输方式相比,航空运输的包装简单,包装成本会减少。这些都使得企业隐性成本下降,收益增加。

(二) 航空运输的缺点

1. 运价高

因飞机的机舱容积和载重能力较小,因此,单位运输周转量的能耗大。除此之外,机械维护及保养成本也很高。

2. 载重有限

目前常见的大型货机 B747-200F 可载运 90 t,相比船舶载重量几十万吨要小得多。

3. 易受气象条件限制

因飞行条件要求很高(保证安全),航空运输在一定程度上受气候条件的限制,从而影响运输的准点性与正常性。

4. 可达性差

通常情况下,航空运输都难以实现客货的"门到门"运输,必须借助其他运输工具(主要为汽车)转运。

二、航空运输的发展历程和现状

(一)航空运输发展历程

1903年12月美国莱特兄弟完成的首次飞行,实现了人类梦寐以求的翱翔蓝天的愿望。航空运输开始于第一次世界大战的后期,当时主要是进行航空邮件的传递。据说,最早的航空定期客运出现在1914年。到1919年,世界航空运输客运量为3500人。

20世纪30年代以后,航空设计和制造技术的进步,带动了新的飞机机型不断出现和航空喷气发动机的问世。1933年,被称为世界第一架"现代"运输机——全金属的单翼波音247型飞机诞生。1936年,具有可收缩起落架的DC-3型飞机投产。由于新机型的加盟,1937年世界航空运输客运量达到250万人。1939年,制造出了涡轮喷气发动机。1942年,推出了第一代喷气飞机——贝尔XP59A。1945年世界航空运输客运量达到900万人。从1945年开始,航空运输机主要机型(如波音)的发展呈现系列化的趋势。客机的系列化为航空运输量的不断增长提供了有力的保证。1987年,世界航空运输客运量突破10亿人,1996年达到15亿人。

电子和信息技术的发展,使航空运输飞行安全保障能力不断提高。1920年第一代空中交通管制员只能站在跑道两端用小旗和信号枪进行指挥。1930年美国Cleveland机场建成了世界上第一座装备无线电台的塔台。1935年,世界上第一个用于仪表飞行的空中交通管制中心在美国Newark机场建成。20世纪40年代,能够监视飞行动态的雷达投入使用。20世纪50年代,用于导航的全向信标和测距仪投产。20世纪60年代,出现计算机雷达数据和飞行计划处理系统以及自动转报网。20世纪70年代,出现空地数据通信和卫星导航。20世纪80年代,国际民航组织提出新一代航行系统方案。20世纪90年代,开始进入系统方案的实施阶段。

航空运输的国际化使航空运输业的运行和管理模式日趋成熟、完善。在国际民航组织(international civil aviation organization,简称ICAO)成立后的50多年里,随着科学技术的不断进步和标准规范的逐步完善,全世界的航空运输事业得到了迅猛的发展。

(二)我国航空运输现状

我国于1949年11月,成立了中国民用航空局,揭开了我国民航事业发展的新篇章。从那时开始,新中国民航迎着共和国的朝阳起飞,从无到有,由小到大,经历了不平凡的发展历程。改革开放以来,我国民航事业在航空运输、通用航空、机群更新、机场建设、航线布局、航行保障、飞行安全、人才培训等方面都保持了快速发展的势头,取得了举世瞩目的成就。目前我国已有国际和国内航线200余条,航线里程已达37万千米,与40多个国家签订了航空运输协定,与180多家航空公司建立了业务关系。现在我国航空运输网已成为世界航空运输的重要组成部分。2015年,我国国际航线运输总周转量292.61亿吨/千米,是2001年的6.36倍;旅客运输量4207万人,是2001年的6.07倍;货邮运输量186.8万吨,是2001年的5.25倍。

近年来,随着我国改革开放的进一步深化,特别是中国正式加入WTO以后,国民经济进入了新一轮的高速增长期,国外著名的跨国公司也纷纷在中国落户,使中国成为"世界工厂"和"制造中心",这给中国的航空货运企业既带来了机遇也带来了挑战。一方面,由于国内外贸易和经济活动的不断增加,航空货运业务量也呈现出蒸蒸日上的可喜局面,各家航空公司对航空货运更加重视,在航空公司的发展战略上,从以前"轻货重客"转变为"客货并举"。各家航空公司都对货运在运力和基础设施上加大了投入力度,航空货运的运力从过去主要利用客机腹舱的空余吨位,发展到大力引进波音747在内的大型全货机,并投入国内国际货运航线的运营。近年,还逐步出现了专门从事航空货运、快递和邮件运输的货运航空公司在北京、上海、深圳、广州等国际机场新建了大型的航空货运中心。另一方面,对于航空公司来讲,航空货运的形势却并不容乐观。在中美等国际航线上,由于面对国外实力雄厚的竞争对手,国内的航空公司很难赚到钱,尤其以回程航线为甚。而外航如 UPS、FEDEX 和德国汉莎等却是货运收入与业务量齐头并进,在中国货运市场的利润年增长率达到20%以上。造成中外货运航空公司竞争能力和收益水平差异较大的一个重要原因是:中国的航空公司未能根据现代物流对航空货运企业的要求,及时调整自己的市场营销和经营模式。

三、航空运输设备

航空运输设备是指完成航空运输所必备的硬件总称,主要包括航空器和机场。

1. 航空器

航空器是指借助空气浮力或空气动力作用在大气中获得支撑的飞行器具。飞机是目前最主要、应用最广泛的航空器。

2. 民用机场

民用机场是指专供民用航空器起飞、降落、滑行、停放与存放货物、报关、上下旅客以及进行其他活动使用的划定区域,包括附属的建筑物、装置和设施。

3. 航空集装设备

飞机载货时,由于起降过程倾角大、空中气流频繁变化、飞机颠簸,舱内货物若任意放置、不加约束,易四处飘散甚至互相冲撞,不但会造成货物损坏,也会对飞行安全造成威胁。因此,货物通常放置在集装设备内,舱内设有固定集装设备的设施。

第二节 机　　场

一、机场的功能和分类

(一) 机场的功能

机场是供飞机起飞、着陆、停驻、维护、补充给养及组织飞行保障活动所用的场所,包括相应的空域及相关的建筑物、设施与装置。它是民航运输网络中的节点,是航空运输的起点、终点和经停点。从交通运输角度看,民航运输机场是空中运输和地面运输的转接点。它一方面要面向空中,送走起飞的飞机,迎来着陆的飞机;另一方面要面向陆地,供客、货和邮件进出。机场实现运输方式的转换,因此也可以称作航空站(简称为航站)。民用运输机场的基本功能是为飞机的运行服务,为客、货、邮件的运输以及其他方面的服务。

(二) 机场分类

1. 机场类别

(1) 按航线性质,机场可划分为国际航线机场(国际机场)和国内航线机场。国际机场有国际航班进出,设有海关、边防检查(移民检查)、卫生检疫和动植物检疫、商品检验等政府联检机构。国内航线机场是供国内航班使用的机场,在我国还包括地区航线机场(指在内地与港、澳等地之间航班飞行使用的机场,设有类似国际机场的政府联检机构)。

(2) 按机场在民航运输网络系统中所起的作用,机场可划分为枢纽机场、干线机场和支线机场。航线密集且中转旅客比例较高的机场称为枢纽机场。干线机场通过骨干航线连接枢纽机场,空运量较为集中。而支线机场则空运量较少,航线多为本省区内航线或邻近省区支线。

(3) 按机场所在城市的性质、地位,我国将其划分为Ⅰ、Ⅱ、Ⅲ、Ⅳ类机场。

Ⅰ类机场,即全国经济、政治、文化中心(大城市)的机场,是全国航空运输网络和国际航线的枢纽,运输业务繁忙,除承担直达客货运输外,还具有中转功能。北京、上海、广州三城市的机场均属于此类机场,亦为枢纽机场。

Ⅱ类机场,即省会、自治区首府、直辖市和重要的经济特区、开放城市和旅游城市,或经济发达、人口密集城市的机场,亦为干线机场。

Ⅲ类机场,即国内经济比较发达的中小城市,或一般的对外开放和旅游城市的机场,也可称为次干线机场。

Ⅳ类机场,即省区内经济较发达的中小城市和旅游城市,或经济欠发达但地面交通不便城市的机场,也称为支线机场。

2. 机场等级

(1) 飞行区等级。飞行区等级由第一要素代码(飞行区指标Ⅰ)和第二要素代字(飞行区指标Ⅱ)的基准代号划分,用来确定跑道长度或所需道面强度,即能起降机型的种类。表5-1中的代码表示飞机基准飞行场地长度。它是指某型飞机以最大批准起飞质量,在海平面、标准大气条件(15 ℃、1个大气压)、无风、无坡度情况下起飞所需的最小平衡场地长度。表5-1中的代字应选择翼展或主起落架外轮外侧之间距两者中要求较高者。例如,北京首都国际机场、上海浦东国际机场和虹桥国际机场、广州白云国际机场等的飞行区等级为4E。

表5-1 飞行区等级划分表(飞行区基准代号表)

第一要素		第二要素		
代 码	飞行基准飞行场地长度/m	代 字	翼 展	主起落架外轮外侧之间距/m
1	<800	A	<15	<4.5
2	800~1200(含800)	B	15~<24(含15)	4.5~6(含4.5)
3	1200~1800(含1200)	C	24~<36(含24)	6~9(含6)
4	≥1800	D	36~<52(含36)	9~14(含9)
		E	52~<65(含52)	9~14(含9)
		F	65~<80(含65)	14~16(含14)

(2) 跑道导航设施等级。跑道导航设施等级按配置的导航设施能提供飞机以何种进近程序飞行来划分。

非仪表跑道是供飞机用目视进近程序飞行的跑道,代字为V。

仪表跑道是供飞机用仪表进近程序飞行的跑道,可分为:① 非精密进近跑道装备相应的目视助航设备和非目视助航设备的仪表跑道,能足以对直接进近提供方向性引导,代字为NP。② Ⅰ类精密进近跑道装备仪表着陆系统和(或)微波着陆系统以及目视助航设备,能供飞机在决断高度低至 60 m 和跑道视程低至 800 m 时着陆的仪表跑道，代字为 CAT I。③ Ⅱ类精密进近跑道装备仪表着陆系统和（或）微波着陆系统以及目视助航设备，能供飞机在决断高度低至 30 m 和跑道视程低至 400 m 时着陆的仪表跑道，代字为 CAT Ⅱ。④ Ⅲ类精密进近跑道装备仪表着陆系统和（或）微波着陆系统的仪表跑道，引导飞机直至跑道，并沿道面着陆及滑跑。又可分为三类：以 CAT ⅢA、CAT ⅢB 或 CAT ⅢC 为代字。

目前，我国民用机场尚无Ⅲ类精密进近跑道，Ⅱ类精密进近跑道也不多（如北京首都机场、上海浦东机场），多是Ⅰ类精密进近跑道。

（3）机场的救援和消防等级：救援和消防勤务首要目标是在飞机失事或事故发生的情况下拯救人员的生命。为此，必须要有足够救援和消防的手段。机场的救援和消防等级以计划正常使用该机场的飞机外形尺寸（飞机机身全长和最大机身宽度）最大者为依据。

二、机场的构成

机场主要由三部分构成，即飞行区、航站区及进出机场的地面交通系统，如图 5-1 所示。

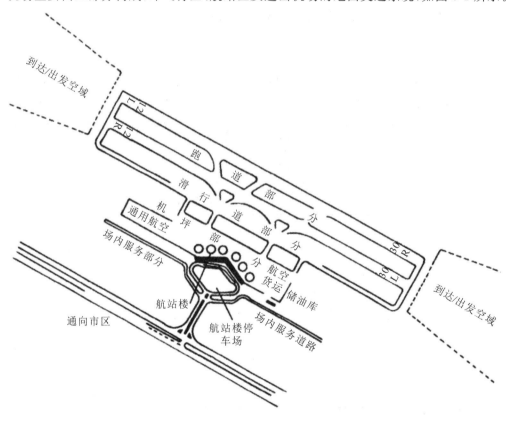

图 5-1　机场平面示意图

（1）飞行区是机场内用于飞机起飞、着陆和滑行的区域，通常还包括用于飞机起降和盘旋的空域在内。飞行区由跑道系统、滑行道系统和机场净空区构成。

（2）航站区是飞行区与机场其他部分的交接部。航站区包括旅客航站楼、站坪、车道边、站前停车设施等。

（3）进出机场的地面交通系统通常是公路，也包括铁路、地铁（或轻轨）和水运码头等。其功能是把机场和附近城市连接起来,将旅客和货邮及时运进或运出航站楼。

机场的设施包括目视助航设施、通信导航设施、空中交通管制设施以及航空气象设施、供油设施、应急救援设施、动力与电信系统、环保设施、旅客服务设施、安检设施、保安设施、货运区及航空公司区等。

习惯上将机场分为空侧和陆侧两部分。空侧是受机场当局控制的区域,包括飞行区、站坪及相邻地区和建筑物,进入该区域是受控制的。陆侧是为航空运输提供各种服务的区域,是公众能自由进出的场所和建筑物。

机场占地面积大、位置选择要求高,而且还包括相应的空域。机场必须要有足够的面积容纳飞行区和航站区,同时要求平坦开阔;考虑噪声影响和未来的可持续发展,机场应适当远离城市市区;还应考虑周围地势、海拔高度、气象(尤其是风向)、相邻机场距离和方位、附近居民区和工业区状况、陆上客货运输工具进出机场的方便程度等。

第三节 飞 机

一、飞机的分类

所有飞行器可以分为航空器和航天器,前者是大气飞行器,而后者是空间飞行器(如火箭、航天飞机、行星探测器等)。航空器可分为轻于空气的航空器(如气球、飞艇等)与重于空气的航空器(如飞机与各种直升机、滑翔机、旋翼机等)。飞机是最主要的航空器,由于它用途很多,因此其分类方法也很多。

1. 按飞机构造划分

按不同的构造可将飞机分为不同的类型。

(1) 按机翼数目,飞机一般可分为双翼机和单翼机。

(2) 按发动机类型可分为活塞式发动机飞机、螺旋桨式飞机和喷气式飞机。

螺旋桨式飞机,包括活塞螺旋桨式飞机和涡轮螺旋桨式飞机,飞机引擎为活塞螺旋桨式,这是最原始的动力形式。它利用螺旋桨的转动将空气向机后推动,借其反作用力推动飞机前进。螺旋桨转速愈高,则飞行速度愈快。

喷气式飞机,包括涡轮喷气式飞机和涡轮风扇喷气式飞机。这种机型的优点是结构简单,速度快,一般可达500～600英里/小时,燃料费用节省,装载量大,一般可载客400～500人或100吨货物。

(3) 按发动机数目可分为单发动机飞机、双发动机飞机、三发动机飞机和四发动机飞机。

(4) 按起落地点可分为陆上飞机、雪(冰)上飞机、水上飞机、两栖飞机和舰载飞机。

(5) 按起落方式可分为滑跑起落式飞机和垂直/短距起落式飞机。

此外,还可按尾翼位置或数量、机身数量分类。

2. 按机身尺寸划分

(1) 窄体飞机:指机身宽度约为3米,舱内只有一条通道,一般只能在下舱内装载包装尺寸较小的件杂货。如 B737、B757、MD-80、MD-90、A320、A321 等。

(2) 宽体飞机:指机身宽度不小于4.72米,舱内有两条通道,下舱可装机载集装箱。如

B767、B747、MD-11、A340、A310。

3. 按飞机的用途划分

由于飞机的性能、构造和外形基本上是由用途来确定的,故按用途分类是最主要的分类方法之一。现代飞机按用途主要可分为军用机与民用机两类,另有一类专门用于科研和试验的飞机,可称为研究机。下面主要介绍民用机。

(1) 客机(客货两用机)。用于运载旅客和邮件,联络国内各城市与地区,或国际间的城市。旅客机可按大小和航程进一步分为:洲际航线上使用的远程(大型)旅客机;国内干线上使用的中程(中型)旅客机;地方航线(支线)上使用的近程(小型)旅客机。目前各国使用的旅客机大都是亚音速机。超音速旅客机有两种,其最大巡航速度约为两倍音速。中型旅客机使用较广泛,既有喷气式的,也有带螺旋桨的。

远程飞机的航程为 11000 千米左右,可以完成中途不着陆的洲际跨洋飞行。中程飞机的航程为 3000 千米左右。近程飞机的航程一般小于 1000 千米。近程飞机一般用于支线,因此又称为支线飞机。中、远程飞机一般用于国内干线和国际航线,又称为干线飞机。

我国民航是按飞机客座数划分大、中、小型飞机的。飞机的客座数在 100 座以下的为小型客机,100~200 座之间为中型客机,200 座以上为大型客机。航程在 2400 千米以下的为短程客机,2400~4800 千米之间为中程客机,4800 千米以上为远程客机。

(2) 全货机。全货机是指机舱全都用于装载货物的飞机。一般载重较大,有较大的舱门,或机身可转折,便于装卸货物;货机修理维护简易,可在复杂气候条件下飞行。全货机一般为宽体飞机,主舱可装载大型集装箱。目前世界上最大的全货机装载量达 250 吨,通常商用大型全货机载重量在 100 吨左右。

(3) 教练机(民用)。用于训练民航飞行人员,一般可分为初级教练机和高级教练机。

(4) 农业机、林业机。用于农业喷药、施肥、播种、森林巡逻、灭火等。大部分属于轻型飞机。

(5) 体育运动机。用于发展体育运动,如运动跳伞等,可作机动飞行。

(6) 多用途轻型飞机。这类飞机种类与用途繁多,如用于地质勘探、航空摄影、空中游览、紧急救护、短途运输等。

农、林业机,体育运动机,多用途轻型飞机均属于通用航空范畴。在美、英等国,通用航空一般指既不属于军用航空也不属于定期民用客货运输的航空活动。

4. 按飞机的飞行速度划分

按飞机的飞行速度分,有亚音速飞机和超音速飞机之分。亚音速飞机又分低亚音速飞机(飞行速度低于 400 千米/小时)和高亚音速飞机[即飞机飞行速度与音速之比(称马赫数 M)为 0.8~8.9]。多数喷气式飞机为高亚音速飞机。

经过近一个世纪的发展,飞机的速度性能已达到很高水平。虽然目前大部分民航机都是亚音速(M 小于 0.75)民航机,但跨音速(M 在 0.75 至 1.2 之间)、超音速(M 在 1.2 至 5.0 之间)民航飞机也已投入运营。

二、飞机的构造及飞行原理

(一) 飞机的构造

飞机有四个基本组成部分,即机体、动力装置、飞机系统和机载设备。

1.机体

飞机机体由机翼、机身、尾翼(组)、起落架等组成,如图 5-2 所示。现代民用飞机机体除起落架外一般都是骨架加蒙皮的薄壁结构,其特点是强度高、刚度大、重量轻。机体使用的材料主要有两大类,一是金属材料,大多采用强度和刚度高的铝合金;二是复合材料,多为纤维增强树脂基层状结构材料。

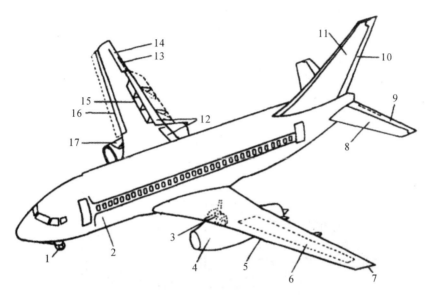

图 5-2 飞机示意图

1—前起落架;2—机身;3—主起落架;4—发动机;5—机翼前缘;6—油箱;7—翼尖;8—水平安定面;9—升降舵;
10—方向舵;11—垂直安定面;12—襟翼;13—调整片;14—副翼;15—扰流板;16—前缘缝翼;17—发动机架

亚音速飞机机翼的翼型(机翼剖面形状)几乎都是下表面平直而上表面凸起的,以产生升力。大部分大型飞机的机翼在翼根处与机身的下部连接(即下单翼形式)。高速飞机常采用后掠翼设计,即机翼从翼根到翼尖向后倾斜。机翼上还装有很多用于改善飞机气动特性的装置,包括副翼、襟翼、前缘缝翼、扰流板等。副翼是飞机的主操纵面之一,位于机翼后缘外侧,一对副翼总是以相反的方向偏转,使一侧机翼的升力增加而另一侧机翼的升力减小,从而使飞机滚转。襟翼和前缘缝翼都是增加飞机起飞降落时的升力的装置,以缩短飞机的起降滑跑距离。襟翼位于机翼后缘内侧,放下时可以改变翼型形状和增加机翼面积;前缘缝翼位于机翼前缘,打开时可使下翼面的气流流向上翼面以增加上翼面的空气流量。扰流板是铰接于机翼上表面的金属薄板,打开时分离上翼面的气流,造成机翼上的升力下降、阻力增加。在空中扰流板可以协助副翼使飞机滚转,在地面扰流板可起减速板的作用。

机身是飞机的主体,用于装载人员、货物,安装设备,并将飞机的各部件连接为整体。机身基本上是左右对称的流线体。大型客机机身一般由机头、前段、中段、后段和尾锥组成。机头主要是雷达天线和整流罩;前段和中段为气密增压舱,空间被地板分成上、下两部分,上部为驾驶舱和客舱,下部为货舱、设备舱和起落架舱;后段主要安装尾翼及部分设备;尾锥主要是辅助动力装置的排气管。

尾翼组由垂直尾翼和水平尾翼组成。垂直尾翼包括垂直安定面和方向舵,提供方向(航向)稳定性和操纵性。水平尾翼包括水平安定面和升降舵,提供俯仰稳定性和操纵性。

起落架主要由支柱、机轮、减震装置、制动装置和收放机构组成。其功用主要是使飞机起降时能在地面滑跑和滑行,并使飞机能在地面移动和停放。现代飞机的起落架都是可收放的,可以大大减小飞机阻力,也有利于飞行姿态的控制。

2. 动力装置

飞机飞行的动力来自发动机。航空发动机有活塞式发动机和燃气涡轮发动机两种类型。目前,时速小于 300 km 的轻型飞机的活塞式发动机仍是最经济的动力。

航空燃气涡轮发动机工作时,进入发动机的空气经压气机压缩提高压力,流入燃烧室与喷入的燃油混合后燃烧,形成高温、高压燃气,进入燃气涡轮中膨胀做功,使涡轮高速旋转并输出驱动压气机及发动机附件所需的功率。由燃气涡轮出来的燃气,仍具有一定的压力和温度。利用这股燃气能量有多种方式,相应地形成了不同类型的燃气涡轮发动机:涡轮喷气、涡轮螺旋桨、涡轮轴和涡轮风扇发动机。

如果燃气涡轮后紧跟一个尾喷管,由燃气涡轮出来的燃气在尾喷管中膨胀加速,并由喷管排出,产生推力,这种发动机称为涡轮喷气发动机,简称涡喷发动机,如图 5-3 所示。

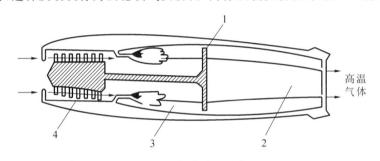

图 5-3 喷气发动机示意图
1—涡轮;2—尾喷管;3—燃烧室;4—压气体

由于涡喷发动机的推力是由高速排出的高温燃气获得的,所以在得到推力的同时有不少由燃料燃烧所产生的能量以燃气的功能和热能形式排出发动机,能量损失较大,耗油率较高。如果从燃气涡轮出来的燃气大部分在其后的动力涡轮中膨胀做功,使动力涡轮高速旋转,然后通过减速装置降低转速后再驱动螺旋桨,提供拉力,燃气中剩下的少部分能量在尾喷管中膨胀,产生一小部分推力,这种发动机称为涡轮螺旋桨发动机,简称涡桨发动机,如图 5-4 所示。涡桨发动机由于有直径较大的螺旋桨,飞行速度受到限制,一般用于速度为 300~400 km/h 的飞机上。由于其排气能量损失少,推进效率高,所以耗油率低。目前其仍是支线飞机的主要动力。

涡轮轴发动机简称涡轴发动机,是直升机的动力。其工作原理和结构基本与涡桨发动机相同。不同的是燃气涡轮输出的能量主要是驱动直升机旋翼而不是螺旋桨。此外,燃气涡轮排出的燃气基本上在动力涡轮中完全膨胀,所以燃气由喷管排出时,气流速度很低。

涡轮风扇发动机简称涡扇发动机,如图 5-5 所示,是目前应用最广泛的发动机。涡扇发动机的动力涡轮的传动轴通过燃气涡轮轴的中心,驱动压气机前的风扇叶轮。流入发动机的空气经风扇增压后,一部分流过压气机,称为内涵气流;一部分由围绕内涵道的环形涵道中流过,称为外涵气流。发动机由内、外涵气流分别产生推力。外涵与内涵空气流量之比称为涵道比或流量比。涡扇发动机具有耗油率低、起飞推力大、推重比高、噪声低的优点。因此,目前高涵道比、大推力的涡扇发动机广泛应用于大型运输机上。

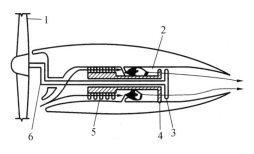

图 5-4 涡桨发动机示意
1—螺旋桨;2—燃烧室;3—动力涡轮;
4—燃气涡轮;5—压气机;6—轴承

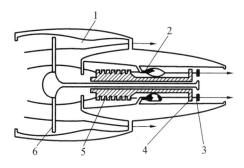

图 5-5 涡扇发动机示意图
1—外涵道气流;2—燃烧室;3—动力涡轮;
4—燃气涡轮;5—压气机;6—风扇

3.机载设备

现代大型运输机驾驶舱内的机载设备包括飞行和发动机仪表、导航、通信以及有关辅助设备等。机载设备为驾驶员提供有关飞机及其系统的工作情况,使驾驶员能随时得到飞行所必需的信息,并可在飞行后向维修人员提供有关信息。

飞机的飞行仪表包括指示飞行速度、飞行高度、升降速度的全静压系统仪表,指示飞行姿态和方向的仪表,指示时间和加速度的仪表等;现代飞机上还有自动驾驶仪等。

发动机仪表测量并指示发动机的工作状态。其测量的参数包括不同部位的温度、压力、转速等。

导航、通信以及有关辅助设备是为了保证飞机的安全飞行而提供定位信息和通信联络信息等。

(二)飞机的飞行原理

1.飞机的气动升力

飞机在飞行过程中受到四种作用力:
(1)升力——由机翼产生的向上作用力;
(2)重力——与升力相反的向下作用力;
(3)推力——由发动机产生的向前作用力;
(4)阻力——由空气阻力产生的向后作用力。

飞机机翼具有独特的剖面,称为翼型。从侧面看,机翼顶部弯曲,而底部相对较平。机翼在空气中穿过将气流分隔开来,一部分空气从机翼上方流过,另一部分从下方流过。但是由于机翼上部表面是弯曲的,因而从上方通过的空气速度加快,结果是使机翼上方的气压降低。与之相反,机翼下方的空气相当于沿直线流动,其速度与压力保持不变,如图 5-6 所示。

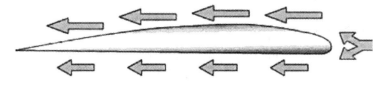

图 5-6 飞机的气动升力示意图

当气流填补局部真空时,机翼阻碍了它,这样机翼就被空气抬起,飞机向前飞行得越快,机翼产生的气动升力也就越大。当升力大于重力时,飞机就可以飞行了。

喷气式发动机使用快速旋转的涡轮来驱动风扇。风扇吸入空气,使之与燃油混合,然后向后喷射出膨胀的空气/燃气混合气。因为每个作用力都会有一个相等的反作用力,所以当涡轮发动机将空气向后推时,飞机就会向前疾冲。

2. 飞机的起降

起飞与着陆是飞机的两项重要飞行性能。涡轮喷气式发动机飞机,由于发动机拉力大,起飞过程可分为两个阶段:一是"起飞滑跑"阶段,飞机首先在地面开动发动机,将拉力增大到可使飞机在地面从静止到开始滑跑,然后将油门继续加大,提高拉力使飞机加速前进。当速度增加到足够大时,举力超过重力,飞机便离地而起;第二阶段,即"加速与爬行"阶段。当飞机爬升到 25 m 高时,起飞结束。飞机在这两个阶段所飞越的距离就是起飞距离。25 m 是人为规定的,主要考虑避开机场周围房屋。对拉力小的喷气发动机或活塞螺旋桨飞机,起飞可分为三个阶段:离地前的起飞滑跑阶段;离地后的平飞加速阶段;速度足够大时的爬升阶段。

飞机的着陆与起飞相反,可分为五个阶段:下滑、拉平、平飞减速、飘落触地和着陆滑跑。下滑是驾驶员减速后从 25 m 处下沉;在接近地面时拉平飞机开始平飞减速;当飞机降到着陆速度时,举力小于重力,飞机机轮飘落触地。这时的速度称为着陆速度,也是飞机的最小速度,这一速度越小越安全。触地后继续前进直到停止,即完成了整个着陆。上述五个阶段的飞行距离之和总称为着陆距离。

三、飞机系统

飞机系统主要有飞机操纵系统、液压传动系统、燃油系统、空调系统、防冰系统等。飞机操纵系统用于传递驾驶员的操纵动作,驱动舵面或其他有关装置,改变和控制飞行姿态。

飞机采用液压系统传动和控制操纵系统、起落架系统等。

燃油系统用于贮存飞机所需的燃油,并保证飞机在各种飞行姿态和工作条件下,按照要求的压力和流量连续可靠地向发动机供油。此外,燃油还可以用来冷却飞机上的有关设备和平衡飞机等。

飞机在高空飞行气象条件较好,风速与风向稳定,保持相对空速时,发动机消耗的燃料比低空时少,航程与续航时间可相应增大,经济性提高。因此,现代大、中型旅客运输机的巡航高度都在 7000~10000 m。但高空飞行时的低压、缺氧和低温使人体难以承受,因此现代飞机都采用了气密座舱和座舱空气调节系统。座舱空气调节系统能在飞行高度范围内,向座舱供给一定压力、温度的空气,并按需要调节,保证机上人员的舒适与安全。

飞机在高空飞行时,大气温度都在 0 ℃以下,飞机的迎风部位,如机翼前缘、尾翼前缘、驾驶舱挡风玻璃、发动机进气道等易结冰。现代飞机都有防冰系统,以防止结冰给飞机飞行带来危害。

四、飞机的主要技术参数

不同用途的飞机,对飞机性能的要求有所不同。对现代民用飞机而言,主要考虑以下性能指标。

(一)飞机重量

飞机重量是飞机飞行的重要技术指标,它控制着跑道长度。飞机重量由基本重量、商务载重、航段燃油及备用燃油组成。

1. 基本重量

基本重量指机组人员及为飞行所需的全部必要装备的重量，但不包括商务载重和燃油，它是随机舱座位布置而变化的。

2. 商务载重

商务载重即运输机有收益的运载能力，包括旅客及其行李、邮件、快件和货物。DC-3 飞机的商务载重只有 2.4 t，到 DC-7 时达到 9 t，目前 B-747 已达 44 t。

3. 航段燃油

航段燃油是指飞机在正常飞行中应耗的燃油，也就是指飞机起飞后准备到达第一个目的地两点之间所需的油料。燃油是飞机重量的重要组成部分。以 B747SP 飞机为例，其最大燃油携带量可达 15.3 t。对短程飞机来说，基本重量占 66%，商务载重占 24%，航段燃油占 6%，备用燃油占 4%；中程飞机这四部分的比例分别为：59%、16%、21%、4%；远程飞机则为 44%、10%、42%、4%；可见，航程越长，基本重量所占比例越小，燃油所占比例越大。

(二) 速度性能

飞机优于其他运输工具的主要特点之一是速度快。衡量飞机速度性能的指标是飞机的最大平飞速度。

飞机的飞行速度增大时，飞机的阻力就增大，克服阻力需要的发动机推力也相应增大。当飞机作水平直线飞行，飞机的阻力与发动机的最大可用推力相等时，飞机能达到的最大飞行速度就是飞机的最大平飞速度。由于飞机的阻力和发动机的推力都与高度有关，所以飞机的最大平飞速度在不同的高度上是不相同的。通常在 11 km 左右的高度上，飞机能获得最大的最大平飞速度。

飞机不能长时间以最大平飞速度飞行，这一方面会损坏发动机，另一方面消耗的燃油也太多。所以，对需作长途飞行的运输机而言，更注重的是巡航速度。所谓巡航速度，是指发动机每千米消耗燃油最少情况下的飞行速度。也就是说，飞机以巡航速度飞行时，最为经济，航程最远或航时最长。

(三) 爬升性能

民用飞机的主要爬升性能是指飞机的最大爬升速率和升限。飞机的爬升受到高度的限制，因为高度越高，发动机的推力就越小。当飞机达到某一高度，发动机的推力只能克服平飞阻力时，飞机不能再继续爬升了，这一高度称为飞机的理论升限。通常使用的是实用升限，所谓实用升限是指飞机还能以每秒 0.5 m 的垂直速度爬升时的飞行高度，这也称为飞机的静升限。

(四) 续航性能

民用飞机的续航性能主要指航程和续航时间（航时）。航程是指飞机起飞后，爬升到平飞高度平飞，再由平飞高度下降落地，且中途不加燃油和润滑油，所获得的水平距离的总和。飞机的航程不仅取决于飞机的载油量和飞机单位飞行距离耗油量，而且与业务载重量有关。飞机在最大载油量和飞机单位飞行距离耗油量最小的情况下飞行所获得的航程就是飞机的最大航程。由于飞机的满燃油重量与最大业务载重量的总和通常大于飞机的最大起飞重量，所以为了要达到这一飞行距离就不得不牺牲部分业务载重量。同样，飞机欲以最大业务载重量飞行，则通常要牺牲部分航程。

(五) 起降性能

飞机的起降性能包括飞机起飞离地速度和起飞滑跑距离、飞机着陆速度和着陆滑跑距离。在地面滑跑的飞机,当其前进速度所产生的升力略大于飞机的起飞重量时,飞机就能够离陆了。但在正常起飞时,为了保证安全,离陆速度要稍大于最小平飞速度(飞机能够保持平飞的最小速度)。

离陆距离也称起飞距离,由起飞滑跑距离和起飞爬升距离组成。飞机从松开刹车沿跑道向前滑跑至机轮离开地面所经过的距离称为起飞滑跑距离。从机轮离开地面到升高至规定的安全高度,飞机沿地平线所经过的距离称为起飞爬升距离。飞机的离陆距离希望尽可能的短,这样可以在较短的跑道上起飞。飞机发动机的推力越大、最小平飞速度越小,其离陆距离也就越短。

飞机的着陆过程也希望着陆的速度尽可能的小。着陆过程的速度分着陆进场速度和着陆接地速度。着陆进场速度是指飞机下滑至安全高度进入着陆区时的速度,着陆接地速度有时也简称为着陆速度。

着陆距离可分成着陆下滑距离和着陆滑跑距离。着陆滑跑距离取决于飞机的着陆接地速度和落地后的减速性能。现代民用飞机除了在机轮上安装制动外,通常还采用减速板、反推力装置等来缩短着陆滑跑距离。

为了改善飞机的起降性能,使飞机在起降阶段并在较小的速度下能获得较大的升力,现代民用飞机均采用了不同的增升装置,如襟翼、前缘缝(襟)翼等,从而减低飞机的离地和接地速度。

图 5-7 说明了飞机的起飞与着陆过程。

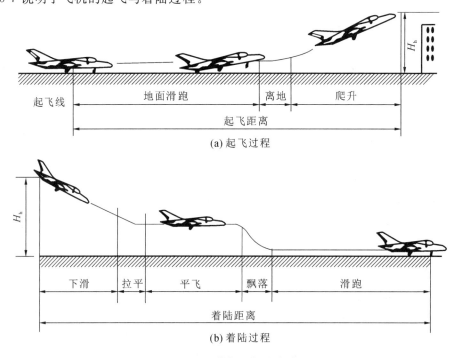

图 5-7　飞机的起飞与着陆过程

五、典型货运飞机简介

波音777是一款由美国波音公司制造的长程双引擎宽体客机,是目前全球最大的双引擎宽体客机。三级舱布置的载客量由283人增至368人,航程由9695千米增至17500千米,表5-2列举了波音777系列机型的详细参数。波音777的直接竞争对手是A330-300、A340和A350XWB。

表5-2 波音777系列飞机的主要技术参数

机型	777-200	777-200ER	777-200LR	777F	777-300	777-300ER
典型座位数	305(3级) 400(2级)	301(3级) 400(2级)	301(3级)	n/a	368(3级) 451(2级)	365(3级)
长度	63.7 m				73.9 m	
翼展	60.9 m		64.8 m		60.9 m	64.8 m
后掠翼	31.64°					
尾翼高度	18.5 m		18.8 m	18.6 m	18.5 m	18.7 m
座舱宽	5.86 m					
机身宽	6.19 m					
载货空间	160 m³ 14 LD3		150 m³ 6 LD3	636 m³ 37 货板	200 m³ 20 LD3	
空重	139225 kg	142900 kg	148181 kg		160120 kg	166881 kg
最大起飞重量	247210 kg	297560 kg	347450 kg		299370 kg	351534 kg
巡航速度	10668 m 巡航高度下,0.84 马赫(每小时 905 km)					
最大满载航距	6020 km	10740 km	13890 km	9065 km	7038 km	10190 km
所需跑道长度	2500 m	3536 m			3410 m	3200 m
最大燃油容量	117000 L	171160 L	202290 L	181280 L	171160 L	181280 L

为了方便开发,波音公司便按航程将其划分成三大类,分别为能够横越美国内陆的 A 型市场(7222~9630 千米)、能够横越大西洋的 B 型市场(10741~14260 千米)和能够横越太平洋的 C 型市场(14816 千米及以上)。较迟推出的777-300ER(如图5-8所示)属于B型市场,采用目前推力最高的 GE90-115BL2 引擎,机身每边设有5道登机门。其机身、机翼、尾翼、前起落架和发动机吊舱等部分都做了修改,增加了油缸容量,提高了最大起飞重量至351吨,航程达14685千米。航程增加了3550千米的原因不只是单纯地增加了油缸容纳量,还采用了更具燃油效益的发动机。

777-300 和 777-300ER 的空机重量大约是163吨,两者载客量和载货量大体相当,但777-300ER型因有较高的起飞重量而能携带更多燃料,使其航程增加了约34%。即使777-300ER型没有增加油缸容纳量,它的航程仍比777-300 型多出约25%。在最大负载量的情况下,777-300 型最多只能填满60%油缸,而777-300ER 则可填满所有油缸。波音777-300ER曾在太平洋上进行飞行测试,最长的一次单发动机飞行时间达6小时29分钟。

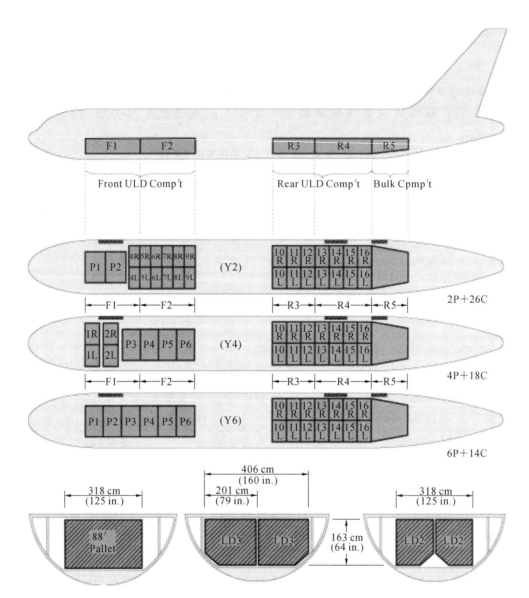

图 5-8 波音 777-300ER 客机的货舱装货示意图

第四节 通信与导航设备

一、通信设施

民航客机用于和地面电台或其他飞机进行联系的通信设备包括：高频通信系统（HF）、甚高频通信系统（VHF）和选择呼叫系统（SELCAL）。

1. 高频通信系统（HF）

HF 一般采用两种制式工作，即调幅制和单边带制，以提供飞机在航路上长距离的空与地或空对空的通信。它工作在短波波段,频率范围一般为 2～30 MHz。其基本组成如下。

(1) HF 通信控制盒:用于提供方式控制、频率选择和收发机射频灵敏度调节。

(2) HF 通信收发信机:包括发信机和收信机,采用调幅或单边带方式工作。

(3) HF 天线耦合器:包括射频调谐元件和一个闭合调谐环路的控制电路,可在 2～30 MHz 范围内调谐。

(4) 音频选择盒:控制系统的发射或接受状态,输出音频信号。

高频通信系统工作过程是:① 接收方式:接收到的射频信号经过天线馈线进入 HF 天线耦合器,并通过收/发转换继电器,进入内部自动增益控制和射频放大器内,调谐电路完成频率变换,变换成的中频信号经调幅,输出到音频选择系统的耳机插孔或扬声器内。调幅音频也输出到选择呼叫系统。② 发射方式:在频率选择和耦合器被调谐后,按下发话按钮使系统处于发射状态。经过音频选择盒提供的音频信号输入调制在调幅或单边带的射频上,放大后的信号通过收/发继电器和天线耦合器向空间发射电磁波。

2. 甚高频通信系统(VHF)

VHF 一般采用调幅方式工作,主要提供飞机与地面塔台、飞机与飞机之间近距离视线范围的语音通信。其工作于超短波波段,频率范围一般为 113～135.975 MHz,其基本组成和工作过程与高频通信系统类似,仅天线有些不同。

3. 选择呼叫系统(SELCAL)

选择呼叫指地面塔台通过高频或甚高频通信系统对指定飞机或一组飞机进行联系。选择呼叫系统的基本组成如下。

(1) 选择呼叫控制盒:包括指示灯、选择转换旋钮,用于指示对本飞机的选择呼叫码并选择不同通道接收。

(2) 选择呼叫译码器:包括译码电路和选择开关,用于调谐所选择的频率并控制指示灯和钟声装置。

(3) 钟声装置。其工作过程为:在选择呼叫译码器上选定飞机呼叫码,系统处于待用方式。当地面通过高频或甚高频发射机呼叫时,飞机上收到的信号加到译码器中。如地面呼叫代码与飞机的代码相同,译码器便使控制盒上的灯亮、钟响。飞行员即可用高频或甚高频与地面联系。

二、导航设备

1. 甚高频全向信标/测距机系统(VOR/DME)

(1) 甚高频全向信标系统(VOR)是一种近程无线电导航系统,它被 ICAO 确定为国际标准航线的无线电导航设备。它由地面发射台和机载设备组成。地面设备通过天线向飞机发射信息,机载设备接收和处理信息,并通过指示器指示飞机到 VOR 台的磁方位角。安装在机场的 VOR 台叫终端 VOR,使用 108～112 MHz 之间的 40 个波道,发射功率 50 W,工作距离 25 n mile。它通常和 DME 或航向信标(LOC)装在一起,可以进行着陆引导。安装在航路上的 VOR 台叫航路 VOR,使用 112～118 MHz 之间的 120 个波道,发射功率 200 W,工作距离 200 n mile。它在航路上的安装地点叫航路点。飞机可以利用甚高频全向信标系统(VOR)从一个航路点到另一个航路点沿预定航道飞行。

（2）测距机系统（DME）是为驾驶员提供距离信息的设备，是由 ICAO 确定的标准测距系统，它由机载测距机和地面测距信标台配合工作。一般情况下，地面测距台与 VOR 台安装在一起，形成极坐标近程定位导航系统。它是通过询问应答方式来测量距离的。工作方式是：机载测距机的发射电路产生脉冲询问信号，通过天线发射出去；测距信标台收到这一信号后，发射相应的应答信号；机载测距机在接收到应答信号后，即可根据询问脉冲和应答脉冲之间的时间延迟，计算出飞机到测距信标台之间的视线距离。

2. 无方向性信标系统（NDB）

无方向性信标系统（NDB），即导航台，是用来为机上无线电罗盘提供测向信号的发射设备。发射天线长 70 m，是架在两个高 30 m 铁塔上的 T 形天线。它在 150~1600 kHz 波段内辐射垂直极化波信号。根据要执行的导航任务，导航台可以设置在航线上的某些特定点、终端区和机场。航线上的导航台，可以引导飞机进入空中走廊的出、入口，或到某一相应的导航点以确定新的航向；终端区的导航台，用来将飞机引导到所要着陆的机场，并保证着陆前机动飞行和穿云下降，也用来标志该机场的航线出口位置；机场着陆导航台，用来引导飞机进场，完成机动飞行和保持着陆航向。它和飞机上的机载无线电导航设备自动定向机（ADF）（又称无线电罗盘）配合工作，由自动定向机测量飞机与地面导航台的相对方位。

3. 仪表着陆系统（ILS）

ICAO 确定仪表着陆系统为飞机标准进近和着陆设备。它能在气象恶劣和能见度差的条件下，给驾驶员提供引导信息，保证飞机安全进近和着陆。

ICAO 根据在不同气象条件下的着陆能力，规定了三类着陆标准，ILS 的设施也相应分成三类。其规定见表 5-3。

表 5-3 飞机着陆类别标准表

类别	跑道视程（RVR）/m	决断高度（DH）/m	类别	跑道视程（RVR）/m	决断高度（DH）/m
Ⅰ	800	60	ⅢB	50	
Ⅱ	400	30	ⅢC	0	
ⅢA	200				

注：跑道视程指在跑道表面的水平方向上能看见物体的最大距离；决断高度指驾驶员对飞机着陆或复飞做出判断的最低高度。

ILS 系统包括三个分系统：提供横向引导的航向信标系统、垂直引导的下滑信标系统、距离引导的指点信标系统。每一个分系统由地面发射设备和机载设备所组成。

航向信标台天线产生的辐射场，在通过跑道中心延长线的垂直平面内，形成航向面，提供飞机偏离航向面的横向引导信号。下滑信标台天线产生的辐射场形成下滑面，提供飞机偏离下滑面的垂直引导信号。航向面和下滑面的交线为下滑道。飞机沿下滑道着陆，就对准了跑道的中心线和确定了下滑角，以保证飞机在离跑道入口约 300 m 处着地。指点信标台发射垂直向上的扇形波束，只有当飞机飞越其上空的波束范围时，机载接收机才能收到发射信号。驾驶员可以据此判断飞机在哪个信标台的上空，即知道飞机离跑道端部的距离。

三、空中交通运行与管理

空中交通管制工作在民用航空运输中发挥着重要作用。它的主要目的是:使航空器按计划飞行,使保障工作有条不紊;维护飞行秩序,合理控制空中交通流量,防止航空器之间、航空器与障碍物之间相撞,保证飞行安全;对违反飞行管制的现象,查明情况,进行处理。

(一) 管制工作任务与要求

(1) 周密计划,充分准备,做好飞行的组织和保障工作。根据有关单位和个人提出的飞行申请,拟定、申请和批复飞行预报和计划,下达或布置飞行任务,报告或通报飞行动态。

(2) 主动、准确、及时和不间断地进行管制服务。及时准确掌握和通报各种与飞行和管制有关的情况;预见可能发生的问题;灵活机动地处置飞行情况的各种变化,使空中交通始终处于安全、合理、严格的管制之中。

(3) 主动配合,密切协作,合理地控制空中交通流量。对空中交通流量进行合理的控制是保证飞行安全的重要手段,必须主动配合、密切协作,合理控制和有效提高空中交通流量。

(4) 熟练掌握业务技能,为飞行提供保障安全的情报、措施和建议。空管人员必须熟练掌握有关飞行和空中交通管制工作的各项规章制度,熟悉机场的地理环境、天气特点、航路情况以及各种机型的性能特点,较熟练地了解各部门(如机务、通信、气象、运输、场务、油料等部门)的工作程序和工作内容。

(5) 保证及时提供导航设备,提供遇险飞机的情况。空中交通管制员要根据飞行的需要,及时提供导航设备。当其工作不正常时,应立即通知检查。当其处于工作状态时,未经值班管制人员的许可,不得关机。在相邻管制区内,管制人员要保证飞机有不间断的导航和管制服务。

当航空器在飞行过程中发生遇险、失事等紧急情况,空中交通管制部门应立即将掌握的资料和情况,提供给组织搜寻和援救的单位和部门。

(二) 空中交通管制机构的设置

(1) 空中交通服务报告室:负责审查航空器的飞行预报及飞行计划,向有关管制室和飞行保障单位通报飞行预报和动态。

(2) 塔台管制室:管制范围包括起落航线与最后进近定位点以后的空间及机场活动区。它负责提供塔台管制区域内航空器的开启、滑行、起飞、着陆和与其有关的机动飞行的管制服务。在没有机场自动情报服务的塔台管制室,还应当提供航空器起飞、着陆条件等情报。

(3) 进近管制室:管制范围通常是在一个或几个机场附近的航路汇合处划设的管制空域。它是中低空管制空域与塔台管制空域之间的连接部分,垂直范围通常在 6000 m 以下、最低高度层以上;水平范围通常是半径 50 km 以内。负责一个或数个机场的航空器进、离场的管制工作。

(4) 区域管制室:区域管制是指飞机飞离起飞航空站区域以后,至到达降落航空站区域之前,全航线飞行过程中所实施的空中交通管制。它负责监督航线上飞机的活动、掌握天气变化、安排飞机的间隔、调配飞行冲突和协助机长处置特殊情况。

(5) 区域管制中心:负责管制与监督本区域管制室辖区内的飞行,协调各管制室之间和管制室与航空公司之间的工作。

（6）中国民航局调度室：负责监督、检查全国范围内跨地区高空干线、国际航线的飞行以及外国航空器在中国境内的飞行，控制全国的飞行流量，组织承办和掌握专机飞行，处理特殊情况下的飞行。

（三）空中交通管制

1. 程序管制

程序管制是依照空中交通管制规则、机场和航路的有关规定，依靠通信手段进行管制的方法。它要求机长报告飞行中的位置和状态，管制员依据飞行时间和机长的报告，通过精确的计算，掌握飞机的位置和航迹。程序管制的主要职责是为飞机配备安全间隔。部分间隔规定如下。

1）机场放行仪表飞行的时间间隔规定

（1）同速度、同航迹、同巡航高度时，前一架飞机起飞后 10 min，放行后一架飞机；跨海洋飞行时，为 20 min。

（2）同速度、同航迹、不同巡航高度时，前一架飞机起飞后 5 min，放行后一架飞机。

（3）不同速度、相同航迹时，速度较快飞机起飞后 2 min，放行较慢飞机。

2）航路仪表飞行穿越航线的时间间隔规定

（1）当穿越处无导航设备，在穿越航线中心线时，保持与其他飞机时间间隔不少于 15 min。

（2）当穿越处有导航设备，在穿越航线中心线时，保持与其他飞机时间间隔不少于 10 min。

2. 雷达管制

雷达管制是依照空中交通管制规则，依靠雷达监视的手段进行管制的方法。它对飞行中的飞机进行雷达跟踪监视，随时掌握飞机的航迹位置和有关的飞行数据，并主动引导飞机运行。

1）雷达识别

在向飞机提供雷达管制服务前，管制员必须对飞机进行识别确认。识别的方法如下。

（1）二次雷达的识别：从雷达标牌上认出该飞机的识别标志；直接认出 S 模式设备航空器的识别标志；通过雷达识别的移交；通过使用应答机识别。

（2）一次雷达的识别：飞机起飞后，其雷达目标在起飞跑道端 2 km 以内被发现；飞机在某定位点或目视飞行报告点的位置显示与机组报告的一致，并且其航迹也与报告的航向和飞行的航线一致；转弯识别；通过识别移交。

2）雷达引导

雷达管制员通过指定飞机的应飞航向实施雷达引导。应引导航空器尽可能沿便于驾驶员利用地面设备检查自身位置及恢复自主领航的路线，避开已知的危险天气。

3）雷达间隔

雷达管制员通过综合考虑航空器的航向、速度、雷达限制、工作负荷等各种因素来确定航空器之间的最小安全间隔，并保证不能低于此安全间隔，如：水平最小雷达间隔为 9.3 km，如果雷达设备定位精确，最小间隔可以减少到 5.6 km。

第五节　航路、航线、航班

一、航路和航线

（一）航路

空中航路是指根据地面导航设施建立的供飞机作航线飞行之用的具有一定宽度的空域。该空域以连接各导航设施的直线为中心线，规定有上限和下限高度及宽度。

民航航路是由民航主管当局批准建立的一条由导航系统划定的空域构成的空中通道，在这个通路上空中交通管理机构要提供必要的空中交通管制和航行情报服务。

航路的宽度决定于飞机能保持按指定航迹飞行的准确度、飞机飞越导航设施的准确度、飞机在不同高度和速度飞行的转弯半径，并需增加必要的缓冲区。因此空中航路的宽度不是固定不变的。按国际民用航空公约规定，当两个全向信标台之间的航段距离在 50 n mile 以内时，航路的基本宽度为航路中心线两侧各 4 n mile；如果距离在 50 海里以上时，根据导航设施提供飞机航迹引导的准确度进行计算，可以扩大航路宽度。

对在空中航路内飞行的飞机必须实施空中交通管制。为便于驾驶员和空中交通管制部门工作，空中航路具有明确的名称代号。国际民航组织规定航路的基本代号由一个拉丁字母和 1~999 的数字组成。A、B、G、R 用于表示国际民航组织划分的地区航路网的航路，H、J、V、W 为不属于地区航路网的航路。对于规定高度范围的航路或供特定的飞机飞行的航路，则在基本代号之前增加一个拉丁字母，如：用 K 表示直升机使用的低空航路，U 表示高空航路，S 表示超音速飞机用于加速、减速和超音速飞行的航路。航线是为了保证省区市之间和省区内两个机场之间进行的定期航班飞行，尚未建立航路的飞行航线称之为固定航线。固定航线的导航设备应尽量与航路相同。因临时性的航空运输或通用航空飞行的需要，在航路和固定航线以外飞行的航线，称之为非固定航线或临时航线。临时航线的导航设备不能保证飞机作仪表飞行时，应作目视飞行。

（二）航线

飞机飞行的路线称为航线，航线确定了飞机飞行的具体方向、起讫和经停地点。航线按照起讫地点的归属不同分为国际航线和国内航线。

常听到开辟某某航线的新闻报道，实际上是有一定技术要求和含义的，它按照飞机性能等一定要求选定飞行的航路，同时必须确保飞机在航路上飞行的整个过程中，能时时刻刻与地面保持联系。

航线的种类：可分为国际航线、国内航线和地区航线三大类。

（1）国际航线：指飞行的路线连接两个国家或两个以上国家的航线。在国际航线上进行的运输是国际运输，一个航班如果它的始发站、经停站、终点站有一点在外国领土上都叫作国际运输。

（2）地区航线：指在一国之内，各地区与有特殊地位地区之间的航线。

（3）国内航线：是在一个国家内部的航线，又可以分为干线、支线和地方航线三大类。

必须明确的是，在一望无际的天空中，实际上有着我们看不见的一条条空中通道，它对高度、宽度、路线都有严格的规定，偏离这条安全通道，就有可能存在失去联络、迷航、与高山等障碍物相撞的危险。

二、航班

航班指飞机由始发站按规定的航线起飞，经过经停站至终点站或不经经停站直达终点站的运输飞行。在国际航线上飞行的航班称为国际航班，在国内航线上飞行的航班称为国内航班。

为方便运输和旅客，每个航班均编有航班号。一般规律如下。

中国国际航班的航班号是由执行该航班任务的航空公司的两字代码和三个阿拉伯数字组成，其中最后一个数字为奇数者，表示由基地出发的去程航班；最后一个数字为偶数者，表示返回基地的回程航班。如MF851指厦门航空公司承担的自厦门飞往首尔的国际航班。

中国国内航班的航班号由执行航班任务的航空公司的两字代码和三或四个阿拉伯数字组成，如有四个阿拉伯数字，则其中第一位数字表示执行该航班任务的航空公司、该公司基地所在地区，第二位数字表示该航班终点站所在地区（1为华北，2为西北，3为华南，4为西南，5为华东，6为东北，8为福建，9为新疆）；第三、四位数字表示班次，即该航班的具体编号，其中第四位数字若为奇数，则表示该航班为去程航班，若为偶数，则为回程航班。例如：MF8101，表示由厦门航空公司承担的由厦门至北京的去程航班；MF8306，是指由厦门航空公司承担的由广州至厦门的回程航班。如果是三位的则没有明显规律。表5-4是中国部分航空公司的两字代码及常用代号。

表5-4　中国部分航空公司的两字代码及常用代号

航空公司名称	两字代码及常用代号	航空公司名称	两字代码及常用代号	航空公司名称	两字代码及常用代号
中国国际航空公司	CA1	中国西北航空公司	WH2	中国南方航空公司	CZ3
中国西南航空公司	SZ4	中国东方航空公司	MU5	中国北方航空公司	CJ6
海南航空公司	HU7	厦门航空公司	MF8	新疆航空公司	XO9
云南航空公司	3Q	上海航空公司	SF	山东航空公司	SC
中航浙江航空	F6	四川航空公司	3U	武汉航空公司	WU
深圳航空公司	ZH	中国新华航空	X2	长安航空公司	2Z

由于这些不成文的规定源于民航发展初期，当时航班主要由中国民航局直属航空公司承担，按区域划分飞行任务的安排，航班号非常有规律。目前随着地方航空公司的发展、民航企业间重组、代码共享、飞行区域交叉等原因，航班号有些乱，各航空公司的航线、航班及其班期和时刻等，按一定规律汇编成册，即形成常见的航班时刻表，根据飞行季节的不同和客流流量、流向的客观规律，国内按冬春、夏秋两季，一年调整两次航班时刻表。在我国每年4月到10月使用夏秋季航班时刻表，11月到次年3月使用冬春季时刻表。

时刻表的内容包括：始发站名称、航班号、终点站名称、起飞时刻、到达时刻、机型、座舱等级、服务内容等。同时应注意使用的时间是1天24小时的全时制，即没有上下午之分，时钟是由0时计算到24时，在有时差的地区，表上所列的都是当地时间。

【复习思考题】

一、简答题

1. 简述机场的功能和分类。
2. 简述飞机的构造及其飞行原理。
3. 简述飞机的主要性能。
4. 简述空中交通管制的概念、类型及其作用。
5. 什么是航路、航线、航班?

二、论述题

1. 试比较分析飞机的导航方法。
2. 试分析跑道设计应考虑哪些因素?

第六章　管道运输设备

【教学目标】

(1) 明确管道运输的概念、分类、特点,熟悉管道运输的基本装备。
(2) 掌握输油管道运输设备。
(3) 掌握输气管道运输设备。
(4) 掌握固体料浆管道运输设备。
(5) 了解管道运输装备的维护与管理。

【教学重难点】

(1) 管道运输的概念、分类、特点。
(2) 输油管道运输设备。
(3) 输气管道运输设备。
(4) 固体料浆管道运输设备。

【案例导入】

油气管道封堵抢修技术的发展

随着时代的发展,全球社会经济水平正处在飞速发展的时期,这与现代社会经济水平的提高以及安全、快捷的能源保障分不开。为了满足人类的使用要求,各个国家的油气管道建设一直在不断地发展与扩大。在日常进行的油气管道线路扩展、维修等过程中,经常需要对油气管道进行紧急的封堵抢修,尤其是海洋油气管道,因为其环境的特殊性,很容易受到破坏。

据统计数据显示,我国油气资源有限,截止到 2017 年,我国原油仍然需要从其他国家和地区引进。随着社会经济的发展,我国对油气能源的需求会不断扩大,对海外油气资源的依赖性也会逐步加深。为了国家安全发展的需要,就要加大对油气能源的开采力度,在油气资源的开采中,海洋油气开采规模逐渐加大。随着我国海上油气开采规模不断加大,海洋油气管道的维修任务日益繁重,对海洋油气管道的封堵抢修技术要求也越来越高。

现阶段主要的油气管道封堵技术:冷冻封堵技术,是一项比较原始的管道封堵维修技术,该技术的主要原理就是通过阀门,向损坏的油气管道内注入一种可以迅速冷凝并且可以迅速融化的物质,在外部对油气管道进行冷却,从而达到对管道的封堵;不停输带压开孔封堵技术,是在需要维修的管道段以上搭建一段临时运输管道,在维修的过程中不会对油气运输造成任何的阻碍;管内高压智能封堵技术,该技术的核心是管道中的高压智能封堵器,它主要由封堵机械机构、应急处理系统、通信与控制系统、微型液压系统组成。

目前我国管道封堵抢修技术的发展,已经满足了各类油气运输管道的基本封堵抢修需求。

我国油气管道维修所能完成最大的管道直径已经达到 1.4 m,在封堵维修工作中允许的管道压力也逐渐增大,国内管道封堵维修水平在管道不停输维修方面已经达到世界一流技术水平。而我国海洋油气发展战略是近年来新提出的油气发展战略,起步比较晚,在海洋油气管道封堵维修技术上也不是很成熟,在维修技术和维修设备上,对国外有相当大的依赖性。我国在海洋油气管道的封堵抢修技术的开发中,主要致力于高压智能封堵器的研发。对高压智能封堵器的研究,目标是要同时满足地上油气管道和海洋油气管道的维修要求,突破国外对我国油气管道封堵抢修技术的封锁,提高我国海洋油气管道封堵抢修技术的科技水平,更好地为社会经济发展服务。

【思考题】

结合我国油气管道封堵抢修技术,谈谈你对管道运输设备创新发展的想法。

第一节　管道运输概述

一、管道运输的概念

(一) 管道运输的定义及原理

管道运输(pipeline transport)是指用加压设施加压流体(液体或气体)或流体与固体混合物,通过管道将其输送到使用地点的一种运输方式。所输送的货物主要是油品(原油和成品油)、天然气(包括油田伴生气)、煤浆以及其他矿浆。其运输形式是靠物体在管道内顺着压力方向循序移动实现的,和其他运输方式的重要区别在于管道设备是静止不动的。管道运输是大宗流体货物运输最有效的方式。在当今世界上,大部分的石油、绝大部分的天然气是通过管道来运输的。虽然石油的远洋运输以大型油轮运输最为经济,但是在石油开发到成品油交付用户的整个生产、销售链中,管道运输几乎是不可缺少的环节。

管道运输的原理是通过压力差,使管内的流体从高压处向低压处流动。输送过程中,由于摩擦损失及高程差,流体的压力逐渐下降。为了给流体加压,长距离管道中需要设置中间泵站(液体管道)或压缩机站(气体管道)。

(二) 管道的分类

1. 按敷设方式分类

(1) 埋地管道,陆地上大多数输送管道都采用埋地方式敷设。

(2) 架空管道。

(3) 水下管道。

2. 按输送介质分类

1) 输油管道

输油管道又可分为原油管道和成品油管道。原油运输主要是自油田将原油输给炼油厂,或输给转运原油的港口,或铁路车站,或两者兼而有之。世界上的原油因其输送量大、运距长、收油点和交油点少等特点,特别适宜用管道输送,85%以上原油是用管道输送的。成品油管道输送汽油、煤油、柴油、航空煤油和燃料油，以及从油气中分离出来的液化石油气等。每种成品油在商业上有多种牌号，常采用在同一条管道中按一定顺序输送多种油品的工艺，这种工艺能保证油品的质量和准确地分批运到交油点。

成品油管道的任务是将炼油厂生产的大宗成品油输送到各大城镇附近的成品油库，然后用油罐汽车转运给城镇的加油站或用户。有的燃料油直接用管道输送给大型电厂，或用铁路油罐车外运。其运输特点是：批量多、交油点多。因此，管道的起点段管径大、输油量大，一经多处交油分输以后，输油量减少，管径亦随之变小，从而形成成品油管道多级变径的特点。

2) 输气管道

输气管道是输送天然气和油田伴生气的管道，包括集气管道、输气干线和供配气管道。就长距离运输而言，输气管道是指高压、大口径的输气干线。这种输气管道的总长约占全世界管道总长的一半。

3) 固体料浆管道

固体料浆管道主要用于输送煤、铁矿石、磷矿石、铜矿石、铝矾土和石灰石等矿物，配置浆液主要用水，还有少数采用燃料油或甲醇等液体作载体。其输送方法是将固体粉碎，与适量的液体配置成可泵送的浆液，再用泵按液体管道输送工艺进行输送。到达目的地后，将固体与液体分离后送给用户。

3. 按用途分类

1) 集输管道

集输管道（或集气管道）是指从油（气）田井口装置经集油（气）站到起点压力站的管道，主要用于收集从地层中开采出来的未经处理的原油（天然气）。

2) 输油（气）管道

以输气管道为例，它是指从气源的气体处理厂或起点压气站到各大城市的配气中心、大型用户或储气库的管道，以及气源之间相互连通的管道，输送经过处理符合管道输送质量标准的天然气，是整个输气系统的主体部分。

3) 配油（气）管道

对于油品管道来说，它是指在炼油厂、油库和用户之间的管道。对于输气管道来说，是指从城市调压计量站到用户支线的管道。该类管道压力低、分支多、管网稠密、管径小，除大量使用钢管外，低压配气管道口也可用塑料管或其他材质的管道。

（三）管道运输的特点

管道运输方式特别是长距离管道运输方式，与其他运输方式相比，具有下述优点。

（1）运营费用低、能耗小。管道运输方式是流体和浆体的输送方式，不存在其他运输方式所需的牵引机车、车厢、船舶等的非物料额外能耗，只要克服流体或浆体在管道内的摩擦阻力和重力提升，即可完成运输作业，没有其他运输方式所需的运载工具维护检修费用，因此管道运输方式的能耗最小、运营费用最低。

（2）基建投资少、建设速度快、施工周期短。由于输送系统简单，因此建设投资少；管道由厂家订货，工程量相对其他运输方式较少，且输送管道多为埋设，主要是土方施工，采用分段施工方式，因此建设速度快、施工周期短。

（3）受地形条件的限制少。管道运输方式不同于铁路或公路运输方式，对地形没有严格的限制,甚至没有限制,因而管线线路没有铁路或公路的迂回曲折问题,易于克服地形障碍,输送路径最短,从而可为节约投资、加快建设进度创造有利条件。

(4) 可以实现连续输送、安全可靠、劳动生产率高。管道运输方式几乎可不停顿地进行全年输送,不受气候的影响,不存在其他运输方式运输时物料的损耗,可实现封闭式输送。其他运输方式存在运载工具的空载回程,而管道运输是连续不断地进行输送,不存在空载回程,因而劳动生产率高、运输量大。管道输送方式隐蔽性强,发生事故的概率小,比较安全可靠。

(5) 占地少、有利于环境保护和生态平衡。长输管道绝大部分为埋设,占地少,受气候变化影响小,不污染环境,有利于生态平衡。

不过,管道运输方式也有一些局限性。

(1) 只能输送特定的物料。管道运输系统只能输送特定的物料,例如特定的石油、天然气、特定的粉状或粒状物料(精矿、矿石、煤或其他固体物料),运输功能比较单一,不如其他运输方式可以进行大多数物资的运输和客运,从这个意义上来说,管道运输不能带动和促进地方经济的全面发展。

(2) 只能进行定向定点运输。管道运输方式一般只能运输大宗、特定、适宜于管道运输的物料,不如其他运输方式,可以进行双向不定点多种物资的运输。不论是输送石油、天然气、粉粒状物料,对物料的质量均有严格的要求。管道输送系统的敏感性强、应变能力低,因此要求严格控制物料的特性,浆体管道运输的物料,只允许输送与水混合后不会产生物理性质和化学性质变化的颗粒状物料。

所谓定向定点运输,是根据用户对物料的质量、品位和需求量要求,按合同要求确定。根据用户的分布情况,确定一个或几个输送系统,每个输送系统可以向一个或几个用户输送物料,这要根据市场调查,通过技术经济比较合理确定。

(3) 管道运输系统的输送能力不易改变。每个管道运输系统的输送能力一经确定,输送系统的设备和管道就是确定的,不能改变。如果要增加输送能力,就必须增加设备和管道的输送能力,通常是很困难的。因为要增加输送能力,管道的承压力就需提高,设备的输送压力也随之提高,采用原有的设备和管道在技术上是通不过的,只好另建管道运输系统,这一点不如其他运输方式,如铁路运输,为提高铁路输送能力,可通过提速、改变机车等措施解决。

(4) 浆体需要进行脱水处理。浆体管道输送物料到达终点后,需要进行脱水(过滤甚至干燥),以供用户使用。

(四) 管道运输的基本装备

管道运输系统与其他运输系统具有很大的差异性,其中最主要的差别在于:管道运输系统中,运输工具都是固定的,不需要凭借运输工具的移动来完成运输任务。因此,管道运输系统所需的基本设施也异于其他运输系统。

管道运输系统的基本设施包括:管道、储存库、压力站(泵站)和控制中心。

1. 管道

管道是管道运输系统中最主要的部分,它的制造材料可以是金属、混凝土或塑胶,完全依靠输送的货物种类及输送过程中所要承受的压力大小而决定。

2. 储存库

由于管道运输的过程是连续进行的,因此管道两端必须建造足够容纳其所承载货物的储存库。

3. 压力站(泵站)

压力站是管道运输动力的来源,靠压力推动货物经由管道从甲地输送到乙地。一般管道运输压力的来源可有气压式、水压式、重力式及最新的超导体磁力式。通常气体的输送动力来源靠压缩机来提供,这类压力站彼此的设置距离一般为 80～160 km。液体的输送动力来源则是靠泵提供,这类的压力站设置距离为 30～160 km。

4. 控制中心

管道运输虽具有高度自动化的特点,但它仍需要有良好的控制中心,并配合最先进的监测器及熟练的管理与维护人员,随时检测、监视管道运输设备的运转情况,以减少意外事故发生时所造成的漏损及危害。图 6-1 为中国与土库曼斯坦合作的中亚天然气管道阿姆河天然气项目管网控制中心。

图 6-1　管网控制中心

二、我国管道运输发展状况

我国古代为了灌溉农田和冶炼金属,发明了水车和唧筒这类原始的流体机械来提升水或鼓风,输送管道多用竹木管。早在公元前 200 多年的秦汉时期,就已经出现了用打通竹节的竹子连接起来输送卤水的管道,在明末清初还用竹木管输送天然气。但真正意义上的作为运输产业的管道运输,则始于 19 世纪石油天然气的开发与利用。美国于 1865 年在宾夕法尼亚建立了世界上第一条输油管道,直径 50 mm、长度 9 km。该州于 1874 年又建立了一条直径 100 mm、长度 96 km 的输油管道。随着石油工业的发展,管道的建设也进入了一个新的阶段,各产油国竞相开始兴建大量石油及油气管道。20 世纪 60 年代开始,输油管道的发展趋于采用大管径、长距离,并逐渐建成成品油输送的管网系统。同时,开始了用管道输送煤浆的尝试。到目前为止,全世界大型石油和天然气管道总长度已超过 200 万千米,许多长输管道跨越多国,最大管径达 1220 mm,最长距离达 5500 km,石油和天然气管道几乎遍及世界各大洲。全球的管道运输承担着很大比例的能源物资运输,包括原油、成品油、天然气、油田伴生气、煤浆等,管道运输越来越引起世界各国的关注。近年来,管道运输也被进一步研究用于解决散状物料、成件货物、集装物料的运输,以及发展容器式管道输送系统。

我国发展石油天然气工业主要是在新中国成立后,特别是改革开放以后。1958 年我国克拉玛依油田首先开发建立了两条从克拉玛依至独山子炼油厂的输油管道，管径 150 mm，全长约 300 km。1958 年建立了从四川省永川黄瓜山气田直至永川化工厂的第一条天然气管道，管径 150 mm，全长 20 km。我国目前天然气管道直径最大的是西气东输二线，直径为 1219 mm。大口径、长距离的输油管道已经遍布我国的东北、华北、华东、西南等广大地区，基本上形成了横贯东西、纵贯南北的管道运输网络。

三、管道运输的发展趋势

（1）油气输送干线向长距离、大口径、高压力、大输量的方向发展。近 20 年来，世界上新开发的大型气田大多远离天然气的消费市场，同时国际天然气贸易量迅速增加，这就导致全球新建输气管道的平均长度增加。降低管道输气成本的需求促使干线输气管道向大口径和高压力的方向发展。一条直径 1420 mm、输送压力 7.5 MPa 输气管道的输量可与三条直径 1020 mm、输送压力 5.5 MPa 的管道相当，且前者可节省投资 35%。

（2）采用高强度、高韧性及可焊性良好的管材。大口径、高压力的油气管道需要高强度的管材。为了防止管道断裂事故、保证管道焊接质量，要求管材有良好的韧性和可焊性。

（3）管道建设向极地和海洋延伸。目前世界上新开发和待开发的大型油气田不少分布在北极地区或海洋中，如俄罗斯的亚马尔半岛、美国的阿拉斯加、欧洲的北海等，这些油气田的开发促使输气管道建设不断向极地与海洋延伸。

（4）形成大型供气系统。目前全世界已形成若干地区性、全国性乃至跨国性大型供气系统。一个大型供气系统通常由多条输气干线、多个集气管网、多个配气管网以及地下储气库等子系统构成，可以将许多气田（或油田）与成千上万的用户连接起来。大型供气系统具有多气源、多通路供气的特点，有利于供气的可靠性与灵活性。

（5）油气水多相流体混输、天然气高压富气输送等管道输送的新技术渐趋成熟。以往油气水多相流体混输仅局限于油田内部的短管道。海洋、极地、沙漠油气田环境条件恶劣，地面工程投资大，若将油气处理设施建在岸上或自然条件较好的地区，可大大降低地面工程投资、充分利用油气资源，便于运行管理和环境保护，但这就需要增加油气混输的距离。高压富气输送是天然气管道输送技术的重大创新，已在加拿大至美国的联盟输气管道上使用。气田生产的天然气以甲烷为主，但一般都含有不同比例的乙烷、丙烷、丁烷等较重的组分，这些组分含量较高的天然气称为富气。在压力降低到一定值时，这些较重的组分会呈液态析出。传统上长距离输气管道要控制这些较重组分的含量。高压富气输送技术是输送过程中保持系统在某一较高的压力范围，使重组分不至于呈液态析出。其优越性是可以显著提高输送效率，但要求管材具有更高的防止延性裂纹扩展的止裂韧性。

（6）油气管道的安全日益受到高度重视。由于油气管道所输送介质高度具有易燃易爆的特点，世界各主要工业国家都十分重视油气管道的安全可靠性。管道安全技术是国际管道会议的主要议题之一。美国在 20 世纪 60 年代末就有油气管道安全的立法，其能源部设有管道安全办公室，其他工业发达国家也设有类似职能的机构。为了提高管道风险管理水平，北美和欧洲管道工业发达国家都在制定和完善管道风险评价的标准，建立油气管道风险评价的信息数据库，管道风险评价技术正向定量化、准确化和智能化的方向发展。

第二节 输油管道运输设备

一、输油管道的组成

长距离输油管道由输油站与管线两大部分组成。

（一）输油站

沿管道干线为输送油品而建立的各种作业场站统称为输油站。按其所处的位置不同可分为首站(起点站)、末站(终点站)和中间站。图 6-2 描述了长距离输油管组成及输油的流程。

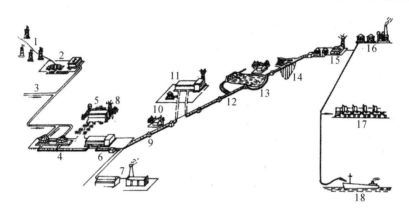

图 6-2 长距离输油管组成及输油的流程
1—井场；2—输油站；3—来自油田的输油管；4—首站罐区和泵房；5—全线调度中心；
6—清管器发放室；7—首站锅炉房；8—微波通信塔；9—线路阀室；10—维修人员住所；
11—中间输油站；12—穿越铁路；13—穿越河流；14—跨越工程；15—车站；
16—炼油厂；17—火车装油线桥；18—油轮码头

1.首站(起点站)

输油首站，通常位于油田、炼油厂或港口附近，是长距离输油管道的起点。其主要任务是接收来自油田、炼油厂或港口的油品并经计量、加压(或加热)后输向下一站。有的起点站兼有油品预处理(如原油稳定、脱盐、脱水、脱杂质；柴油、汽油脱水；顺序输送的成品油着色等)和清管器发送、污油的收集处理等功能。

首站主要由泵组、阀门组、油品计量和标定装置、油罐区、油品加热装置以及水、电、燃料供给和消防等辅助设备组成。输油站的工艺流程是根据输油量、油品性质和作业要求制定的。起点站的输油流程一般是接收来油(计量后储于油罐)后，经过站内循环和倒换油罐、正向输油(即经辅助增压泵、计量装置或经加热装置后再用输油泵增压，由管道输往下站)、发送清管器，超压保护以及出站压力调节等，其详细流程如图 6-3 所示。

2.中间站

输送过程中由于摩擦、地形高差等原因，油品压力不断下降，因此在长距离管道中途需要设置中间输油泵站，给油品增压。中间站按其任务不同又可分为中间泵站、加热站、热泵站、分(合)输站等。

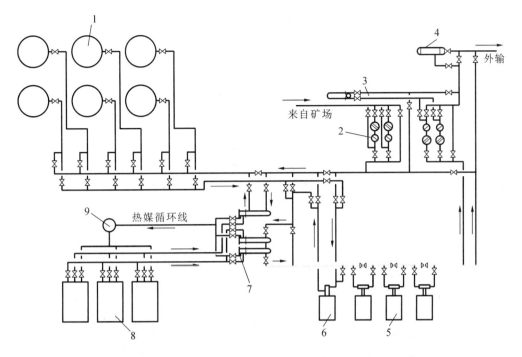

图 6-3　首站的输油流程
1—油罐区；2—计量装置；3—标定装置；4—滑管发送；5—输油泵；6—辅助增压泵；7—换热器；8—加热炉；9—缓冲罐

中间泵站的主要设备有输油泵、加热炉、阀门等。中间输油站与上站来的管道衔接的方式有开式旁接油罐方式和密闭从泵到泵输送方式两种。后种方式是现有输油管道所普遍采用的。密闭输送的中间站，一般只进行正向输油和越站两种作业。图 6-4 是易凝原油管道密闭输油的中间热泵站流程图。

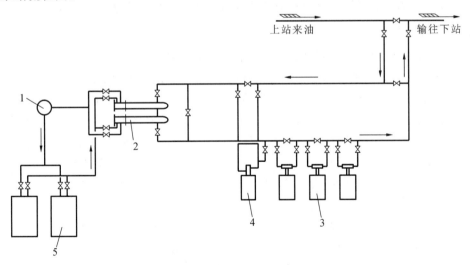

图 6-4　易凝原油管道密闭输油的中间热泵站流程图
1—缓冲罐；2—换热器；3—输油泵；4—增压泵；5—加热炉

正常运行时，上站来油先经换热器进行加热，再经输油泵加压后输往下站。当需要越站输送时,可以关闭进出站阀门,由上站将油品直接输往下站。通过站内阀门的控制,也可进行只加热而不加压越站运行或只加压而不加热的越站运行。

油品先加热后进泵,可降低进泵油品的黏度,以提高泵的效率。加热装置在低压下工作,既安全又节约钢材。站内设有辅助增压泵时,油品加热装置应设在辅助增压泵之后和输油主泵之前,这样不但保持先加热后进泵的优点,又使油流有足够压力进入主泵。

3. 末站(终点站)

管道终点的输油站称为末站,接收管道来油,将合格的油品输送给收油单位,或改换运输方式,如铁路、公路或水路运输。其主要任务是解决管道运输和其他运输方式之间的不均衡问题。末站除了设有庞大的油罐区,还有用于油品交接的较准确的计量系统以及油品传输设备,如铁路装油栈桥、水运装油码头及与之配套的泵机组等。

输油站包括生产区和生活区两部分。生产区内又分为主要作业区与辅助作业区。

输油站的主要作业区包括:输油泵房、加热系统、站控室、油罐区、阀组间、计量间和清管器收发装置等。站控室是输油站的监控中心,是站控系统与中央控制室联系的枢纽。阀组间由管汇和阀门组成,用于改变输油站的流程。计量间用于管理输油品的交接计量。输油管道上常用的是容积式流量计,如原油管道上一般用腰轮流量计、刮板流量计,对黏度较小的油品多用涡轮流量计。清管器收发装置由清管器发放、接收筒及相应的控制系统组成。清管器用于清除施工过程中遗留在管内的机械杂质等堆积物,以及清除输油过程中沉积在管内壁上的石蜡、油砂等沉积物。检测管子变形和腐蚀状况的内检测器也通过清管器收发装置发送及接收。油罐区容量的大小要根据转运方式的转运周期、一次运量、运输条件及管道输量等因素综合考虑。如转换为海运,则一次装油量大、周转期长,又要受台风等气候条件的影响,故需较大的储油罐区。输送单一油品的首末站罐区容量一般不小于3天的管道最大输量。

输油站的辅助作业区包括供电系统、输油管道的自控与生产调度,以及日常运行管理等所需的通信系统、供热系统、供排水系统、消防系统、机修间、油品化验室、办公室等。

(二) 管线

输油管道的线路(即管线)部分包括管道,沿线阀室,穿越江河、山谷等的设施和管道阴极防腐保护设施等。为保证长距离输油管道的正常运营,还设有供电和通信设施。

输送轻质油或低凝点原油的管道不需加热,油品经一定距离后,管内油温等于管线埋深处的地温,这种管道称为等温输油管,它无须考虑管内油流与周围介质的热交换。对易凝、高黏油品,不能采用这种方法输送,因为当油品黏度极高或其凝固点远高于管路周围环境温度时,每公里管道的压强将高达几个甚至几十个大气压,这种情况下,加热输送是最有效的办法。因此,热油输送管道不仅要考虑摩阻的损失,还要考虑散热损失,输送工艺更为复杂。

以中俄原油管道为例,该管道起自俄罗斯远东管道斯科沃罗季诺分输站,经俄边境加林达计量站,途经黑龙江省和内蒙古自治区12个县市,止于大庆末站,管道全长1030千米,设计年输入低凝原油1500万吨。该线于2009年5月18日开工建设,到2010年10月底,工程具备投产条件。管道在俄罗斯境内陆上长约63.4千米,横跨两国边境段1.15千米;在中国境内陆上全长965千米,管径为813毫米,沿线设置5座站场34座阀室。中俄原油管道境内段是国内第一条通过冻土区的原油管道,工程北段沿线500千米范围内,分布有岛状冻土区及与各种冻土段相连接的冻土过渡段,在地理位置、自然环境和输送工艺上,没有可以直接借鉴的经验。必须在冬季施工的有208千米,永冻土层施工区域极端低温达到零下52.3 ℃,冬季严寒给工程建设带来了不利影响,也对原油输送提出了极高要求。

二、输油管道的分类

输油管道可以按不同的方法分类,通常按输送油料的种类或轻重进行分类。

(1) 按输送油料的种类不同,输油管道可分为原油管道和成品油管道。原油管道的起点大多是油田,终点则可能是炼油厂或转运原油的港口、铁路枢纽;成品油管道的起点常是炼油厂或成品油库,沿途常有较多的支线分油或集油,其终点和分油点则是转运油库或分配油库,在该处用铁路油槽车或汽车油罐车将各种型号的成品油送给加油站或用户,或利用支线将油料直接送给大型用油企业。

(2) 按输送油料的轻重不同,输油管道分为轻油管道和重油管道。由于轻重油料的黏度和凝固点相差较多,常需采用不同的输送方法,敷设不同的输油管道。

三、输油管道的主要设备

(一) 输油泵

泵是一种将机械能(或其他能)转化为液体能的液力机械,它也是国内外输油管线广泛采用的原动力设备,是输油管线的心脏。离心泵通过离心力作用完成介质的输送任务。用于长输管道的输油泵有离心泵和往复泵两种,往复泵只在特殊条件下才使用。

离心泵的扬程随排量增大而减小,出口阀门关闭时,流量为零,扬程达到最大值。离心泵自吸能力低,大排量的离心泵要求油流正压进泵。离心泵的工作特性和效率受油品黏度影响较大,因此,离心泵适用于大量输送低黏度油品。离心泵可用电动机或燃气轮机等高转速动力机直接驱动,效率可达80%~86%,是输油管道的主要泵型。

离心泵的工作原理:启动前泵壳和整个吸入管路要充满液体,当原动机带动泵轴和叶轮旋转时,叶片间的液体也跟着旋转起来,液体在离心力的作用下,沿着叶片间的流道甩向叶轮外缘,进入螺旋形的泵壳内,由于流道断面积逐渐扩大,被甩出的流体流速减慢,将部分速度能转化为静压能,使液体压力上升,最后从排出管排出。与此同时,由于液体自叶轮甩出时,叶轮中心部分造成低压区,与吸入液面的压力形成压力差,在压力差的作用下液体不断地被吸入,并以一定的压力排至泵外。由此可知,离心泵的工作原理就是叶轮在充满液体的泵壳内高速旋转,使液体产生离心力,从而依靠离心力来输送液体。离心泵工作原理简图如图6-5所示。

离心泵主要优点如下。

(1) 泵的流量范围很大,一般常用的在5~2000 m^3/h,大型的输油泵可采用多级离心泵串联工作,每级的扬程可高达500~600 m。目前国外最大的达到54500 m^3/h。

(2) 管道泵的转速较高,可以与电动机和汽轮机直接相连,传动机构简单紧凑。

(3) 操作方便可靠,调节和维修容易,并易于实现自动化和远距离操作。

往复泵的排量只与每分钟的冲程数有关,而与扬程无关;扬程的大小仅受设备强度和动力的限制,在容许范围内,可随管道摩擦阻力而定;往复泵自吸能力好,因此适用于输送高黏油品,或用于易凝油品管道停输后的再启动。

各泵机组之间有串联和并联两种运行方式。串联运行时,泵站的排量就是每台泵的排量,

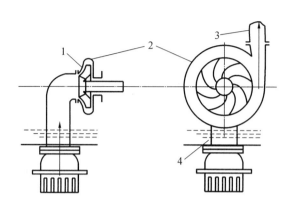

图 6-5　离心泵工作原理简图
1—叶轮；2—压出壳；3—排出管；4—进口管

泵站的扬程是各工作泵的扬程之和。并联运行时，泵站的排量是各工作泵的排量之和，每台泵的扬程就是泵站的扬程。离心泵可并联运行，也可串联运行。平原地区的泵站，多采用大排量、中扬程的离心泵串联运行，有利于节能和自动控制。若输油站的下游管道上坡很大，则并联更为有利。用内燃机和燃气轮机作动力的泵站，可调节转速来改变输量。电动机驱动的泵站，因为多数电动机本身的转速是恒定的，所以普遍采用大小泵的不同组合来调节输量。近年来也有用调速电机或液力耦合器来辅助输量的调节。

输油泵的选择需满足输油压力、排量和油品特性的要求。此外，还需考虑机组的可靠性、耐久性，并考虑易于操作、便于实现自控和遥控、有利于提高机组的效率和能够节能等多方面的因素。泵的可靠性尤为重要，它是保证管道不间歇地输送油品和实现油品输送自动化的基础。输油泵台数的确定要考虑有利于调节输量和操作方便，以及在规定的输量范围内，能够保持在泵的高效率区运行等因素。为提高设备利用率，一般每个泵站的泵机组数以 4 台左右为宜，其中 1 台为备用。

（二）输油泵站

输油泵站设于首站和中间输油站，它的基本任务是供给油流一定的能量（压力能或热能），将油品输送到终点站（末站）。输油泵站包括生产区和生活区两部分，生产区又可分为主要作业区和辅助作业区。主要作业区的设备或设施包括输油泵房、总阀室、清管器收发装置、计量间、油罐区、油品预处理装置（多设于首站）、加热炉或换热器组等；辅助作业区包括供电系统、供热系统、供水系统、排污与净化系统、车间与材料库、机修间、调度及监控中心、油品化验室与微波通信设备等。生活区指供泵站工作人员及家属居住的区域。图 6-6 为我国 2007 年 6 月 30 日投入运营的西部原油管网示意图，图中可以看出沿线有大量的中间泵站。

（三）加热装置

加热装置是热泵站的主要设备之一。在原油输送过程中对原油采用加热输送的目的是使原油温度升高，防止输送过程中原油在输油管道中凝结，减少结蜡，降低动能损耗。图 6-7 是我国塔河油田使用的原油加热炉。

常用的加热方法有：① 直接加热方法，是使原油在加热炉炉管内直接加热，即低温原油先经过对流室炉管被加热，再经辐射室炉管被加热到所需要的温度。油品在加热炉炉管内受火焰直接加热；当输油中断时，油品在炉管中有结焦的可能，易造成事故。② 用蒸汽或其他热媒作

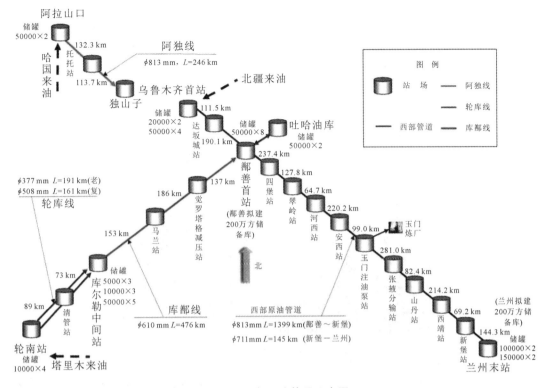

图 6-6 西部原油管网示意图

中间热载体,在换热器中给油品间接加热。间接加热炉的优点是安全、可靠,缺点是系统复杂,不易操作,造价亦较高。③ 利用驱动泵的柴油机或燃气轮机的排气余热或循环冷却水加热油品。

图 6-7 塔河油田使用的原油加热炉

(四) 储油罐

油罐是终点站和起点站的重要设备,主要用于储存石油及其产品,如图 6-8 所示。

油罐按建造方式可分为地下油罐(罐内油品最高液面比邻近自然地面低 0.2 m 以上者)、半地下油罐(油罐高度的 2/3 左右在地下)和地上油罐(油罐底部在地面或高于地面者)三种。按建造材料分为金属油罐、非金属油罐。按罐的结构形式分为立式圆柱形油罐、卧式油罐、双曲率形油罐三类。

一般来说,应用较广的是钢质金属油罐,安全可靠,经久耐用,施工方便,节省投资,可储存各种油品。非金属油罐大都建造在地下或半地下,用于储存原油或重油,容积较小,易于搬迁。非金属油罐油品蒸发的速度比钢罐油品蒸发的速度慢,抗腐蚀能力亦比金属罐强;其缺点是易渗漏,不适合储存轻质油品,且当罐底发生不均匀沉陷时易产生裂纹,且难以修复。大型管道起讫点的油库还可用地下大型岩穴和盐岩穴等储存大量油品。长距离输油管道上普遍采用大容量的金属浮顶油罐或内浮顶油罐。

图 6-8 大型(立式圆柱形)储油罐

首末站油罐区总容量取决于管道输送量及油品所需的储备天数。储备天数与来油或转油的方式有关。油罐区的总容量按下式计算:

$$V = \frac{GK}{350\rho\varepsilon}$$

式中:V——首(末)站油罐总容量(m^3);

G——首(末)站油品年总转运量(t);

ρ——储存温度下油品的密度(t/m^3);

ε——油罐容积利用系数,立式固定顶金属罐取 0.85,浮顶罐取 0.9;

K——油品储备天数。

我国国家标准《输油管道工程设计规范》中规定,不同类型输油站的原油储备天数按下列原则考虑:

首站:与油田管道相连时,$K=3$ d;为铁路卸车油库时,$K=3\sim5$ d;为水运码头油库时,海运 $K=5\sim7$ d,河运 $K=3\sim4$ d。

末站:为装车油库时,$K=4\sim5$ d;为水运装船码头油库时,海运 $K=5\sim7$ d,河运 $K=3\sim4$ d;为向用户供油的管道转运站时,$K=2\sim3$ d。

顺序输送管道的罐容量取决于循环次数、油品种类和输量。

(五) 管道系统

输油系统一般采用有缝或无缝钢管,大口径者可采用螺旋焊接钢管。无缝钢管壁薄、质轻、安全可靠,但造价高,多用于工作压力高、作业频繁的主要输油管线上。焊接钢管又称有缝管,是目前输油管路的主要用管,制造材料多为普通碳素钢和合金钢。

无缝钢管壁薄、质轻、安全可靠,但造价高,多用于工作压力高、作业频繁的主要输油管线上。无缝钢管的规格标称方法是：外径×壁厚，如 $\phi 108 \times 4$ 表示外径为 108 mm、壁厚为 4 mm 的无缝钢管。承受压力在 $200 \sim 400$ N/cm^2。

焊接钢管又称有缝钢管，是目前输油管路的主要用管。制造材料多为普通碳素钢和合金钢，制造工艺有单面焊和双面焊两种，一般可耐压 $300 \sim 500$ N/cm^2。图 6-9 为 2015 年开工建设中的中缅原油管道。

图 6-9　2015 年开工建设中的中缅原油管道

（六）清管设备

油品在运输过程中，管道结蜡使管径缩小，造成输油阻力增加，能力下降，严重时可使原油丧失流动性，导致凝管事故。处理管道结蜡有效而经济的方法是机械清蜡，即从泵站收发装置处放入清蜡球或其他类型的刮蜡器械，利用泵输送原油在管内顶挤清蜡工具，使蜡被清除并随油输走。图 6-10 为机械式管道清管器的结构及实体图。

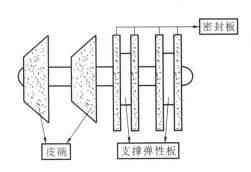 

图 6-10　机械式管道清管器的结构及实体图

（七）计量及标定装置

为保证输油计划的完成，需要加强输油生产管理，长输管线上必须对油品进行计量，以及时刻掌握油品的收发量、库存量及耗损量。现代管道运输系统中，流量计已不仅仅是一个油品计量器，它还是监测输油管运行的中枢。如通过流量计调整全线运行状态、校正输油压力与流速、发现泄漏等。

(八) 监控与数据采集系统

现代输油管道通过计算机监控与数据采集系统(SCADA)实现全线的集中控制。SCADA 系统主要由控制中心计算机系统、远程终端装置(RTU)、数据传输及网络系统以及应用软件组成。控制中心的计算机通过数据传输系统对设在泵站、计量站或远控阀室的 RTU 定期进行查询,连续采集各站的操作数据和状态信息,并向 RTU 发出操作和调整设定值的指令,从而实现对整条管道的统一监视、控制和调度管理。

控制中心的主计算机是 SCADA 系统的核心。为了保证系统高度可靠,主计算机系统采用双机热备用运行方式,一台在线监控,另一台处于热备用状态。正常运行时,主机定时把数据送入备用计算机的内存储器中。一旦检测到主机或相关设备出现故障,主机自动脱离在线控制,由备用机取代,外围设备也自动切换到备用机上。主计算机具有以下功能:① 监视各站的工作状态及设备运行情况,采集各站数据和状态信息,发现异常时发出报警信息;② 根据操作人员或控制软件的要求向 RTU 发出操作指令,对各站的设备进行遥控;③ 提供有关管道系统运行状态的图形显示及历史资料的比较及趋势显示;④ 记录及打印各站的主要运行参数及运行状态报告;⑤ 记录管道系统所发生的重大事件的报警、操作指令等;⑥ 运行有关的应用软件。

站控系统的核心是 RTU 或可编程序控制器(PLC)。现代 SCADA 系统采用以微处理机为基础的智能 RTU,它具有以下特点:能在现场处理数据,即使与控制中心通信中断,仍能保持监控功能,自动对控制进行决策,独立完成操作。站控系统的 RTU 或 PLC 大多也采用双机热备用方式运行。它们与现场传感器、变送器和执行器或泵机组、加热炉的工业控制计算机连接。其主要功能有:① 过程变量巡回检测和数据处理;② 向控制中心报告经选择的数据和报警;③ 提供运行状态、工艺流程、动态数据的画面、图像显示、报警、存储、记录、打印;④ 除执行控制中心的命令外,还可独立进行工作,实现 PID 及其他控制;⑤ 实现流程切换;⑥ 进行自诊断,并把结果报告控制中心;⑦ 给操作人员提供操作记录和运行报告。

长距离输油管道输量大、运输距离长、全年连续运行,能耗很大。对于运行中的管道应确定其最优运行参数,使全线的能耗费用最小。国外大部分管道及国内部分管道均在其 SCADA 系统中装有优化运行控制软件,定时对管道的运行控制方案进行优化,使管道在最经济的状态下运行。

第三节 输气管道运输设备

一、输气管道的组成

输气管道系统主要由矿场集气网、干线输气管道(网)、城市配气管网以及与此相关的站、场等设备组成。这些设备从气田的井口装置开始,经矿场集气、净化及干线输送,再经配气网送给用户,形成一个统一的、密闭的输气系统。图 6-11 是输气管道系统示意图。

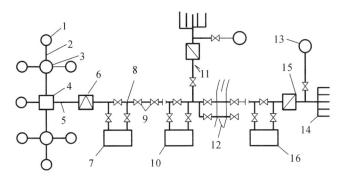

图 6-11 输气管道系统示意图

1—井口装置;2—集气支线;3—集气站;4—集气总站;5—集气干线;6—气体处理厂;
7—压缩机首站;8—输气干线 9—截断阀;10—压缩机中间站;11—输气支线;12—穿(跨)越;
13—储气库;14—城市配气管阀;15—配气站;16—压缩机末站

二、输气管道的分类

按压气站在管道沿线的位置分为起点压气站、中间压气站和终点充气站。起点压气站位于气田集气中心或处理厂附近,为天然气提供压力能,并有气体净化、气体混合、压力调节、气体计量、清管器发送等作业。中间压气站位于运输管道沿线上,主要是给在输送中消耗了压力能的天然气增压。终点充气站位于储气库内,主要是将输来的天然气加压后送入地下储气库。

三、输气管道系统的特点

(1) 输气管道系统是一个连续密闭输送系统。
(2) 从输送、储存到用户使用,天然气均处于带压状态。
(3) 由于输送的天然气高度小,静压头影响远小于液体,设计时高差小于 200 m 时,静压头可忽略不计,因此线路几乎不受纵向地形限制。
(4) 不存在液体管道水击危害。
(5) 发生事故时危害性大,波及范围广。管道一旦破裂,释放能量大,撕裂长度较长,排出的天然气遇有明火,还易酿成火灾。

四、输气管道的主要设备

(一) 矿场集气设备

集气过程从井口开始,经分离、计量、调压净化和集中等一系列过程,到向干线输送为止。集气设备包括井场、集气管网、集气站、天然气处理厂、外输总站等。

(二) 压气站

压气站是输气管道的主要工艺站场,其核心功能是给天然气增压。此外,压气站通常还具有清管器收/发、越站旁通输送、安全放空、管路紧急截断等功能。如果压气站位于管道起点或分支点,则还应该具有计量和调压功能。

压气站可按作用分为压气站、调压计量、储气库三类。压气站的核心设备是压气机,任务是对气体进行调压、计量、净化、加压和冷却,使气体按要求沿着管道向前流动。由于长距离输气需要不断供给压力能,故沿途每隔一定距离(一般为 110～150 km)设置一座中间压气站(或称压缩机站),首站是第一个压气站,最后一站即干线网的终点——城市配气站。以我国的兰银线为例,该线起自涩宁兰线的兰州末站,途经西气东输甘塘分输站,终于银川市站。管道全长 413.7 km,设计压力为 10 MPa,设计输量为 35 亿立方米/年,沿线设有多个压气站,兰银线管网如图 6-12 所示。

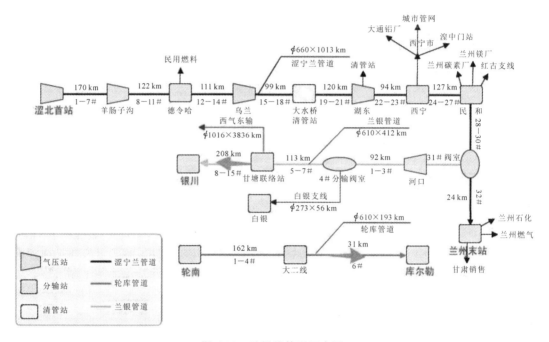

图 6-12 兰银线管网示意图

由压气机组合而成的压气机组是压气站的主要设备。长输管道采用的压气机有往复式和离心式两种。往复式具有压缩比(出口与进口的压力之比)高及可通过气缸顶部的余隙容积来改变排量的特点,适用于起点压气站和终点充气站。离心式压气机压缩比低,排量大,可在固定排量和可变压力下运行,适用于中间压气站。两种压气机均可用并联、串联或串联和并联兼用方式运行。当需要高压缩比、小排量时多采用串联方式运行;当需要低压缩比、大排量时多用并联方式运行;当压力和输量有较大变化时,可用串联和并联兼用方式运行。功率不同的压气机可以搭配设置,便于调节输量。往复式和离心式两种压气机也可在同一站上并联使用。

压气机的选择,除满足输量和压缩比要求,并有较宽的调节范围外,还要求具有可靠性高、耐久性好,并便于调速和易于自控等。在满足操作要求和运行可靠的前提下,尽量减少机组台数,功率为 1000～5000 马力的机组,有 3～5 台压气机,并有 1 台备用,大功率机组一般设有备用机。压气机用的原动机有燃气发动机、电动机和燃气轮机等多种。

压气站的流程由输气工艺、机组控制和辅助系统三部分组成。输气工艺部分除净化、计量、增压等主要过程外,还包括越站旁通、清管器接收及发送、安全放空与紧急截断管道等。机组控制部分有启动、超压保护、防喘振循环管路等。辅助系统部分包括供给燃料气、自动控制、冷却、润滑等系统。压气站的流程如图 6-13 所示。

调压计量站多设在输气管道的分输处或末站,其作用是调节气体压力、测量气体流量,为城市配气系统分配气量并分输到储气库。有的调压计量站还能监测气体的质量。末站主要是给

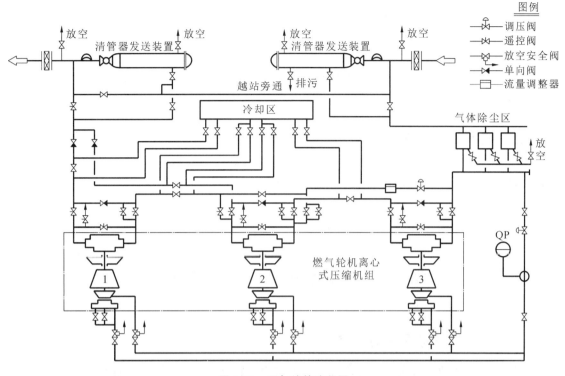

图 6-13 压气站的流程图

城市配气系统分配天然气和分输给储气库。调压计量站的主要设备有压力调节阀、计量装置和杂质分离器等。为保护调压计量站下游低压系统的安全,常在低压系统的主调压阀后,串联安装一个监控调压阀。当主调压阀失灵造成下游压力升高时,监控调压阀便立即投入运行,以保护低压系统。

储气库则设于管道沿线或终点,用于解决管道均衡输气和气体消费的昼夜及季节不均衡问题。也是为实现均衡输气、提高输气管道利用率和保证安全供气而建立的作业站。为确保管道经常处于高效率输量下运行,当管道发生事故时仍能连续向用户供气,应在城市配气站或大工业用户附近建造储气库。它能在用气负荷低峰时储存多余的天然气,在用气负荷高峰时补充管道来气量的不足,并能调节因昼夜和季节用气量变化而引起的输气不均衡。

储气库有地下储气库、埋地高压管束储气库等。地下储气库用枯竭的油、气田构造或用含水层和人工盐岩穴等建成。地下储气库建设投资少、储气量大,其中尤以利用枯竭的油、气田构造建造的储气库最为简单。埋地高压管束储气库容量有限,而且单位储量造价高。地下储气库的地面设施分注气和采气两部分,如图 6-14 所示。

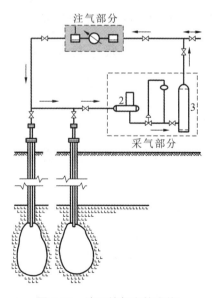

图 6-14 地下储气库的设施
1—压气机;2—气体加热器;3—脱水装置

注气时，由充气站的压气机将气体加压注入地下储气库；采气时，天然气从储气库出口采出，进行加热、脱水后进入输气管道。

（三）干线输气

干线是指从矿场附近的输气首站开始到终点配气站为止。输气管道输送的介质是可压缩的，其输送量与流速、压力有关。压气机站与管路是一个统一的动力系统。输气管线可以有一个或多个压气机站。

（四）城市配气系统

城市配气指从配气站（即干线终点）开始，通过各级配气管网和气体调压所按用户要求直接向用户供气的过程。配气站是干线的终点，也是城市配气的起点与枢纽。气体在配气站内经分离、调压和添味后输入城市配气管网。城市一般均设有储气库，可调节输气与供气之间的不平衡。

第四节　固体料浆管道运输设备

一、固体料浆管道系统的组成

固体物料浆体的管道运输是将待输送的固体物料破碎成粉粒状，与适量的液体配制成可泵送的浆体，输送到目的地分离出水后送给用户，浓煤浆也可直接作燃料燃烧。目前，浆体管道主要用于输送煤、铁矿石、磷矿石、铜矿石、铝矾土和石灰石等矿物，以及发电厂的灰渣等。制浆液体大都用水，也有用燃料油配制成油煤浆。

料浆管道的基本组成部分与输气、输油管道大致相同，但还有一些制浆、脱水干燥设备。以煤浆管道为例，整个系统包括煤水供应系统、制浆厂、干线管道、中间加压泵站、终点脱水与干燥装置。它们也可分为三个不同的组成部分：浆液制备厂、输送管道、浆液后处理系统。

二、固体料浆管道的分类

固体料浆管道可按所输物质分为煤浆管道、铁矿浆管道等；按所用的载体，可分为液送管道、风送管道等。液送管道的载体一般用水，也正在发展用甲醇等其他液体作载体。风送管道用压缩空气作为载体。目前长距离、大输量的固体料浆管道都采用浆液输送工艺。

三、固体料浆管道主要设备

固体料浆管道设备由浆液制备系统、中间泵站、后处理系统三部分组成。

（一）浆液制备系统

以煤为例，煤浆制备过程包括洗煤、选煤、破碎、场内运输、浆化、储存等环节。为清除煤中所含硫及其他矿物杂质，一般要采用淘选、浮选法对煤进行精选，也可采用化学法或细菌生物法。

煤浆管道首站一般与制浆厂合在一起，首站的增压泵从外输罐中抽出浆液，经加压后送入干线。图 6-15 是制浆流程。

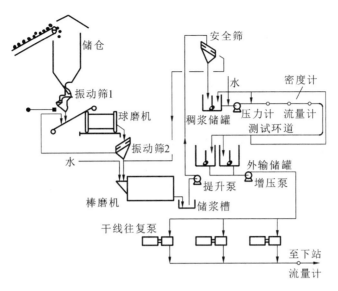

图 6-15 制浆流程

（二）中间泵站

中间泵站的任务是为煤浆补充压力能,停运时则提供清水冲洗管道。输送煤浆的泵也可分容积式与离心式两种,其特性差异与输油泵大致相同。泵的选用要结合管径、壁厚、输量、泵站数等因素综合考虑。为了减少浆液对活塞泵缸体、活塞杆、密封圈的磨蚀,国外研制了一种油隔离泵,可避免浆液进入活塞缸内,活塞只对隔离油加压并通过它将压力传给浆液。

（三）后处理系统

煤浆的后处理系统包括脱水、储存等部分。管输煤浆可脱水储存,也可直接储存。

影响脱水的因素主要有浆液温度与细颗粒含量。图 6-16 描述了一般煤浆的脱水流程。浆液先进入受浆罐或储存池,然后再用泵输送到振动筛中区分出粗、细浆液。粗浆液进入离心脱水机,脱水后的煤粒可直接输送给用户,排出的废液与细粒浆液一起输入浓缩池,经浓缩后再经压滤机脱水,最后输送给用户。

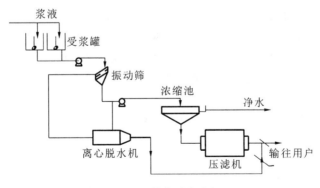

图 6-16 煤浆脱水流程

管道中流动的浆液是固液两相的混合物,其输送过程中还要考虑其沉淀的可能,尤其是在流速降低的情况下。不同流速、不同固体粒和不同浓度条件下,浆液管道中可能出现均质流、非均质流、半均质流三种流态。

要保证系统的经济性需要考虑并确定合理的颗粒大小及浆液浓度。细颗粒含量多时虽然可以降低管输费用，但制浆、脱水费用会增加。

四、固体料浆管道输送工艺特点

（一）浆体管道的流态及阻力特性

浆体是固液两相的混合物。由于密度差（浆体中固体密度一般大于液体），固体颗粒趋于沉降。因此，浆体管道必须在一定的流速下运行，以保持固体颗粒处于悬浮状态。流速过低会导致固体颗粒沉淀。在不同的流速下，浆体管道可能出现以下三种流态。

1. 均质流

固体颗粒全部处于悬浮状态，在管道横截面上颗粒浓度相同，这种流态都发生在浆体流速较高、固体颗粒的粒径较小和固液两相密度差较小的场合。

2. 半均质流

固体颗粒处于悬浮状态，但管道横截面上的颗粒浓度分布不均，大颗粒在管截面的下部运动，故截面下部的固体浓度大，上部的固体浓度小，但颗粒不沉积。在相同流速下，颗粒较大，固液两相密度差较大时容易出现这种流态；对于一定组成的浆体，流速降低可导致流态进入此区域。

3. 非均质流

整个管截面上浓度分布很不均匀，会出现固体颗粒沉淀，并可能在管道底部出现沉积层。

同一种浆体当流速变化时，其流态可能在均质流和半均质流，或半均质流与非均质流之间转化。开始出现沉积时的流速称为浆体的临界流速，它也是半均质流和非均质流分界的参数。浆体管道应在临界流速之上，半均质流态下输送较为适宜。

非均质流不仅摩阻高，管输费用高，而且沿管长方向形成浓度梯度，会导致流动不稳定，有堵管的可能，并使管道底部的磨蚀增加。均质流虽然摩阻损失小，管输费用低，但要求的颗粒太细，会给制浆和脱水造成困难，使这两部分的成本显著增大，而且当颗粒的细度超过某一极限值时，浆体的黏度将急剧增大，管输费用反又升高。故应该选择最佳的颗粒大小和级配，以使制浆、管输、脱水等的总费用最低。

浆体管道固液两相流的阻力特性与单相液体管道有显著的不同，在一定管径、一定浓度时，固液两相流管道的阻力特性如图 6-17 所示。图中纵坐标 i 是单位管长的压降（以浆体液柱高度表示）即水力坡降，横坐标 Q 是管道的流量。基本水力坡降 i_1 为没有沉积问题时浆体流动的水力坡降，它随流量的上升而增大。

在一定浓度、一定管径条件下，固液两相流管道的阻力特性曲线分为五个阶段。

第一阶段，在流量 Q 很小时，固体颗粒沉积于管底，水由沉积层表面漫过或由沉积层内部渗过，如图 6-17 中 0~1 段所示。

第二阶段，当流量增大到 Q_1 时，固体颗粒开始滑动、滚动或跳跃，消耗于固体颗粒滑动或滚动的能量随流量的增加而增加，故阻力也增大，如图 6-17 中 1~2 段所示。

第三阶段，当流量增大到 Q_2 时，大部分颗粒处于间歇悬浮或跳跃状态，沿管底部滑动、滚动的固体颗粒开始减少，因此消耗于固体颗粒滑动和滚动的能量随流量的增大而减小，故阻力也

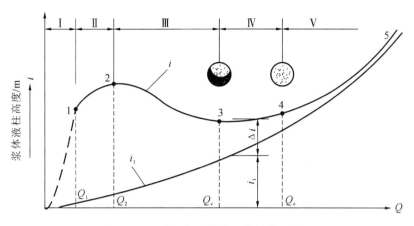

图 6-17　固液两相流管道阻力特性示意图

减小,如图 6-17 中 2~3 段所示。

第四阶段,当流量增大到 Q_c 时,绝大部分颗粒处于间歇悬浮或跳跃状态,沿管底部滑动、滚动的固体颗粒越来越少,为此而消耗的能量也越来越小,但液相消耗的能量却随流量的增大而增大,故阻力也增大,如图 6-17 中 3~4 段所示。

第五阶段,当流量增大到 Q_e 时,固体颗粒处于完全悬浮状态,阻力随流量的增加而增大,如图 6-17 中 4~5 段所示。

可见点 4 是一个临界状态点。设计浆体管道时,常取临界流速的 1.1~1.2 倍(煤浆管道一般为 1.5~2.0 m/s)为其操作流速,以保持在半均质流或均质流的状态下运行,求得较低的固体颗粒滑动、滚动的能耗,使浆体有较好的水力特性,并要考虑到在管线停输后再启动时,易于再悬浮。

我国拟建的山西盂县—潍坊—青岛煤浆管道,盂县—潍坊段临界流速为 0.62 m/s,输送流速为 1.77 m/s;潍坊—青岛段临界流速为 0.54 m/s,输送流速为 0.68 m/s。

(二) 颗粒大小和级配的选择

浆体输送中固体颗粒的大小是影响流动的稳定性、运行的安全性与经济性的重要因素,因而颗粒大小的选择是浆体管道运输的关键技术之一。煤浆管道的实验表明,当直径小于 0.045 mm 的颗粒含量小于 14% 时,在一般的运行流速下会形成非均质流,必须当上述细颗粒的含量超过 18% 时,才能保证稳定的悬浮状态,并容易在管道停输后实现再启动。但当上述颗粒的含量超过 20% 时,再脱水就出现困难。

对颗粒的最大直径需要有一定的限制。在一般的流速下,粒径大于 1.2 mm 的颗粒不能均匀地悬浮起来,有滞留在管底的危险。故就煤浆管道而言,合适的煤颗粒级配一般应在 0~1.2 mm,另外在煤浆管道中要有足够数量的细煤粉,以保证较大的颗粒能悬浮流动。粒径上限对于不同的物料有不同的要求,用通过 95% 质量的物料的筛径 d_{95} 表示时,一般来说,砂为 1.0 mm,石灰石为 0.6 mm,磷灰石为 0.3 mm,铜精矿为 0.2 mm,铁精矿为 0.15 mm。

我国拟建的山西盂县—潍坊—青岛煤浆管道设计的最大粒径为 $d_{100}=1.25$ mm,平均粒径为 0.34 mm。

上述要求主要是考虑了管输的稳定性,从整个系统的技术经济角度分析,颗粒大小的选择还和管道长度有关。细颗粒的含量较多时,虽然制浆和脱水这两部分费用的绝对值较大,但管输费下降,随着管道长度的增加,平均每吨·公里的总费用就会减少。而且在一定的数量下,每吨·公里的管输费用也是随着运距的增加而减少的。

从整个系统总费用的数学分析可得出,随着管道长度缩短,最优颗粒尺寸由细变粗,要求直径在 0.045 mm 以下的颗粒含量下降。但这种下降当然要以不进入非均质流为界。国外对一条长 322 km,年输煤量 $237×10^4$ t 的煤浆管道的分析显示,年经营费用最小时的颗粒级配应为大于 1.2 mm 的占 0.16%,小于 0.045 mm 的占 24.94%。

(三) 浆体浓度的选择

浆体中固体浓度较低时,颗粒的沉降速度增大,易形成非均质流而使管道工作不稳定,但浆体中的固体浓度太高时,浆体的黏度增大,使摩阻损失加大,也促使每吨·公里的输送能耗上升。因此,存在一个输送能耗最小的最佳浆体浓度。国外文献建议,当煤的相对密度为 1.4 时,长输煤浆管道的最佳质量浓度为 45%~55%。美国俄亥俄州和黑迈萨两条输煤管道所选的质量浓度为 50%,我国拟建的山西盂县—潍坊—青岛煤浆管道设计的质量浓度为 53%。

对于不同的固体物料,由于其相对密度、破碎的难易程度、终点的用途等条件不同,最佳的颗粒级配和浓度也不同。如巴西萨马科铁矿浆管道所输矿浆的质量浓度为 66%,其颗粒级配为小于 0.045 mm 的占 85%,大于 0.075 mm 的占 4%,其细颗粒的含量比煤浆管道大,因而其重量浓度增大。

(四) 浆体管道的敷设坡度

为了避免在管道停运时管底沉留的固体粒子下滑到管道最低处而形成墙塞,对浆体管道的敷设坡度有严格限制。这是浆体管道与油气管道的又一显著区别。对于磁铁精矿管道,此坡度不宜大于 15%,赤铁精矿浆体管道为 15%,铜精矿为 12%~18%,煤浆为 16%。

(五) 浆体管道的腐蚀与磨蚀

浆体管道除了要遭受水的内腐蚀外,还要经受固体颗粒对内壁的磨蚀。故确定壁厚时,要留适当的腐蚀和磨蚀余量。当固体物料的密度大(如铁矿浆)、粒径又大时,磨蚀就较严重。流速高时磨蚀也加剧,故必须控制一定的流速。

一般情况下,煤的硬度较小,故磨蚀较轻。根据黑迈萨管道的实测资料,运行 10 年内的平均年磨蚀量为 0.0889 mm,并且管道周围磨蚀均匀。对用水作载体的浆体管道,为减少水对管内壁的腐蚀,要严格控制水质,并常往水中注入缓蚀剂。

第五节 管道运输装备的维护与管理

一、管道运输装备的维护管理

管道输送设备管理是对管道站、库的设备进行维护和修理,以保证管道的正常运行。管理的内容主要包括:对设备状况进行分级、登记;记录各种设备的运行状况;制订设备日常维修和大修计划;改造和更新陈旧、低效能的设备;保养在线设备。

管道线路管理指对管道线路进行管理,以防止线路受到自然灾害或其他因素的破坏。管理内容主要包括:日常的巡线检查;线路构筑物和穿越、跨越工程设施的维修;管道防腐层的检漏和维修;管道的渗漏检查和维修;清管作业和管道沿线的放气、排液作业;管道线路设备的改造和更换;管道线路的抗震管理;管道紧急抢修工程的组织等。

二、输油管道防腐措施与检漏方法

(一)输油管道的防腐措施

根据金属腐蚀过程的不同点,可以分为化学腐蚀和电化学腐蚀两种。

(1)化学腐蚀。单纯由化学作用而引起的腐蚀叫化学腐蚀。例如,金属裸露在空气中,与空气中的 O_2、H_2S、SO_2、Cl_2 等接触时,在金属表面上生成相应的化合物。通常金属在常暖和干燥的空气里并不易被腐蚀,但在高温下就易被氧化,生成一层氧化皮,同时还会发生脱碳现象。此外,在油品中含有多种形式的有机硫化物,环烷酸等对金属输油管道也会产生化学腐蚀。

(2)电化学腐蚀。当金属和电解质溶液接触时,由电化学作用而引起的腐蚀叫作电化学腐蚀。它和化学腐蚀不同,是由于形成了原电池而引起的。金属管道与含有水分的大气、土壤、湖泊、海洋接触。这些介质中含有 CO_2、SO_2、HCl、$NaCl$ 及灰尘,都是不同浓度的电解质溶液,金属本身含有杂质,由于铁元素和杂质元素的电位不同,所以当钢铁暴露于潮湿空气中时,表面的吸附作用,就使钢铁表面上覆盖一层极薄的水膜。水膜中的 Fe^{2+} 离子和 OH^- 离子结合,生成 $Fe(OH)_2$ 附着在钢铁表面,这样钢铁便很快遭受腐蚀。

地下管道的腐蚀主要有电化学腐蚀、杂散电流腐蚀和微生物的腐蚀等。影响金属腐蚀的因素包括金属的本性和外界介质两个方面。就金属本身来说,金属越活泼就越易失去电子而被腐蚀。外界介质对金属腐蚀的影响也很大,假如金属在潮湿的空气中,接触腐蚀性气体或电解质溶液,都易于腐蚀。

输油管道的防腐一般采用如下方法。

1.地上管道外防腐

根据以往经验,普遍看好以红丹油性防锈漆、红丹醇酸防锈漆等作底漆。这些漆防锈性能好,于钢铁表面附着力强。施工现场用樟丹和清油现配,要把握好比例。待底漆干燥后,均匀涂刷两遍面漆。面漆材料有很多种,但使用较多的为铝粉漆。铝粉漆漆膜平滑、坚韧、附着力强,并有金属光泽。

2.埋地管道的防腐绝缘

油品中仍残留一些杂质、水分、微生物,因为这些残留物的存在,管道内壁也会形成原电池,造成腐蚀,产生的锈片将严重影响油品质量。一般内防腐采用 036 耐油防腐涂料。该涂料化学稳定性好,机械性能高,不污染油品,使用方便。施工中要求对底材处理,用喷丸除锈,质量应达到国标 Sa2.5 级。做两道 036-1 底漆,再涂两道 036-2 面漆。按规定严格控制涂漆厚度。

外防腐埋地管道的防腐绝缘,一般分三级:土壤电阻率<20 Ω 时采用特加强绝缘;20 Ω≤土壤电阻率<50 Ω 时采用加强绝缘;土壤电阻率≥50 Ω 时采用普通绝缘;施工中按国标除锈,采用环氧煤沥青和玻璃丝布进行防腐绝缘,其耐油性、耐细菌腐蚀性和优异的抗阴极剥离性使其适用于各种环境。

(二)输油管道检漏方法

1.人工巡线

人工巡线在国外石油公司也广泛应用。美国 Spectratek 公司开发出一种航空测量与分析装置。该装置可装在直升机上,对管道泄漏进行准确判断。

我国通常是雇佣巡线员沿管道来回巡查,虽与发达国家有较大差距,但针对我国国情来说,也是切合实际的。

2. 管道内部检测技术

通过对清管器应用磁通、超声、录像、涡流等技术提高了泄漏检测的可靠性和灵敏度。国际管道和近海承包商协会 IPLOCA 宣布,迄今为止已开发出 30 多种智能清管器。智能清管器应用了大量最新研发出来的电子技术和计算机技术,可依靠计算机对检测结果进行制图。新型清管器在硬件方面装备了传感器、数据贮存和处理设备、电视和照相设备;在软件上配备了专门用于分析的软件包。此类清管器不仅可用于管道检漏,而且可勘查管壁结蜡状况,记录管内压力和温度,检测管壁金属损失。如磁漏式清管器,通过永久磁铁来磁化管壁达到磁通量饱和密度。清管器在管道中流动时,管壁内外腐蚀、损伤和泄漏等部位会引起异常漏磁场,清管器中的传感器会感应到。管壁中的任何变化都会引起磁力线产生相应的变化。现在,微处理机和有限元数值计算技术的发展使清管器对信号识别和处理的功能大大增强。但磁漏式清管器的输出信号受管道压力、使用环境的影响较大,传感器的感应线圈仅对某种类型和尺寸的缺陷灵敏。一般来说这种清管器适合于金属孔隙探测。其他智能清管器中,还有超声波检测清管器、内径规清管器和核子源清管器等。

3. 管道外部动态检测技术

随着自动化仪表、计算机技术的深入发展,各种动态检测技术也相继出现,如压力点分析法、特性阻抗检测法、互相关分析法、压力波法、流量差监测法、管道瞬变模型法等。

1) 压力点分析法(PPA 法)

PPA 法可用于气体、液体的多相流管道的检测。当管线处于稳定工况时,流体的压力、速度和密度的分布是不随时间变化的。当泵或压缩机供给的能量变化时,上述参数是连续变化的。当管道发生泄漏后,液体将过渡至新的稳态。过渡时间从几分钟到十几分钟不等,由动量和冲量定理确定。PPA 法检测流体从某一稳态过渡到另一稳态时管道内流体压力、速度和密度的变化情况,来判断是否包含有泄漏信号。但 PPA 法应用统计技术,需要大量的原始测量数据,并且无法对泄漏点进行定位。

2) 特性阻抗检测法

由传感器构成的检漏系统可随时检测到管道微量原油的泄漏情况。传感器采用多孔聚四氟乙烯树脂作为绝缘材料。这种材料导电率、绝缘阻抗热稳定性好,不易燃烧,化学稳定性好。当漏油渗入后,其阻抗降低,从而达到检漏目的。

3) 互相关分析法

设上、下两站的传感器接收到的信号分别为 $x(t)$、$y(t)$。两个随机信号 $x(t)$、$y(t)$ 满足互相关函数 $Rxy(t)$ 关系。如果 $x(t)$、$y(t)$ 两信号是同频率的周期信号或包含有同频率的周期成分,那么即使 t 趋近于无穷大,互相关函数也不收敛并会出现该频率的周期成分。如果两信号含有频率不等的周期成分,则两者不相关。

4) 压力波法

压力波法是国内应用比较普遍的检漏方法。管线由于腐蚀、人为打孔原因破裂时,会产生一个高频的振动噪声,该噪声以应力波的形式沿管壁传播,强度随距离按指数规律衰减。在管道上安装对泄漏噪声敏感的传感器,通过分析管道应力波信号功率谱的变化,即可检测出流体的泄漏。

5）流量差监测法

理论上,管道容量＝管道流进量－管道流出量＝常量。所以,测试上、下游的流量差,当其值超过某一阈值(常量＋ΔV)时,应立即报警。

三、管道安全管理

安全生产管理是企业管理的重要组成部分,是企业生存的根本。安全生产管理是保证生产正常进行,防止发生伤亡事故,确保安全生产而采取的各种对策、方针和行动的总称。它要管理好人、物和环境。安全生产管理同样存在计划、实施、检查和处理循环等环节。

(一) 输油管道事故类型

输油管道由输油站和管线两大部分组成,两者有不同的安全特点。输油站内有机泵、阀门、管汇、加热炉、油罐、通信及电力系统等。而管道则有埋设在地下、隐蔽、单一和野外性等特点。对于输油管道的易发事故,根据其不同的特点,可将其分成六类。

1. 管道强度不足

这类事故多数是因焊缝或管道材料的缺陷引起的管道破裂。另外,管道的施工温度与输油温度之间存在一定的温差,造成管壁拉伸变薄,也会形成破裂。

2. 管道腐蚀穿孔

一般管道都有防腐绝缘层,使管材得到保护,不会造成腐蚀破坏,但是,土壤中含水、盐、碱及地下杂散电流等,会造成管道腐蚀,严重的会造成管道穿孔。

3. 凝管事故

长输热油管道发生凝管事故不仅造成管线停输,影响油田、炼厂、装油码头的正常生产,而且还要消耗大量的人力、物力解堵,其经济损失是相当巨大。造成长输热油管道凝管事故主要有以下几种情况。

(1) 管道投产初期,油源不足,又无反输能力,造成凝管。

(2) 管道输量不足,采用正反输交替运行时,未能及时跟踪监测运行参数的变化,没有采取相应措施而导致凝管。

(3) 油源不足而采用降量输送时,因输油温度低造成凝管事故。

(4) 停输时间过长造成凝管。

(5) 长期没清管的管道,清管过程中造成凝管。

4. 设备事故

输油站内的泵机组、阀门、加热炉、油罐、锅炉等设备都存在发生事故的可能性。

5. 自然灾害

地震、洪水、地层滑坡、泥石流、雷击等自然灾害都可能破坏管道造成泄漏污染事故,也可能击毁油罐或其他设备,造成意外损失。

6. 违规事故

操作人员因违反操作规程造成跑油、憋压、冒罐等事故。

(二) 输油管道的维修和抢修

当输油管道发生穿孔、破裂、蜡堵、凝管或其他设备事故时,都可能伴随出现跑油或火灾事故的发生,其后果惨重。所以,一旦发生事故,必须组织力量进行抢修,而日常的维护保养更是不可缺少的。如果是管道穿孔、破裂跑油,应选择适当的位置开挖储油池,防止原油泄漏污染农田、河流、湖泊等。对于长输管道的事故,应根据具体情况采取不同的措施和方法进行处理。

1. 管道穿孔的抢修

管道穿孔常见的有腐蚀穿孔、砂眼孔、缝隙孔和裂缝等。其特点是漏油量较小,初始阶段对输油生产影响较小,也不易发现,但随时间的延续,会逐步扩大,以至影响输油生产。这类事故在初始阶段处理较为简单,所以应抓紧时机,及时排除故障。

2. 管道破裂的抢修

管道由于强度不够、韧性不好或焊缝有夹渣、裂纹等缺陷或管道受到意外载荷发生破裂,则会形成原油大量外泄。这种事故的抢修应根据破裂的具体情况,可采取如下措施。

(1) 裂缝较小时使用带有引流口的引流封堵器进行封堵。

(2) 对于较大裂缝,可用"多顶丝"封堵器进行封堵。

(3) 当管道破裂,不能补焊,需要更换管段,或因输油生产需要更换阀门时,可使用 DN 型管道封堵器进行封堵。

3. 凝管事故的抢修

凝管事故是石油长输管道最严重的恶性事故,可根据具体情况采取以下两种抢救措施。

(1) 在发现凝管的苗头,或处于初凝阶段时,可以采用升温加压的方法进行顶挤。

(2) 当管道经开孔后,管内输量仍继续下降,此时管道已进入凝管阶段,应采取沿线开孔、分段顶挤的方法。此外,还可采用一种电热解堵的方法。

(三) 站库安全技术

操作人员工作中的粗心大意或违反操作规程,极易发生火灾、爆炸或中毒事故。因此,在油品的收、发、储、运过程中必须加强安全工作,严格遵守操作规程和有关规章制度,最大限度地消除能引起火灾、爆炸和中毒事故的一切因素,保证平稳安全输油。

1. 防火防爆

爆炸、失火是对油库安全最严重的威胁。一旦发生爆炸失火,就会造成生命财产的巨大损失。因此,必须高度重视和切实做好油库的防火防爆工作。油库发生爆炸和火灾事故的主观原因往往是油库工作人员思想麻痹大意、制度不严、管理不善、违章作业等。

客观原因有:由于电气设备短路、触头分离、泵壳接地等原因引起弧光或火花;金属撞击引起火花;雷电或静电;可燃物自燃;油库周围的意外明火等。油品蒸气在空气中会引起爆炸的最小浓度,称为爆炸下限,最大浓度称为爆炸上限。上限和下限之间称为爆炸区间,油品的爆炸区间越大,发生爆炸的危险性越大。当油品蒸气浓度在爆炸区间时,遇到火源则会引起爆炸。防火防爆措施有:消除火源与油品蒸气的接触;在站库内有工业用火作业时,严格执行工业用火审批制度,进行明火作业前,应提出用火施工方案、安全措施,经批准后,方可用火。针对燃烧三要素和构成燃烧的其他条件,在站库消防中常采用冷却法(目的在于吸收可燃物氧化过程中放出的热量)、窒息法(取消助燃物——氧,使燃烧物在与新鲜空气隔绝的情况下自行熄灭)和隔离法(将火源与可燃物隔离,防止燃烧蔓延)进行灭火。

2. 防雷

雷电的危害可分为直接雷电危害和间接雷电危害两大类。避雷针是一种最常用的防雷电保护装置,由受雷器、引下线和接地装置三部分组成。

3. 防静电

在长输管道中静电的主要危害是静电放电会引起火灾和爆炸。防静电的安全措施,以消除静电引起爆炸火灾的条件为目标,主要采取防止静电产生及积聚的措施,消除火花放电,以防爆炸性气体的存在。

4. 防毒

油品及其蒸气具有毒性,特别是含硫油品及加铅汽油毒性更大。油品蒸气可经口、鼻进入呼吸系统,使人产生急性中毒或慢性中毒。轻质油品的毒性虽然比重质油品的毒性小些,但其挥发性强,在空气中的浓度相应也要大,因此,危害性更大。为保证站库工作人员的身体健康,必须严格控制工作场地空气中有毒气体含量,使其不超过最大允许浓度;保证设备的严密性,加强通风,尽量降低工作场地中油蒸气浓度。

【复习思考题】

一、简答题

1. 简述输油管道运输的组成。
2. 简述输气管道运输的主要设备与工作原理。
3. 简述固体料浆管道系统的组成与特点。
4. 简述输油管道运输中加热的目的和方法。
5. 在管道安全管理中,站库的安全技术有哪些?

二、论述题

1. 试分析输油管道运输的发展方向。
2. 论述输油管道的防腐措施和检漏方法。

第七章　仿真技术在交通运输设备中的应用

【教学目标】

（1）了解铁路运输设备仿真应用。
（2）了解城市轨道交通运输设备仿真应用。
（3）了解道路运输设备仿真应用。
（4）了解水路运输设备仿真应用。
（5）了解航空运输设备仿真应用。
（6）了解管道运输设备仿真应用。

【教学重难点】

（1）铁路运输设备仿真应用。
（2）城市轨道交通运输设备仿真应用。
（3）道路运输设备仿真应用。
（4）水路运输设备仿真应用。
（5）航空运输设备仿真应用。
（6）管道运输设备仿真应用。

【案例导入】

福特 3D 打印制作大型汽车部件

交通运输设备通常开发周期长、设计成本高、开发风险大，虚拟设计为节省产品设计成本、降低设计风险、提高行业竞争力提供支持。

2013 年，福特汽车公司在 3DCAVE 虚拟实景中打造新车，将车辆三维影像投影到工作室的三面墙和屋顶上，借助特殊的偏光眼镜和移动感应红外线系统，工程师可以进入虚拟车辆内部感受各项设施，比如调整后视镜或将水瓶放置于门板储物格中，不再需要耗费大量时间和物资建造复杂的实车模型，而只需通过虚拟设计对新车内上千项设计细节进行优化。福特公司还采用 3D 打印技术制成了 2015 款福特野马的发动机盖，并快速生产出气缸头、进气歧管、排气通道等共享率较高的零部件原型，节省了数百万美元的开发成本和大量开发时间。

福特目前所使用的一台 3D 打印机是 Stratasys 旗下的 Infinite Build，专门用于实现大尺寸规格 3D 部件的打印，打印的零件高度达 0.76 m，宽度达 1 m。Infinite Build 3D 打印系统是 Stratasys 开发的工业级 3D 打印解决方案，主要针对航空航天、汽车、医疗行业的应用。这套设备不但可以用于生产制作出廉价且轻量级的 3D 打印汽车，而且还能够制作一些个性化定制的大小各异、形状不同的汽车零部件。

福特在赛车上使用 3D 打印机制作了带碳纤维增压室的进气歧管,配备在排量为 3.5 L 的 "EcoBoost" 比赛专用发动机上。这种发动机是福特汽车新动力技术代表之一,在美国已经获得 125 项专利及专利应用。它是在传统汽油发动机的基础上,进一步添加了燃油缸内直喷、涡轮增压和双独可变气门,正是这三大关键技术优势,不仅保证了澎湃的动力输出,而且优化了燃油经济性高达 20%,并降低 15% 的 CO_2 排放量。

凭借配备 EcoBoost 发动机的赛车,加纳斯车队在 2015 年 1 月举行的戴通纳 24 h 耐力赛上取得了冠军。另外,在 2015 年 5 月 30 日举行的北美汽车耐力锦标赛(TUSCC)的 Belle Isle GP 赛事上,该车队使用的赛车配备的发动机也是采用了 3D 打印部件的 EcoBoost。

【思考题】

结合本材料,谈谈如何通过 3D 打印技术等仿真技术来对运输设备进行完善。

第一节　铁路运输设备仿真应用

现代化信息技术在铁路现代化领域中的应用,将在以下几个方面得到体现。

一、铁路现代化通信系统图像通信系统

铁路现代化通信系统图像通信已成为现代化铁路通信中的迫切要求,如会议电视、可视电话的应用将是未来铁路通信的重要组成部分,它将是铁路指挥部门决策千里、运筹帷幄的有力工具。会议电视、可视电话可给决策者提供真实的视觉信息。而图像通信中的主要技术将包括图像采集、图像压缩、图像传输、图像显示等主要图像处理技术。特别是当今多媒体终端的研究将为铁路运输指挥提供最便捷的工具。

二、行车指挥自动化系统中图像处理技术的应用

为使列车高速、安全地运行,必然要引进先进的自动控制技术。届时计算机将不断地收集各区间的信息、列车上的信息,经计算机处理后再送到闭塞区间和列车,这一过程必然要用到现代化的通信技术,指挥中枢的人机交互设备在快速、准确、形象化、可视化方面将大量引入图像处理及计算机视觉技术,这必将大大降低运输调度指挥人员的劳动强度。可以预言,图像处理及计算机视觉技术将在行车指挥自动化系统中占有举足轻重的地位。

三、列车运行自动导航及安全监控系统

中国铁路列车运行的交路较长,司机的劳动强度大。因此,铁路行车中人为引发的事故较多,如果铁路运行速度进一步提高,这种危险性也会相应增加。降低人为过失的有效手段之一就是采用现代化的自动导航及安全控制系统。优良的自动导航与安全控制系统将使当前以人工操纵为主过渡到以自动操纵为主、人工干预为辅的方式。这种系统可采用先进的图像处理及计算机视觉技术,该系统将具备运行状况自动检测、运行图自动核对、前方速度预告、前方有无干扰等预警功能。如果在自动导航与安全控制系统中同时引用雷达系统、避碰系统、红外和超声传感等技术,那么这种系统的安全性会大大提高,也会把司乘人员从繁重艰苦的劳动中彻底

解放出来。

四、列车的自动检测、实时监测及保养系统

列车的自动检测、实时监测系统将分为车上系统与车下系统。车上系统可采用一系列的实时监测手段,如轴温实时探测、电力机车受电弓的电视监控、车辆运行状况的实时信号分析等方法,这将是以计算机为中心的实时信号采集、处理、分析及识别系统。同时,采用视频、声频与可视化显示技术,以图像、音响、数据等方式进行故障定位及预警。它将与安全控制系统一起保证列车正常安全地运行。

车下系统的自动化保养维护是一套有效的、自动化程度较高的检测系统,其中无损检测将是该系统的主要技术。在无损检测技术中有大量的以信号与信息处理技术为基础的检测方法,如 X 光检测法、外成像检测法等。

五、列车服务支援系统

列车服务系统包括视像化导游系统、列车信息发布系统、移动图像通信系统及旅客车上娱乐系统等。这些服务设施将以多媒体的方式为旅客提供优质服务。

六、遥感图像处理系统

遥感是图像处理技术的重要应用领域,它在铁路选线、地质地貌分析、地质灾害监测预报方面都有重要应用价值,在未来的遥感研究中将结合专家系统、地理信息系统的研究成果,构成铁路建设中的重要工具。

七、智能化的发展趋势

多年来,铁路大多数技术设备或系统是自成系统独立开发的,它们的资源包括的信息和知识等不能共享和综合利用,因而限制着它们发挥更大的作用和效益。列车智能化和铁路智能化就是根据信息化、智能化的要求,把这些子系统有机结合起来构成综合系统,从而能把行车安全、运输能力、旅行环境和服务质量提高到一个新水平。

1. 日本列车智能化

日本列车智能化的主要内容有:① 在运行列车的车载综合监测和诊断系统基础上向诊断专家系统发展,实现对机车车辆、地面设备状态的全面自动监测,包括对接触网、线路状态和 ATC 列车自动控制系统、地面信号设备自动监测,对车辆运行工况的监视。列车在走行中自我诊断,当检测发现线路设备有异常或不良情况时,把诊断信息送给维修基地,以安排备料维修。② 实行对列车运行的有效控制,包括用车载系统对摆式车体、自导向径向转向架的有效控制;为辅助司机完成高速运行,安装列车自动控制和定点自动停车的行车支援系统,引进列车导航系统。③ 柔性列车运行系统,采用适应列车高密度高速度运行、无固定闭塞分区的移动闭塞;开行能自动分解和组合的多方向直达旅客组合列车,使不同目的地的乘客无须换乘便可以直接到达目的站。④ 车内信息化,这是以车内局域网、移动通信、地面—列车信息传输系统、地面网络和增值网络为支持的列车信息管理及服务系统,它把信息和列车上的各种控制系统相结合。除为列车运行目的提供信息服务外,还根据乘客的公务和旅游目的,提供娱乐、工作和导游等多方面的信息服务,车内旅客可以像在地面上一样在座席终端上问讯、预约交通工具和旅馆,支付

旅游、电话和购票费用等。

2. 德国铁路的 CIR 计算机集约化铁路工程

德国铁路的 CIR 计算机集约化铁路工程的主要措施有：① 所有列车，包括货物列车都装备连续式列车速度自动控制系统，把货物列车速度普遍提高到 120 km/h。② 安装与连续式列车速度自动控制系统相结合的短闭塞分区高能力自动闭塞，取消地面信号机，把自动闭塞区域向车站咽喉区延伸，从而提高列车进出站速度，缩短列车追踪间隔距离，提高行车密度。③ 调度中心装备计算机辅助的行车指挥自动化系统。④ 铁路总调度室建立调度业务计算机支持系统。⑤ 建立面向旅客和货主的计算机辅助信息服务系统。

作为支撑条件，将通过全路数据传输和交换系统把各个系统的硬、软件联网，并连接电子客票预约系统、旅客列车电子问讯系统、货运电子信息系统、联合运输信息系统等。

第二节 城市轨道交通运输设备仿真应用

运用计算机动态仿真手段，对轨道交通运营管理等进行仿真，从而指导车站设计和设施配置及运营优化，是轨道交通车站设计的新思路。国内外在这方面已具有较为成熟的经验，并开发了相关仿真工具，本小节将介绍目前应用比较广泛的几种轨道交通仿真软件。

一、RailSys 仿真程序

目前，在轨道交通运营管理中，使用较多的是 RailSys 仿真程序。该程序能模拟单个列车对某一段轨道的占用情况。

RailSys 是由德国汉诺威大学和德国铁路管理咨询公司共同研发的基于路网的铁路运输微观模拟仿真系统，如图 7-1 所示。作为一款铁路基础设施及时刻表仿真、优化和管理软件，该系统适用于各种规模铁路网络的分析、设计和优化等，能够微观模拟至单个列车对某一股道的占用情况，可用于路网能力分析、新型信号安全技术研究和列车运行图的评价等，可以真实地呈现铁路路网全系统运行情况，对分析变化的运输需求对现有铁路运输系统的影响、基础设施的改扩建、信号系统的安全及可用性评价、列车时刻表的制定和优化等起到重要的辅助决策作用。该系统目前在欧洲及世界范围铁路运输业得到了广泛应用，如科隆—莱茵、悉尼—堪培拉等高速铁路线，慕尼黑、科隆、悉尼、墨尔本的城市铁路以及柏林和哥本哈根的铁路网络等。

RailSys 仿真系统主要包括 6 大组件：路网基础设施管理器、列车运行图（时刻表）管理器、仿真管理器、评估管理器、占用计划管理器和列车调度管理器。

RailSys 可以利用真实的个性化的延误特性，仿真多日内列车运行情况。评估管理器则支持对这些仿真结果的评估。大量的统计结果为延误率、正点率以及路网、线路或车站范围内的列车接续情况等运营质量指标的评估提供了可靠的数据。

仿真过程中所有列车的到发及通过时间都被记录下来用于评估分析。评估分析器提供多角度分析及显示功能，还可针对不同的选项突出显示运行图的制约因素。各类指标还可以图、表等多种方式直接输出。

评估功能主要包括：① 股道及线路占用分析，对路网内每一条线路及股道的占用情况进行统计分析，其统计结果可按占用列车的级别、占用时间、列车运行方向等多种参数排序。② 仿

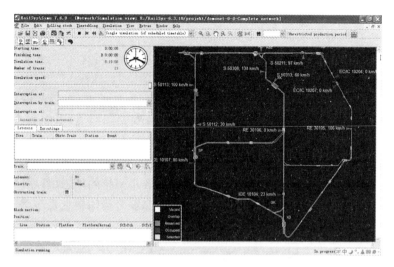

图 7-1 RailSys 仿真程序

真结果统计分析,仿真结束后,可以柱状图形式显示各车站的列车延误情况。③ 运行图质量评估,通过各类指标分析当前运行图的稳定性、能力等。④ 车辆使用计划评估,运行仿真的结果可以显示出车辆使用计划的可行性。⑤ 路网能力评估,通过分析延误发生的起始点及其传播情况可以分析出路网结构中的问题,并标出有问题的区域。

二、OpenTrack 仿真程序

OpenTrack 仿真程序是由位于苏黎世的瑞典皇家技术学院开发的,包括以下几部分:路网图形编辑器、列车属性编辑器、时刻表管理数据库、仿真、结果输出等。

OpenTrack 来源于 20 世纪 90 年代中期瑞士联邦研究院(Swiss Federal Institute of Technology)。该项目目的是在轨道交通应用中采用面向对象的思想开发一个拥有友好用户界面的软件工具来解决轨道运营仿真问题。今天,各国的轨道交通行业、轨道交通系统供应商、大型咨询公司和大学等都在使用 OpenTrack,如图 7-2 所示。

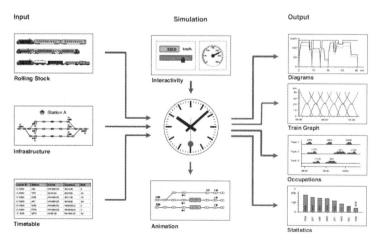

图 7-2 OpenTrack 仿真程序

路网图形编辑器对轨道网拓扑及与运营有关的信息进行编辑,如设定行车路线的起终点等。列车属性编辑器可以对列车的技术参数进行修改,如重量、长度、速度等。时刻表管理数据库包括到达和出发时刻、停站时间及列车编组信息。为了找出无冲突的时刻表,只有通过仿真程序来分析。同时在仿真程序中还可以进行外部影响因素的敏感性分析,如额外的停站时间延误。整个仿真过程可以在计算机屏幕上通过动画演示。同时,控制方案也可以作为仿真的输入,以体现运营中人工干预的情形。

OpenTrack 可实现自动列车运行过程仿真,适合我国铁路工程应用,常用功能包括以下几点。

(1) 仿真列车运行调度方式。

(2) 仿真分析车站、线路的运能(分析车站接发车能力,从而确定车站设置到发线数量是否满足要求,辅助确定车站方案设计)。

(3) 仿真分析大型站场咽喉区道岔布置(分析咽喉区道岔使用频率,从而确定道岔排列的合理性)。

(4) 列车运行计划合理性分析及优化(分析过程中可输出预定运行计划与实际运行情况的对照图)。

(5) 仿真信号机工作状况。

(6) 仿真非正常情况行车组织(如突发事件、晚点、事故等)。

(7) 信号系统的对比与分析(如信号机设置间距、位置及所选用的信号系统进行比较分析)。

(8) 仿真列车运行过程中外部因素影响的敏感性分析(如额外增加停站时间)。

(9) 仿真人工干预场景(通过将控制方案作为仿真输入来反映运营中的人工干预情形)。

(10) 车辆特征曲线分析(对将投入使用的车辆性能进行仿真分析)。

(11) 仿真轨道占用情况,辅助制订合理利用轨道计划。

(12) 仿真列车解编或联编(一列车解编或多列车联编)。

(13) 列车运行中功率和能耗的计算。

三、STRESI 仿真程序

STRESI 仿真程序由于其应用范围仅限于复线的轨道线路,故相对较少被使用。但对于其特定的应用范围(复线),该程序能得出可靠的计算结果。程序由德国亚琛的 RWTH 技术大学开发,内容包括设备数据录入、列车数据录入、行驶时间和占用时间计算、仿真计算、输出等。

设备数据录入包括设备数据和信号控制数据的输入和管理。一旦列车数据被录入,就可以计算相应的行驶时间和占用时间。可以对时刻表中的出发时刻、发车频率进行定义,也可以分时段(如每小时)定义,甚至可以产生随机的时刻表。

四、RailPlan 仿真程序

德国 VIT 公司的 RailPlan 是一个基于列车牵引计算的仿真软件,如图 7-3 所示,它可以根据线路基础数据和列车牵引数据来模拟列车的运行。软件包括了列车延误分析、列车时刻表可靠性量化分析、非正常运行下运输能力的计算等功能。

英国的 RailPlanTM 是一个基于线路与车站基础数据的运输组织仿真系统,它通过分析列车延误的概率和数量来测试出由于列车之间的相互作用所造成的延误情况,从而对列车开行方案的可靠性进行分析。

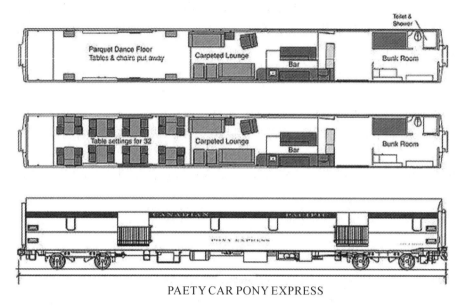

图 7-3　RailPlan 仿真程序

五、列车运行计算系统(GTMS)

GTMS 由北京交通大学与香港理工大学合作开发,能够提供各种条件下系统相关指标的自动计算,为工程咨询人员提供铁路工程项目新建或改造过程中的多方案比选结果,机车运行操作方案的优化,列车运行过程的动态演示等,如图 7-4 所示。

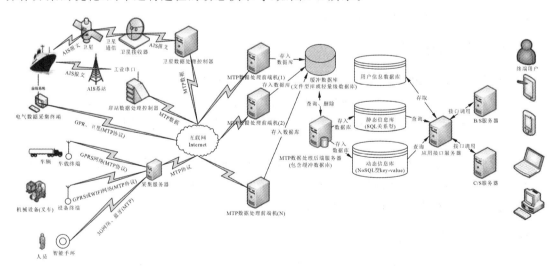

图 7-4　列车运行计算系统(GTMS)

1. 多种运输方式一体化监控

采用物联网技术整合海运、水运、空运以及陆运等各个运输环节，将各类运输工具和各类运输业务的运行状态统一采集，并融合到统一的信息平台之上。

2. 具有大数据处理能力

单以船舶计算，每年的船舶轨迹数据就多达100亿条的规模，要实现船舶、车辆、火车、飞机的轨迹数据全面融合，需要强大的大数据处理技术作为支撑。一方面，各种交通工具在不断的运动之中，需要分区域实现分布式的数据采集和存储；另一方面，由于这些交通工具轨迹数据处理的时效性要求非常高，需要实现大规模的并行计算，才能在有效的时间内得到调度优化的计算结果。

3. 基于GIS的展示和历史回放

多式监控技术的应用需要大量的图形化展示，基于地理信息系统GIS的展示功能是必须实现的基础功能；此外，由于融合了大量的历史数据，还需要实现对车、船的单体轨迹和区域场景的历史查询和回放。

4. 需要统一监控口径

多式监控技术需要了解的不仅仅是经纬度坐标、运动方向、运动速度，未来的需求是要监控交通工具的运行功率、气体排放量、行驶的目的地、装载的货物信息和系统故障等多方面的信息。因此，需要完成两方面的工作：一是利用传感器和物联网掌握和获取运输工具更丰富的信息；二是建立一种适用于一切运输工具的通用数据传输协议。

第三节 道路运输设备仿真应用

道路运输设备的仿真主要有VISSIM交通运输仿真系统、Flexsim仿真系统、Anylogic仿真系统、CARD/1道路设计系统、Carsim和Trucksim汽车动力学仿真系统以及Uc-winroad视景仿真系统等。

平台中的VISSIM交通仿真系统是由德国PTV公司开发的一款微观交通仿真软件，是一种微观、基于时间间隔和驾驶行为的仿真工具，用以建模和分析各种交通条件下（车道设置、交通构成、交通信号、公交站点等），城市交通和公共交通的运行状况，是评价交通工程设计和城市规划方案的有效工具。VISSIM既可以在线生成可视化的交通运行状况，也可以离线输出各种统计数据。

平台中的Flexsim仿真系统可针对若干不同行业中的不同系统进行建模，并在高度模拟现实的条件下进行仿真，同时对运行结果进行分析。该平台可同时运行仿真和可视化模型视图，并可进行多套方案的仿真实验。由Flexsim和VISSIM系统开发的仿真场景如图7-5所示。

平台中的Anylogic仿真系统是以最新的复杂系统设计方法论为基础，第一个将UML语言引入模型仿真领域的工具，也是唯一支持混合状态机来描述离散和连续行为的仿真软件。Anylogic支持几乎所有现有的离散事件和连续建模方法，例如过程流图、系统动力学、基于主体的建模、状态图、方程系统等。Anylogic可进行从"微观"（考虑精确的尺寸、距离、速度和时间事件的操作层次模型）到"宏观"（考虑全局回馈动态系统、长期趋势和战略决策的战略层面）

的仿真实验。

图 7-5　由 Flexsim 和 VISSIM 系统开发的仿真场景

平台中的 CARD/1 道路设计系统是德国 IB&T 软件公司开发的,主要适用于公路和城市道路(包括互通式立交、平面交叉等)的测量和设计任务。平台中还包括 Carsim 和 Trucksim 汽车动力学仿真系统,它们是 MSC 公司开发的商业产品。平台中的 Uc-winroad 视景仿真系统,支持驾驶模拟、3D 座舱空间模拟、多画面显示等高精度模拟,用于数字化城市、道路规划设计等教学仿真实验。应用 Uc-winroad 开发的仿真场景如图 7-6 所示。

图 7-6　应用 Uc-winroad 开发的仿真场景

第四节　水路运输设备仿真应用

一、港口视景仿真

视景仿真，即实现三维空间信息的可视化，使用户能够以真实三维世界的可视化模型进行可控制的实时交互，在虚拟环境中体验真实世界。视景仿真采用的系统软件平台主要有Multigen Creator、Vega 以及 ArcGIS 等。

Multigen Creator 是由美国 Multigen-Paradigm 公司开发的专门针对可视化仿真应用的实时三维建模软件，被公认为最优秀的三维仿真建模软件。利用 Creator 建模可以直观反映该模型的外在表现，即形体、纹理、光照情况等；结合虚拟仿真 Vega 平台，Creator 还能完成视体、音体的定位，视体运动方式的确定，视体碰撞方式的确定，视点与视体关系的确定以及光照、云雾、天气环境的设置等，在虚拟建模领域表现出了强大的生命力。

Vega 是一种由图形环境界面 Lynx、完备的 C 语言应用程序接口 API 等组成的仿真应用开发软件，它将先进的模拟功能与易用工具相结合，能够快速、方便地建立编辑和驱动工具。Vega 被广泛应用于虚拟现实、实时视景仿真以及其他可视化领域，作为视景仿真开发软件具有极大的灵活性。

ArcGIS 是一种可以为用户提供完整的 GIS 系统解决方案的应用软件。其中，ArcGIS 3D 分析是 ArcGIS 桌面产品的三维可视化和分析扩展模块，该模块使用户可以有效地分析地形数据，为多层三维数据图的显示以及地形数据的生成和分析提供了用户界面。使用 3D 分析模块，用户可以从多个视点检查和查询一个表面，并能将栅格和矢量数据贴在一个表面上生成现实的影像效果，本文中的地形模型主要靠 ArcGIS 提供的高级 GIS 工具来构建。

利用港口视景仿真，用户可以走进逼真而生动的虚拟环境。通过模拟预演，直观地再现港口水域交通状况，逼真展现该水域的码头、航标、锚地和海底管线等的分布状况，借助虚拟场景对护航艇的配置以及交通管制等方案进行设计和细致全面的演练，有效地提高了相关单位、船艇间的协调配合效率。通过鸟瞰、漫游等功能，可使用户实时动态地掌握港口信息，为港口交通管理和应急指挥提供决策支持。该项技术具有广阔的应用前景，如：实时交互场景的呈现、航路体系的通航安全评估、溢油风险和应急的演练、助航设施的布设及效能评估等。图 7-7 和图 7-8 分别是船舶进港模拟预演图和场景实时漫游图。

二、集装箱自动化智能堆场物流系统仿真

自动化无人智能堆场是现代集装箱港口装卸技术发展的必然趋势。自动化智能堆场应用现代高新技术，实现堆场全自动化作业，当集卡到达堆场后，计算机中央控制系统指挥堆场机械对集装箱进行自动装卸作业，如有特殊情况，也可以转换成人工操作。由于其强大的信息处理与管理优化功能，保证了堆场机械设备最优的配备，合理、高效地运行，极大地提高了堆场装卸效率。

自动化智能堆场主要作业机械设备有高型轨道吊(DRMG)和矮型轨道吊(CRMG)，在箱区和集卡通道之间设置中间转接台，用于集装箱在 DRMG 和 CRMG 之间的转换。其中 DRMG

图 7-7　船舶进港模拟预演图

图 7-8　场景实时漫游图

负责集装箱在箱区和中间转接台之间的吊运,DRMG 配备双小车双箱吊具,只能在一个箱区作业;CRMG 负责集装箱在集卡和中间转接台之间的吊运,CRMG 配备单小车双箱吊具,可以根据需要在不同箱区之间调度作业。

自动化智能堆场装卸作业物流系统主要有两个作业流程。

1. 将集装箱从集卡卸到堆场

卸箱计划——堆场机械调度——集卡到达——CRMG 将集装箱从集卡吊到中间转接

台——集卡离开——DRMG 将集装箱从中间转接台放进箱区。

2.将集装箱从堆场装上集卡

装箱计划——堆场机械调度——DRMG 将集装箱从堆场吊到中间转接台——集卡到达——CRMG 将集装箱从中间转接台装上集卡——集卡离开。

在整个物流作业系统中,对箱位的划分、堆场机械的调度,以及集装箱的堆码规则、DRMG 的装卸规则等均可以采用数学方法在计算机程序上进行优化。

计算机仿真模型以集装箱拖挂车(简称集卡)到、离堆场为边界,模拟堆场内各主要操作(如集卡装/卸箱、CRMG 装/卸箱、DRMG 装/卸箱等)和管理(如堆场计划、集卡作业计划、CRMG 调度以及集装箱堆码规则等),也适应堆场作业管理中控制量的变化(如船舶到达时间间隔,集卡到达时间间隔,箱型分布等)。仿真运行结果报告反映堆场机械服务水平的要求,以便定量评估堆场的装卸能力、机械配置、运作条件、管理方式和服务水平之间的关系。图 7-9 是计算机模型仿真界面。

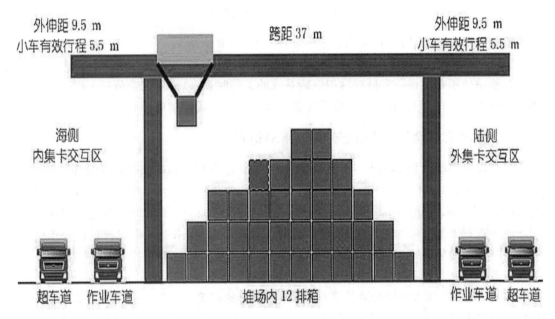

图 7-9　计算机模型仿真界面

该模型常采用的是由 Lanner Group 公司开发的具有三维动画的数字仿真软件 WITNESS,它主要用于离散事件系统的仿真,采用面向对象建模的编程方法,打破以往仿真软件面向过程的方式,因而建模灵活,使用方便。当前,WITNESS 代表了最新一代仿真软件的水平,常被用于解决诸如投资规划、物料输送策略、识别生产瓶颈、生产计划与调度、人力需求规划、成本估算等问题。

三、虚拟航标系统的开发与仿真

虚拟航标系统是基于计算机技术、DGPS、ECDIS 和 AIS 等新型航海技术产生和发展起来的一种新型航标系统。其主体是基站和船舶,基站的 AIS 设备具有船载 AIS 的全部功能,来往于虚拟航标系统覆盖范围内的船舶都可以接收到它们的广播信息。各类助航标志通过基站

AIS设备发送到船舶，经过相关处理后都可以准确地显示在船载虚拟航标应用软件的电子海图上，使来往船舶可以及时准确地了解周围助航标志的情况。与实物航标不同，虚拟航标的维护、设置、更改都是在基站的AIS设备上完成的。虚拟航标也不会发生移位现象，不存在因灯浮漂移而造成船舶搁浅的因素，部分搁浅事故也就可以避免。

虚拟航标系统由岸上AIS基站、船载AIS、PC机及相关应用软件组成，如图7-10所示。其中AIS基站将各类助航标志发送给船载AIS，船载AIS接收到该信息后通过PC机中应用软件进行相关处理，将各类助航标志输出到电子海图上显示。

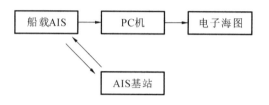

图7-10 虚拟航标系统组成框图

虚拟航标系统的特点突出，实现技术容易，是未来航标发展的趋势。但是其不足之处也很明显，整个系统的命脉取决于GPS的精度和系统的设备性能，受外界影响也大。解决该问题的方法是在基站使用雷达设备来监控虚拟航标系统的工作状态，以避免完全依赖GPS的窘况，同时确保航行安全。在VTS管辖区域应首先进行虚拟航标系统的试验。

四、全球海上遇险与安全系统(GMDSS)仿真

为提高海上遇险时的搜救效率、提供更为便捷的安全通信，国际海事组织(international maritime organization，IMO)于1979年起草《海上搜寻救助公约》，并呼吁发展全球海上遇险与安全系统(global maritime distress and safety system，GMDSS)。GMDSS系统是国际海事组织用于改善现行海上遇险与安全通信、建立新的搜救程序，并用来进一步完善现行海上常规通信的一整套综合通信系统。目前，GMDSS已在卫星通信技术和计算机技术的基础上建立成为以卫星搜救系统和地面无线电系统为核心的成熟体系。

GMDSS是一个庞大的综合通信系统，它包括两个通信系统。第一是卫星通信系统，它由国际海事卫星通信系统(INMARSAT)和全球卫星搜救系统(COSPAS-SARSAT)组成。第二是地面通信系统。船用设备包括INMARSAT-C船站、INMARSAT-F船站、甚高频(very high frequency，VHF)、中频/高频(medium frequency/high frequency，MF/HF)、窄带直接印字电报(narrow band direct printing，NBDP)、航行警告电传(navigational telex，NAVTEX)、紧急无线电示位标(emergency position indication radio beacon，EPIRB)及搜救雷达应答器(search and rescue radar transponder，SART)等。

GMDSS主要功能可分为遇险报警、搜救协调通信、搜救现场通信、救助现场寻位、海上安全信息(MSI，maritime safety information)的播发、常规通信、驾驶台对驾驶台通信等七大功能。GMDSS的基本构成及其报警通信过程如图7-11所示。从图中可以看出，当船舶遇险时可通过以下途径实现报警。第一通过地面通信系统，采用MF/HF/VHF(中频、高频、甚高频)波段向陆地的海岸电台或遇险船附近的船舶报警；第二，通过INMARSAT卫星系统或者COSPAS-SARSAT卫星系统报警通信。功能完备的海上遇险通信系统提供了如下功能：遇险

信息(如遇险位置、遇险情况等)的及时播发;完善的遇险报警和搜寻救助通信方案(报文通信和语音通信);最大限度地降低海上遇险事故对人命的威胁和对财物造成的损失。

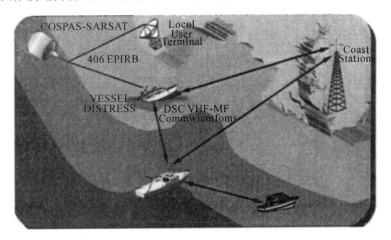

图 7-11　GMDSS 遇险报警的基本内容

第五节　航空运输设备仿真应用

一、机坪运行优化方案模拟仿真

机坪运行优化方案模拟仿真技术以提升机场的运行效率和机坪的安全为主要目标,解决影响航空及地面运行效率的主要问题。主要围绕机坪运行的主要冲突进行优化,设计不同优化方案,解决影响航空器地面运行效率的主要问题,图 7-12 是机坪运行优化方案模拟仿真。

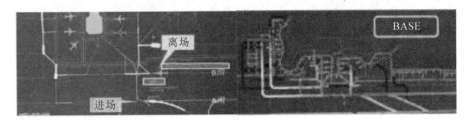

图 7-12　机坪运行优化方案模拟仿真

比如:在机场改扩建项目中,涉及很多不同的方案,如增加或拆除航站楼、机位调整等。在实际工作中,这些方案内容复杂繁多,机场没有太多的时间和条件去针对每个项目或每个方案进行推演,如果采用了航行所的仿真技术手段就可以发现哪个方案最为适合,也就是说可以在不同的方案之间找到最优的选择。同时,机场管理方也可以针对不同的优化方案进行运行模拟仿真,来查看实际的运行效果,并从模拟仿真中对项目运行的情况和项目结果的情况得出预判。

在开展运行模拟仿真的过程中,航行所会针对一些关键的指标进行分析。包括:当前机场离场的延误水平、放行正常率、滑行时间等。通过运行模拟仿真方案优化之后,就可以对机位进行调整、优化滑行路线,从而有效地解决机场运行冲突,提升机场的运行水平。同时,对于机场未来运行新增的部分(包括改扩建新增的机位、航站楼等),机场管理人员可以从模拟仿真里看到未来新增部分投入运行后有可能在哪些点产生冲突和等待等,这对于机场可以起到有效的指导作用。

此外,模拟仿真对航空器在跑道等待的架次、针对不同的机位和停放机型的考虑也有相应的设置。

二、机场及空域联合运行模拟仿真

机场及空域模拟仿真模型是基于仿真平台,建立起包括跑道、滑行道、停机位、机坪等的机场基础设施资源,以及空域结构、飞行程序、运行规则等空域运行资源在内的机场仿真运行模型。

如图7-13所示,针对广州白云机场空域的模拟仿真,航行所构建了包括空域范围和机场范围,从天空到地面的运行全过程。左图是航空器在地面滑行的路线,右图是一个小时内架次量情况。

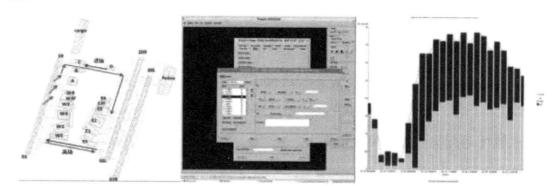

图 7-13　机场及空域联合运行模拟仿真

三、机场机位资源模拟分配仿真

随着民航的发展,很多机场的容量已经突破极限,机场资源显得更加紧张,一般来说,机场通过改扩建,增补机位来解决这个问题,但耗资巨大。航行所开发的此款软件,可以为机场提供短期内解决的良好方案,也可看作是一个内部挖潜的方案,保障机场安全、顺畅运行。当然,长期的话还要通过别的途径来解决。

图 7-14 是机场机位资源模拟分配仿真,通过机位运行模拟仿真软件,即将现有的机型、机位号等作为原始数据,输入软件中,保证机场所需要的资源情况都可以呈现出来,包括机位的周转情况等,同时,协调机场内外部的资源,调整停机位分配的不同模式,从而保证机场安全顺利运行。

四、航站楼旅客全流程仿真

当前,民航旅客对旅行的"安全、便捷、舒适"要求逐年提升,在航班延误的情况下,所造成的社会舆论和影响比较大,所以对旅客出行体验的关注度也是民航工作的重点之一。对保障旅客流程环节多、面积大等情况,有必要进行运行模拟仿真。如图 7-15 所示。

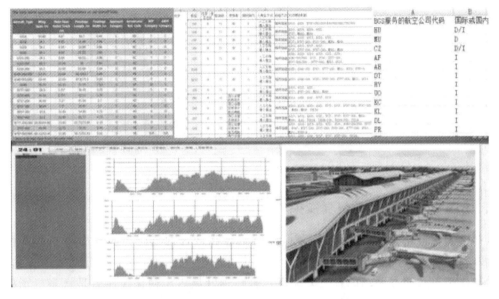

图 7-14 机场机位资源模拟分配仿真

图 7-15 航站楼旅客全流程仿真

航行所开展航站楼的旅客全流程仿真,可以模拟出港旅客流程图、旅客到达、经过安检到达登机口等所有环节,通过各个流程、数据分析,获得旅客流程数据达标的情况,输出给机场管理者,从而可以分析出航站楼运营后旅客安检时的排队时长,以及旅客排队长度等,供机场管理者参考。

五、塔台选址方案模拟仿真验证比选

塔台是确保机场和空管运行的关键基础设施,新建塔台的选址和设计高度既要考虑工作的位置,其高度和位置要便于管制员能看到飞行区的范围,又要考虑塔台本身作为遮蔽物对飞行的影响,其本身不能过高,过高会影响机场的运行。

为此,航行所的机场塔台选址方案模拟仿真验证比选首先考虑的是遮蔽分析,解决空管对可视性的要求,通过三维技术仿真模拟塔台运行环境,比选、验证选址方案的优劣,并给出管制员对运行环境的直观感受,图 7-16 是塔台选址方案模拟仿真验证比选。通过以上的分析和计算机的选址方案来保证机场的空管和航行运行安全,提高运行效率。目前该系统已服务的机场包括南京禄口机场、重庆江北机场、青岛新机场和成都新机场等。

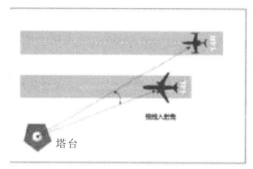

图 7-16　塔台选址方案模拟仿真验证比选

六、场内车辆保障能力仿真模拟

随着机场航班运输量迅猛增长,对保障航空器和旅客的场内车辆提出了更为严格的要求。千万级机场的保障车辆种类多达几十种,数量多达几千辆,由于缺乏有效的技术手段,场内车辆保障不及时等制约因素尤为突出,当前,提升场内车辆保障能力是众多机场的一项重要任务。

针对如此庞大类别和数量的车辆,航行所场内车辆保障能力仿真模拟技术对机场在不同业务量水平下,对保障车辆种类及数量的需求进行了预判。这样机场就可以根据预判及时发现保障车辆是否不足的问题。

七、机场除冰效率仿真模拟

在东北地区及乌鲁木齐等地区,冬季机场除冰显得尤为重要。目前在机场的除冰方式上有以下几种:区域式除冰、定点慢车、混合除冰模式。区域式除冰是比较传统的模式,缺乏统一的指挥和协调,不能保证飞机在除冰后立刻起飞。定点慢车方式,让发动机处于慢车状态,进行作业,相对于区域式除冰,减少了关闭发动机的环节,节省了时间,提高了机场的运行效率。机场除冰效率仿真模拟可以通过设置不同的除冰规则,模拟不同除冰模式下的机场运行情况,来分析不同除冰模式下机场的运行效率。

总之,在未来的机场发展中,运行模拟仿真技术所发挥的作用将会更大。

第六节　管道运输设备仿真应用

SPS 管道模拟仿真软件(原 stoner pipeline simulator 软件)是一种先进的瞬态流体仿真应用程序,用于模拟管网中天然气或(批量)液体的动态流动。SPS 仿真器可以模拟任何现有的或规划设计中的管道,可对正常或非正常条件下,诸如管路破裂、设备故障或其他异常工况等,各种不同控制策略的结果做出预测。SPS 仿真器计算设备运行状态及管网中的流量、压力、密度及温度等管路变量,并随仿真计算之进程,在屏幕上相对于时间或距离以报表或图形的形式交互显示设备和管路参数。仿真的结果可用于打印和/或绘图。主要用于管道管理、管网建模和管道仿真。如图 7-17 所示。

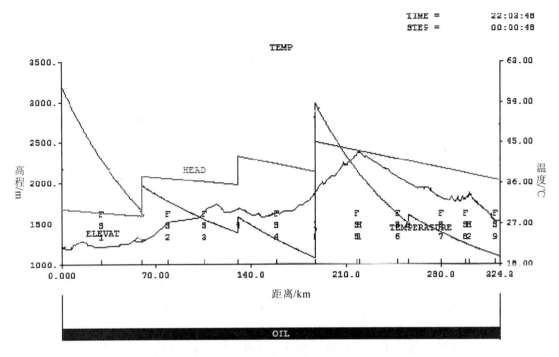

图 7-17　SPS 动态模拟

SPS 产品包括一系列仿真解决方案，既可用于规划设计、操作员培训及资格认证，也可用于包括泄漏检测及仿真预测在内的在线系统。通过采用先进的技术及创新的结构设计，SPS 系列产品能够满足工程及操作的各种需求，并通过实时决策支持来改善经营。

SPS 仿真器可用于解决在设计及操作天然气、密相气体或液态烃类管道运输系统时涉及液体、控制系统、液体处理设备的瞬态行为的几乎所有的问题。使用 SPS 仿真器，用户可以：

（1）分析启动及关闭程序；
（2）分析运行稳定性；
（3）分析泵/压缩机的运行时间表；
（4）研究各种设计及运行方案的经济性；
（5）分析喘振情况及设计减压系统；
（6）设计串级控制系统；
（7）研究气体输送系统的存活期；
（8）分析对于潜在异常工况的系统响应，评估修正方案；
（9）研究批量输送、侧线输送或混合供给的效果；
（10）研究再循环系统的温升，以及由于与管道周围环境的瞬时热交换造成的产品冷却或加热；
（11）研究气体（特别是非理想气体）的热效应，例如焦耳-汤姆逊效应冷却、减压冷却及多方压缩机的级间冷却；
（12）设计最小旁路流量控制，以防止多变压缩机发生喘振；
（13）研究气体管道的破裂效应及泄放冷却，以评估管道钢材的脆性。

SPS 的培训系统可以对管道和设备操作进行培训。SPS 的 OQ 模块，即操作员资质认证是与北美操作员资质相挂钩的,是北美认可的资质认证。OQ 模型中的打分模式是对于培训系统独特的创新。在美国超过 60% 的管道运营商使用 GL 公司的 SPS 培训器建立培训系统。

SPS 模拟仿真培训系统管道软件有三个标准部分:SPS 培训器、操作员资格和操作界面。DNV GL 为客户创建定制化培训解决方案的综合理念是以尽可能简单的方法进行操作。培训器就其本质而言是相当复杂的,但构成 GL 解决方案的各个程序块经过 40 多年的应用检验,能够提供所有必要的组件,为受训人员提供可靠的培训体验,同时优先考虑易于创建、易于维护和易于扩展的解决方案。

【复习思考题】

一、简答题

1. 简述现代化信息技术在铁路现代化领域中的应用。
2. 目前应用比较广泛的轨道交通仿真软件有哪些?
3. 简述 VISSIM 交通运输仿真系统的功能和作用。
4. 采用计算机处理港航业务的优势有哪些?
5. 机坪运行优化方案模拟仿真主要解决什么问题?目标是什么?

二、论述题

1. 试分析计算机仿真技术在成品油管道中的应用及其发展趋势。
2. 查阅资料,举例说明铁路运输优化仿真的关键技术有哪些。

第八章　前沿交通运输设备

【教学目标】

（1）了解智能轨道快运列车。
（2）了解奔驰 Future Truck 2025 Concept 的长途货运车辆。
（3）了解奔驰 Future Bus 自动驾驶公交车。
（4）了解 Navya Arma 无人驾驶电动巴士。
（5）了解 nuTonomy 无人驾驶出租车。
（6）了解真空管道磁悬浮星际列车。

【教学重难点】

（1）智能轨道快运列车。
（2）奔驰 Future Truck 2025 Concept 的长途货运车辆。
（3）奔驰 Future Bus 自动驾驶公交车。
（4）Navya Arma 无人驾驶电动巴士。
（5）nuTonomy 无人驾驶出租车。
（6）真空管道磁悬浮星际列车。

【案例导入】

重型猎鹰火箭首飞成功，人类移民火星更近一步

"火星移民运输机"（mars colonial transporter，简称 MCT）是美国太空探索技术公司（SpaceX）用来向火星输送第一位乘客的交通工具。SpaceX 的星际运输系统由一枚超重型火箭 BFR、一艘客运版 MCT 飞船及一艘货运版 MCT 飞船组成。

2018 年 2 月 7 日凌晨 4 点 45 分左右，SpaceX 在位于佛罗里达州的肯尼迪航天中心，成功发射了世界上最强大的火箭——猎鹰重型火箭（falcon heavy）。

猎鹰重型火箭是一款由 SpaceX 建造的能将货物、人员送上月球、小行星甚至火星的可重复利用运载火箭，是自 20 世纪阿波罗时代土星五号火箭以来，人类设计出的威力最大的火箭。

1. 运载能力超强

重型猎鹰火箭高 70 米（约 20 层楼高），宽 12.2 米，起飞重量 1420 吨，标称近地轨道运力高达 63.8 吨，相当于将一架波音 737 客机送入太空，而且不仅装满燃料，还坐满乘客，装满行李。

火箭由中间一枚经过改造的猎鹰 9 号火箭和左右两枚回收再使用的猎鹰 9 号火箭捆绑而成。27 台发动机在起飞时将产生总共相当于 2260 吨的推力，这是航天飞机时代结束以来最大的火箭推力。

2. 可重复使用

重型猎鹰火箭是一枚可重复使用的重型运载火箭，虽然中芯级火箭在回收过程中坠毁，偏离目标约 100 千米，三个回收助推器只有一个正常工作。但两枚助推器成功返回和跑车被发射进太空，让这次发射已经足够成功，并成功完成两枚一级助推火箭的完整回收。

3. 带特斯拉遨游太空

重型猎鹰一开始就按照载人标准设计，最终目的都是为了马斯克的"火星殖民计划"。但由于首次试飞存在种种风险，所以只用一辆红色 Roadster 特斯拉跑车作为替代载荷，而实际上重型猎鹰的载荷已经可以送一架波音 737 上天。

重型猎鹰携带的特斯拉车上安置了一个身着黑白色太空服、名为"星侠"的假人宇航员。车内屏幕上写着"Don't Panic"，据说还有一条毛巾和一本《银河系漫游指南》。按计划，这辆车会被送上绕太阳航行的轨道。车内的摄像头让我们能以 Starman 的视角去领略波澜壮阔的太空美景。

【思考题】

SpaceX 成功收回两枚火箭助推器并希望回收再利用以减少经济成本。结合"重型猎鹰火箭"的产生和发展，谈谈未来交通运输设备的发展趋势。

第一节　智 轨 列 车

智能轨道快运列车（简称智轨列车）是由中车株洲电力机车研究所有限公司（以下简称"中车株洲所"）于 2017 年研发生产的新型轨道交通工具。该列车无须铺设有形轨道，可通过中央"大脑"精准控制列车行驶在既定虚拟轨迹上。相比于其他公共交通，智轨列车具有以下优势。

（1）建设周期短、成本小。因为其不依赖钢轨（广义铁轨）行驶，所以一条运行线的建设周期仅需一年，能快速投入使用，且其建设成本低于传统有轨电车。

（2）环保无污染。智轨列车还具有轻轨、地铁等轨道列车的零排放、无污染的特性，并支持多种供电方式，充电十分钟即可续航 25 千米。

（3）运输能力强。该列车能够根据客流变化调节运力，比如采用标准的 3 节编组时，列车可载客超过 300 人，5 节编组时可载客超过 500 人，能有效解决普通公交车载客量小的缺陷，大大提高运力。

（4）智能驾驶。司机只需要做牵引、制动、主动安防，以及对列车行驶方向进行辅助操作，列车在进行换道、转弯等操作时，司机无须手动操作，列车可自动完成并发出蜂鸣声预警。

一、智轨原理

智能轨道，是虚形轨道，并非"虚拟"轨道。智轨列车采用了"虚拟轨道跟随控制"技术。它通过车载各类传感器识别路面虚拟轨道线路，将运行信息传送至列车中央控制单元，根据中央控制单元的指令，在保证列车实现牵引、制动、转向等正常动作的同时，能够精准控制列车行驶在既定"虚拟轨迹"上，实现智能运行。

如图 8-1 所示，智轨列车长达 30 多米，列车采用了多轴转向系统等设计方式，能对虚拟轨迹进行跟踪控制，使整台列车转弯半径与普通公交车相当，且比普通公交车辆的通道宽度更小，能够有效地解决超长车身带来的转弯难题。

图 8-1　智轨列车

二、核心技术

1. 轨迹跟随控制技术

通过在车辆上安装惯性传感器或角度传感器等传感器来检测车辆的姿态、坐标等信息，增加前进方向上后车轮与前轮的轨迹重合率，减小转向"内轮差"，降低"视线死角"带来的影响，从而保障其整体通过性和转向性能，精准控制列车在既定"虚拟轨迹"上智能运行。因此，智轨列车以胶轮取代了传统的钢轮钢轨，不需要铺设专有的物理轨道。

2. 车辆的系统集成技术

各子系统模块化和设计的功能都进行了逐一规划，也构建了智能轨道快运系统在路面运行过程中间的逻辑控制和整段功能，列车为了适应城市需要，可以进行模组化的集成，实现从 2 辆到 5 辆这样一个全列的组合。

3. 智能驾驶

智轨列车嫁接了人工智能技术，其中就包括高精准定位，通过快速的通讯实现辅助驾驶，从而让驾驶更加安全。

4. 主动安全的技术

列车在运行过程中很可能会出现有其他车辆侵入的情况，列车必须要有相应的安全保障措施。除了列车车体的安全保障外，还运用了图像识别、图像动态拼接和传感器融合等技术，实现了对无物理轨道下车辆自身的约束，同时也能对周边侵入物进行保护。比如：车辆在未授权偏离虚拟轨道，或有外部物体侵入车辆限界，可以采用封锁动力、紧急制动等技术手段避免事故发生。

5. 牵引制动协同控制技术

列车的动力基于永磁驱动，并通过分布式动力协同控制技术实现协同控制，实现 13% 的爬坡能力，远高于传统有轨电车 6% 的爬坡能力。

6. 无网供电技术

列车采用电池方式供电,并支持多种供电方式,每次充电时间为 10 分钟,续航里程最高可达 25 公里。

7. 多任务承载 TCSN 控制技术

这是国际上最先进的用于车载的网络技术,因为运用了宽带技术,通过这一网络平台,能够承载既有控制,又能实现对车辆设备的监测等功能。

8. 车、地、人信号耦合技术

在有限的道路资源情况下,这一技术能够让列车在路口享有优先通行权,达到快捷运输的目的。

三、智轨列车优势

以智轨列车为核心运载工具的智能轨道快运系统具有建设周期短、基础设施投资小、城市适应性高、综合运力强等优势特点,是兼顾运能与投资的中运量轨道交通系统解决方案。由于采用高铁柔性编组的模式,智轨列车还能根据客流变化调节运力。

同时,相比于我国地铁造价为 4 亿~7 亿元/千米,现代有轨电车线路造价为 1.5 亿~2 亿元/千米,而智轨列车在与现代有轨电车运力相同的情况下,只需要对道路进行改造就能投入使用,整体线路的投资约为现代有轨电车的 1/5。

四、市场前景

根据统计,到 2020 年随着城镇化进程的发展,全国将新增 80 个百万人口以上的地级市。但在整体城镇化进程中,80％的中小城市因无法承受现有轨道交通装备高昂的建设成本和漫长的建设周期,使用传统的公共交通,导致城市拥堵"城市病"。为解决中运量交通的问题,需规划建设总里程近 8000 千米的运量交通线路,总投资逾万亿元,市场潜力巨大。

智轨列车既能作为一线城市大运轨道交通的补充,也可作为二三线城市的客运主体,还能承担新区到新区、中心到旅游区等特点线路的运输,并能与现有的公共交通系统充分结合,打造地下、地面和空中的立体化交通网络,为解决现代城市交通运输难题提供全新的解决方式。

五、示范线路

2018 年 5 月 8 日,中国铁建所属铁四院设计的全国首条智轨示范线路——株洲智轨 A1 线首期工程正式开通试运营。株洲智轨 A1 线首期工程,是全国第一条建成并开通运营的智轨线路,正线全长约 3.057 千米,设路中岛式站 4 座,停车场 1 座,停车场内设控制中心。根据规划,株洲智轨 A1 线二期工程将在今年启动建设,全长 9 千米,计划 2 年内完成,将形成"神农大道—衡山中路—长江南路—长江北路"智轨环线,并逐步推进智轨与常规公交、BRT 对接融合,与磁浮车站实现"零换乘"。

株洲智轨示范线具有以下显著技术特点。

(1) 全线不设钢轨,可直接利用城市道路,借助地面标线,通过先进的自动循迹与轨迹跟随技术,实现车辆在虚拟轨道下的类轨道行驶。

(2) 全线车站均采用地面路中岛式站,站台宽度 4.85 米,运用现代材料模块化设计的同时,充分考虑了地域性和人文性,展现株洲市历史文化和人文底蕴。

(3)智轨车辆采用快充动力电池供电,全线不设接触网,在体育中心站利用车站两侧上方的充电轨进行充电。

(4)采用半共享路权方式,智轨列车到达路口时,通过地磁感应,调整信号灯,保证车辆行驶时绿灯亮起。

第二节 奔驰 Future Truck 2025 Concept 长途货运车辆

2014 年 9 月,梅赛德斯奔驰商用车部门在德国汉诺威举办的 IAA commercial vehicles expo(IAA 商用车博览会)中,发布了一款名为 Future Truck 2025 Concept 的长途货运车辆。奔驰 Future Truck 2025 Concept,简称为 FT2025。奔驰计划将在 2025 年前后将这款概念车投入量产,届时将会引领一场"公路革命"。

一、外观特性

这款卡车的外观设计充分运用了空气动力学原理,整车的流线感明朗,流体式车身线条设计风格使它更加柔和自然。卡车车头并没有进气格栅的设计,不过通过大量的 LED 光源丰富了整个前脸,前脸部分结合空气动力学的流体力学进行设计,挡风玻璃酷似遮阳帽,并用摄像头取代了传统的外后视镜,车内侧面则设有一面镜子用以反馈后视情况。车内中控台使用的液晶显示屏可读取行车数据,当驾驶员采取自动驾驶模式时,车身的 LED 灯组将会由亮银色变为浅蓝色,转向灯看起来为黄色,LED 灯泡组代替了保险杠左右两侧的传统头灯,极具特点,如图 8-2 所示。

图 8-2 Future Truck 2025 Concept 的长途货运车辆

座舱内部设计简洁、布局特别,简约的风格内饰、平整的木纹地板以及平缓的曲线让车内空间显得宽大无比,给驾驶员带来最为舒适自然的驾驶环境。自动驾驶模式情况下,驾驶者可以向后倚靠在座椅上,并能向外侧调整 45 度,让驾驶变得更为舒适,同时通过操纵平板电脑对车辆进行控制。

除此之外，在仪表板上方前风挡后部，还配有一个立体监视器，以监控视线前方100米，水平向上45度以及垂直27度范围内的情况，它可以分辨单双道公路、静止物体、移动障碍物、行人以及范围内的其他一些物体，如图8-3所示。

图8-3　FT2025驾驶室

二、核心技术

极具未来感的外观之下毋庸置疑搭载着诸多高新科技，启动引擎，LED灯会照亮车前盖和头灯部分，当需要转向时，闪光的橙色图案会对同行的其他车辆进行提示。此外，如果车头前部的照明呈白色，说明车辆正在手动驾驶，而如果变为蓝色，说明已经切换至自动驾驶模式。

Future Truck 2025最大的特点便是搭载"Highway Pilot"的自动驾驶系统，配有四个雷达及WiFi功能，让它成为目前已知最先进的自动驾驶系统，其"高速领航"系统，与飞机上的无人驾驶模式非常类似。雷达感应器被装置在车辆下方，以监测车前70至250米处的路面状况。前置雷达传感器的扫描距离为250米，扫描范围为18度。近距离传感器的扫描距离为70米，扫描范围为130度。

位于挡风玻璃后车内仪表盘上方的立体摄像头也可以扫描车辆前方的路面。立体摄像头的扫描距离为100米，水平扫描范围为45度，垂直扫描范围为27度。车侧部分则依靠左右两侧均可展开170度、扫描距离60米的侧向雷达涵盖车辆周围范围，雷达传感器具备识别车辆、行人、路标等移动或静止中物体的功能。

行径路线经过装车电脑计算后，通过V2V（vehicle-to-vehicle）、V2I（vehicle-to-infrastructure）等车联网系统，搭配车内半径范围可达500米的WiFi来传递车辆信息，就能确保自动驾驶均能行驶在各自的路线上。

此外，Future Truck 2025还配置了自适应巡航系统、自动刹车辅助、车道偏离警告以及"前瞻性"巡航控制系统，该车还可以根据地形和路线来调整车辆的速度等。

三、研发宗旨

奔驰Future Truck 2025 Concept的研发宗旨是极大地降低燃油消耗，并减轻驾驶员长途跋涉的疲劳。宽敞舒适如奔驰行政轿车的驾驶舱被打造出来，自动驾驶模式开启后，驾驶座便能往后移动并倾斜至前进方向45°的位置,提供比S级加长更宽适的空间,并能通过平板电脑对车辆的某些功能进行控制。根据无后视镜、流线外壳、自动驾驶这几个因素判断,这种由车辆下方的雷达感应器(监测车前70至250米处的路况)监控和控制的长途货运车辆,在尽量让电脑操控的设计思路下的确能节省不少柴油。

四、测试

Future Truck 2025的一项重要亮点是它实际上已经不完全算是一部概念车或原型车,因为它已经被实际打造出来,并在德国马格德堡A14高速公路上进行了测试。测试模型在时速80 km/h、实际道路驾驶状况下,实现了自动驾驶模式。Future Truck 2025将为奔驰带来很不错的机遇,同时也将对未来公路运输车辆带来巨大的挑战。自动驾驶的技术目前逐日成熟,但相关法律仍待完善。希望自主驾驶的卡车在未来10年有个很好的开始。

第三节　奔驰Future Bus自动驾驶公交车

2014年,梅赛德斯-奔驰发布一款Future Truck 2025概念卡车。2016年,相同的前沿科技被应用到了一款名为Future Bus的未来城市专用巴士上,它配备了CityPilot半自动驾驶系统等一系列新技术,这些新技术允许车辆在不超过70千米/小时的情况下自动驾驶。

目前有很多车企在小型乘用车上应用自动或半自动驾驶技术,但关于公共交通,特别是公交巴士应用自动或半自动驾驶技术较少。相比而言,公共交通自动或半自动驾驶技术能够明显提高其运行效率,这对于改善城市整体交通情况的作用是非常明显的,而且在公交巴士上应用自动或半自动驾驶技术不仅解放了大巴司机,还提高了乘客的乘车体验。

一、CityPilot城市半自动驾驶技术

目前,自动驾驶或者说半自动驾驶、驾驶辅助功能已经成为衡量一辆车是否具有高科技配置的关键。CityPilot半自动驾驶系统是以Highway Pilot驾驶辅助系统为基础,并根据城市使用有针对性地增加了许多新功能。

在硬件上,Future Bus依旧是靠摄像头、雷达以及GPS系统来实现对车身的精准定位和半自动驾驶功能。比如配备了探测距离能达到200 m的远距离雷达、由采埃孚的产品Servotwin提供的转向系统、代替传统车外后视镜的后视摄像头,以及用来探测车道提供车道保持功能的摄像头。车身前方还有4颗短距离雷达,2颗在车头正前方,2颗在车头两侧,可以探测50 cm~10 m的近距离路况。另外,两颗立体摄像头可以提供最大半径50 m的全景影像,并可以探测范围内的物体和行人。

结合V2I技术,通过前摄像头,CityPilot系统可以辨别信号灯,并可以在300 m的范围之内通过WLAN技术同信号灯控制系统进行信息互换,使用的是标准ITS-G5频段、5.9 GHz频率,也就是IEEE 802.11p标准。信号灯会实时告知大巴现在道路的通行情况以及什么时候信号灯会变色。如果下一个路口将要变成红灯,CityPilot会提前减速、告知司机并以一个合适的速度匀速行驶,以便可以在灯变绿的时候正好通过,大巴从而可以少停一次车。整个行驶过程会因此变得更加有持续性和有预见性,因此更加提升效率和燃油经济性。而且避免了司机如果

对路况不熟悉,将位置不明显的信号灯漏掉的情况。

而在探测信号灯的同时,摄像头也会检测前方行驶路线以及两侧的行人和物体。如果有在交通灯变化之后还没有完全通过的行人,或者在出站的时候前方仍有通过的行人,大巴会等到行人全部通过、前方完全畅通后才起步出发。如果在行驶过程中,系统发现前方有路人,会主动采取制动措施减速。但是考虑到车上会有站着或者没有系安全带的乘客,系统并不会紧急大力刹车,而是采取尽可能早发现、早采取措施的方法,来保证行驶的整体平稳。如果碰到系统无法处理的情况,仍然需要司机来介入控制车辆,司机也是全程的负责人。

帮助实现全景影像的摄像头位于大巴前桥位置的两侧高处,除了可以实时监测大巴周围的环境,还可以借助路上的路标与路径点与之前预存在系统中的照片进行对比,来进一步提高大巴位置的准确性,而且在有照明的隧道中同样适用。类似的技术最开始是被应用在 3 年前研发的奔驰 S 级自动驾驶测试车上,现在已经可以将误差控制在 8 cm 之内。而车头两侧的两颗近距离摄像头垂直照向地面,用来识别路面类型。同样,系统会将摄像头传回的画面与之前预存的信息进行比对,来增加对道路的判断。在车内还有三颗摄像头来记录整个行程以及司机的驾驶行为。

驾驶员按下启动自动驾驶的按钮之后,大巴便可以让驾驶员脱离方向盘和油门刹车踏板,在预设的最高时速 70 km 以内根据前车速度自适应巡航。当距离两端标线 20 cm 的时候,车道保持系统会自动小幅修正方向,让大巴更加平稳地保持车道内行驶。而且经过测试,即使在通过路口、桥梁甚至没有 GPS 信号的隧道时,系统也可以在仅依靠隧道照明和自身摄像头和雷达的情况下正常工作。不过根据现有法律规定,在繁忙路段,驾驶员仍需时刻准备在必要的时候接管方向盘。

图 8-4 所示为奔驰 Future Bus 自动驾驶公交车。

图 8-4 奔驰 Future Bus 自动驾驶公交车

二、自动停靠车站上下乘客

既然是大巴和城市公交,Future Bus 当然会考虑到上下乘客的情况,图 8-5 是 Future Bus 自动停靠车站以便乘客上下车示意图。当将要接近公交站时,Future Bus 逐渐减速,瞄准人行道边缘的白线,并通过摄像头和雷达每次都准确地停在距离人行道边缘 5 cm 的位置,而且可以将误差保持在 2 cm 以内。这样的距离足以满足残疾人轮椅和婴儿车上下车辆。虽然大巴和公交司机在我们印象中都是所谓老司机,但进站时多少也需要仔细观察,以免偶尔失误刮伤轮毂或给乘客造成不便,但在 CityPilot 系统下司机却几乎完全不需要有这样的担心。

当大巴停稳车门自动打开之后,车门处的一种光电装置(photoelectric barrier)会检测是否仍有乘客经过车门。当系统判断乘客已全部上下完毕之后,系统会自动关门,此时司机的显示屏上会显示 5 秒钟的倒计时,之后大巴才会起步。整个过程在测试中也非常平顺,就像地铁一样,但奔驰已经将它应用到了路上无轨交通。

通过这一系列的摄像头、雷达等传感器的协同工作,Future Bus 可以实时监测周围的环境,并可以在行驶过程对大巴位置的判断达到厘米级的精准程度,同时还能兼顾大巴、城市公交等上下乘客的需求。这远比普通人类驾驶员要更加精确,而且日复一日也不会出现人类由于疲劳出现的差错。

图 8-5　自动停靠车站上下乘客

三、Coach MediaRouter

考虑到长途旅行过程中的娱乐,奔驰的 Coach MediaRouter 可以将大巴变成一个移动的热点,为乘客提供车上互联网和其他娱乐服务。每辆大巴的设备可以支持 40～50 人同时登录链接,每台设备上有两个 LTE SIM 卡和两个 USB 接口,所以除了通过 SIM 卡提供 Wi-Fi 信号连接网络,还能使乘客浏览 USB 设备上的本地电影、音乐等文件。当然,上网的流量是需要一定费用的。

奔驰会与当地运营商开通车上 Wi-Fi 热点以及一套娱乐包,运营商每个季度还会为系统内容进行更新,包括几十部最新的电影、最新的电视剧集以及新推出的音乐专辑等。而且可以对乘客终端进行个性化定制。从首页、用户登录页面以及系统的美化上,到为未成年人独立设置的网络过滤器,都可以进行调整。对于包车度假或者商务旅行的活动来说,无论是有关假期的照片、视频、音乐还是会议需要的演讲资料、视频,都可以通过车上的热点分享到每个乘客的终端上。

可以看出大巴上的这一系列的更新越来越向飞机上的体验靠拢,它不仅将会出现在 Future Bus 上,而且同样会在奔驰 Setra ComfortClass 500、Setra TopClass 500、Tourismo 以及双层巴士 S 431 DT 上进行更新。

四、Omniplus 提供 24 小时远程后勤支持

作为奔驰的合作方之一，Omniplus 为大巴提供了更加完善的后勤保障服务，24 小时远程诊断、提高大巴运营效率服务是这次的重点。如果奔驰的大巴在行驶过程中出现任何问题，系统会像一个智能黑匣子一样，将行车电脑中的相关故障代码发送到 Omniplus 的 24 小时服务中心，包括车辆的具体位置坐标。之后，经过初步解读的代码将会被传送到距离大巴最近的服务中心进行详细检查，并据此做出相应解决方案。

由此，服务中心可以提前根据故障代码得知车辆的具体问题，甚至不用打电话询问司机，并根据具体的问题携带需要的工具，让维修人员对症下药，而且可以直接根据 GPS 坐标找到问题车辆。这些都大大提高了救援和维修的效率，缩短了乘客等待的时间。如果从故障代码中，维修人员发现大巴需要的维修时间较长或者无法当场维修，服务中心会派出另一辆大巴接替问题车辆的任务。

而这一切的前提只需要大巴上安装一个叫作 FleetBoard 的远程通信设备，一键发送，一切就都可以实现。

五、更节能的发动机技术

先别光想着自动驾驶，车辆的尾气排放超不超标是更加现实的问题，所以在最基本的动力系统上，奔驰也是做了不少的优化。奔驰在它身上采用的是明星产品 OM 470，10.7 L 直列六缸发动机，被广泛搭载在奔驰以及旗下 Setra 大巴上。而最新一代的 OM 470 吸收了去年新研发的更大排量的重型发动机 OM 471 上的动力技术，并且更重要的是，保留了本身燃油经济性的优势。不仅可以应用在低地台的 Citaro G 上，也可以搭载在高地台的长途大巴上。

通过更新的燃油喷射口和燃烧室设计，最大进气注射压力和压缩比都得到了提升。另外，在排气再循环（Exhaust Gas Recirculation，EGR）上奔驰也提供了一些新的专利解决方案，应用了无极控制、非对称燃油喷射以及新研发的涡轮增压器，来优化燃烧效率。而且，在发动机结构上取消了排气泄压阀、增压控制器以及 EGR 传感器和 EGR 控制器，减少了发动机复杂度，并增加了耐用性。

由此，发动机功率可以达到 456 马力，峰值扭矩可以达到 2200 Nm，在中段转速拥有更好的扭矩和功率，标准怠速也从 1800 rpm 降低到了 1600 rpm。但在发动机排放来说，在长途大巴上可以降低 2.5%，在城市公交中可以降低 2.4%，而在 Citaro G 上可以降低大约 2%。

六、测试

尽管从名字上看，"Future"代表着未来，但并不表示这款大巴只存在于未来，奔驰已经把它从概念车变成现实，是世界上首款可以实现市内公共交通功能的自动驾驶大巴。

目前，奔驰 Future Bus 已经在连接荷兰阿姆斯特丹 Schiphol 机场和小镇哈勒姆（Haarlem）、西欧最长的一条 BRT 线路 Airport Line 300 上进行了公开道路测试。这条线路全程 20 km，包括快速路、隧道、交叉路口等综合路况，每天吞吐乘客 125000 人次，每几分钟的间隔就有一辆大巴班次出发。在实际测试中，Future Bus 可以精准地停靠车站、识别交通信号灯、自动沿车道行驶，同时当遇到行人、障碍物及通过隧道的情况下，都可以及时作出刹车响应。驾驶员只是在必要的时候介入，整体表现据称都非常平顺，基本足以应付道路的情况，且没有任何

事故。

未来巴士能够完全实现自动驾驶,要解决的首要问题就是需要在传统的 BRT 上,再额外划分出一条单独的专用车道。驾驶员可以像往常一样在公共道路上开巴士,然后在行车路线满足自动驾驶条件的情况下,随时切换至 CityPilot 自动驾驶模式。

第四节　Navya Arma 无人驾驶电动巴士

2016 年 10 月法雷奥收购了法国 Navya 公司的股份,沿着汽车自动驾驶科技和电气化技术研发路径,Navya 公司推出了创新成果 Navya Arma,一辆荷载 15 人的、全自动的、无人驾驶的电动巴士,最高时速为 45kw/h,如图 8-6 所示。

一、Mov'InBlue™ 技术

MovInBlue™ 为车辆预订和车队管理提供安全的解决方案。该技术由法雷奥与凯捷咨询公司共同研发。凯捷咨询公司是咨询、科技和外包服务的领导者。基于法雷奥的 InBlue® 智能启动钥匙技术,车主通过智能手机或智能手表,即可完成车辆的上锁、解锁和启动。

采用 Mov'InBlue™ 技术,车辆租赁公司能够为客户提供从取车端到还车端到的全数字化体验,并以此消除面对面服务的各种限制,如现场注册、营业时间、排队等待和找车困难等。同时,Mov'InBlue™ 可帮助使用者减少车辆非行驶状态的时间,如车辆检查、清洗、加油和其他维修保养时间。此外,承租人还能开发新的业务模式,如分时租赁。

通过优化预订日程安排或车钥匙管理,Mov'InBlue™ 解决方案能帮助企业车队管理者提升车辆共享效率。通过对车辆维修和使用率数据的实时收集,Mov'InBlue™ 还能够帮助他们管理车队的规模和可用性。

Mov'InBlue 的另一项技术亮点是允许使用者在无 GSM 网络的条件下完成智能钥匙的车辆上锁和解锁功能。该技术与 95% 的道路车辆兼容,而且还在持续优化,使之能够满足未来的整车制造商主机配套要求。

图 8-6 所示为 Navya Arma 无人驾驶电动巴士。

图 8-6　Navya Arma 无人驾驶电动巴士

二、Arma 巴士的优势

1. 全自动

美国国家公路交通安全管理局(national highway traffic safety administration, NHTSA)将无人驾驶划分为 5 等级，当达到 4 级以上时，意味着该无人驾驶载具可以完全独立完成所有驾驶任务，无须专人辅助操控。Navya Arma 无人驾驶电动巴士是 100％的自动驾驶车辆，达到了 SAE 规定标准的 Level 5 级别自动驾驶，是世界上少有的全自动驾驶汽车。此外，与其他自动驾驶汽车不同，Navya 的服务将面向所有普通民众开放，即任何人都可以乘坐这辆无人驾驶巴士，员工行走范围较大的城市、大学和公司等都是该巴士的潜在客户。

2. 纯电力驱动

Arma 是一辆使用纯电力驱动的小型巴士，根据行驶距离和交通状况的不同电池容量可以持续使用半天。

3. 智能化高

Arma 车上的机载计算机使用了一种由定位信号、传感器、摄像机和光束雷达组成的混合系统来扫描和识别周围的环境，能确保其与周边环境的互动绝对安全。而地图数据是操作无人驾驶巴士的关键。此外，Arma 通过 GPS 向基站报告自身位置，操作人员可以知道车辆的实时位置。

4. 叫车服务方便

乘客要想搭乘 Arma 巴士不必在特定站点苦苦等待，只需要在手机里安装相应的 App 即可享受叫车服务，上车之后乘客通过一个触控面板输入要去的地方，然后经过 Arma 综合计算之后来确定最优路线。

5. 运营成本低

Navya Arma 为城市和周边道路的出行提供了全新方式。Arma 正式运营后可以大大节省政府每年对于公交车运营的投入。一辆 Arma 的年运营成本只有 12 万美元，而一辆传统公交车加上司机的工资则需要 100 万美元一年，并且环保方面 Arma 也极具优势，最快 45 km/h 的速度已经能够满足市内公共交通的需求。

三、测试

目前，Navya 已将共计 45 台 Arma 送往世界各地进行运营测试，如：美国拉斯维加斯、英国伦敦、法国巴黎等。2017 年 1 月，Arma 自动巴士正式在美国拉斯维加斯进行为期 2 周、每天 8 小时的试运营，在测试期间并未出现安全事故，为了保证安全，当地安全部门规定其测试时的最高限速为 19 km/h。如果在后续的多个安全性测试中 Arma 表现良好，那么就可以实现全城推广。目前，Navya 正计划生产无人驾驶巴士和相关控制软件，预计到 2018 年年底前售出约 450 辆无人驾驶巴士，其中三分之一将出售至美国。

第五节　nuTonomy 无人驾驶出租车

nuTonomy 是一家从麻省理工学院分离出来的创业公司开发的无人驾驶出租车，如图 8-7

所示,于 2016 年 8 月 25 日在新加坡投入使用。nuTonomy 无人驾驶汽车软件的公司从 2005 年开始就在研究无人驾驶技术,该公司的目标是开发无人驾驶出租车,提供更便捷的交通运输服务,同时改善交通拥堵、降低碳排放污染等问题。

一、研发技术

nuTonomy 的无人驾驶出租车是与雷诺 Zoe 和三菱 iMiEV 电动汽车通过合作完成。nuTonomy 公司负责提供汽车内的自动驾驶软件,而每辆无人驾驶汽车配备了六套激光雷达检测系统,其中车顶的雷达摄像头不停旋转;在其仪表盘上还多设置了两个独立摄像头,这用来检测路面信息和红绿灯变化。

nuTonomy 借鉴了美军在协调无人机时采用的算法来管理无人驾驶汽车,目的是提升汽车的使用效率,从而减少交通拥堵和二氧化碳气体的排放。nuTonomy 联合创始人、CTO 兼麻省理工学院教授埃米利奥·法佐立(Emilio Frazzoli)曾于 2014 年在《公路用车自动化》(road vehicle automation)上发表研究称,只需要 30 万辆无人驾驶汽车即可代替目前的 78 万辆出租车,同时将等车时间控制在 15 分钟以内。

nuTonomy 的算法包含一项"形式逻辑"功能,可以为汽车赋予一定的灵活性,使之可以违反不太重要的交通规则。这便可以让汽车使用复杂的判断来超越并排停放的汽车,而不会影响对向车流。

二、测试

2016 年 3 月,在新加坡通过了首次测试,让测试用车成功跨越了各种障碍。为了安全起见,现在试运营的 nuTonomy 的士在行驶时,还配有一名工程师在车内观察系统性能,以便在必要情况下接管汽车驾驶(踩刹车,调整方向盘等)。

目前,nuTonomy 出租车的行驶距离被限定在新加坡"One North"商业区车辆较少的 2.5 公里范围内,上下车也限定在特定的地点。此外,nuTonomy 出租车的体验计划不会向所有人开放,公民事先必须使用 nuTonomy APP 申请无人驾驶出租车的打车体验,申请通过才能享受一次免费的无人驾驶雷诺 Zoe 或三菱 i-MiEV 汽车的体验资格。该公司还将继续在新加坡的商业区测试这种汽车,并计划未来几年在该市推出数千辆无人驾驶出租车。

图 8-7　nuTonomy 无人驾驶出租车

第六节 真空管道磁悬浮星际列车

真空管道磁悬浮星际列车(简称真空磁悬浮列车),是还未建设出来的一种火车,为世界上最快的交通工具,在科学中已经有了关于此方面的确切定论。此种列车在密闭的真空管道内行驶,不受空气阻力、摩擦及天气影响,且客运专线铁路造价比普通铁路还要低,其时速可达到4000~20000千米/小时,超过了飞机的数倍,耗能也比飞机低很多倍。这种交通工具一旦研发成功,可能成为21世纪人类最快的交通工具,其想象图如图8-8所示。

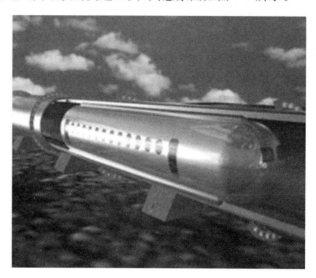

图 8-8 真空管道磁悬浮星际列车想象图

一、可行性分析

为了提升性价比,它的车厢外形和内饰将与我们平时乘坐的轨道列车类似,但体积将比普通列车、高速列车,甚至比现代的地铁列车都略微小一点。对于列车运行的真空管道来说,更倾向于内层用钢管,外层用钢筋加混凝土的结构建设,这也主要是为了减少钢管用量,节约成本。

因为是真空的管道,根据设计,所有管道的入口和出口都会有两道门。运行时,工作人员首先打开外层门,列车将从车站进入管道两门之间的夹层,外层门关闭后,真空泵开始抽走空气,此时,工作人员再打开里层的门,列车就会进入真空管道,开始加速、运行。而出管道时,则是相反的顺序,先是里层门打开,列车出来后,里层门关闭,外层门再打开。这个过程也参照了航天员在太空进出太空舱的操作模式。除了在管道口要设立泵站,真空管道内大概每隔2千米或3千米也要设一个泵站,用真空泵抽取管道内的空气。根据设计标准,管道内甚至达到0.001个大气压,即千分之一的大气压,这样的气压范围也是列车高速运行的基本保障。

真空磁悬浮列车行驶时将会比飞机更加平稳。虽然是在真空环境下运行的,但车厢内绝对不会是真空环境,全密封的车厢内会模仿日常的列车环境,让乘客感到舒适。

尽管"星际列车"系统听起来有些不可思议,但其基本概念却非常简单。因为磁悬浮列车是悬浮于轨道之上,因此不必要担心摩擦问题。理论上讲,它们的速度要远远超过现有的每小时大约 350 英里（约合每小时 563 千米）的时速，可达每小时 2000 英里（约合每小时 3219 千米）的轨道速度。当然，为了让乘客能够安全地加速到这一速度，"星际列车"系统需要大量的轨道，同时需要防止极音速列车被周围的空气撕成碎片。

"星际列车"系统的设计者为美国约翰-霍普金斯大学应用物理学实验室科学家詹姆斯-鲍威尔、乔治-麦瑟和约翰-拉瑟尔。他们指出，这种设计方案听起来似乎有些不太现实，但是支撑 12 英里（约合 19.3 千米）长的电缆所需要的工程技术与支撑比这长得多的太空电梯所需要的工程技术相比，要简单得多。工程师们提出，可以在阿拉斯加、加拿大北部、格陵兰岛或西伯利亚等极地地区建造这种系统。此外，南极冰原也是一个可供选择的选址点。

研究团队估算，建成可载人"星际列车"系统，可能需要 20 年时间和 600 亿美元的成本。这些数字听起来很大，但是如果考虑到航天飞机的各种费用是"星际列车"系统成本的三倍时，就会认为这套系统确实很经济。而且，"星际列车"系统一旦建成后，向低地轨道运送货物的成本每千克仅需 50 美元，而现代的技术将货物和人员送上低地轨道，每公斤重量分别需要花费 1 万美元和 10 万美元。这意味着，太空旅行的车票只需要大约 5000 美元。设计者估计，"星际列车"系统的事故率与现代的客机差不多，安全系数可能较高。

二、作用

（一）缩短交通时间

真空管道磁悬浮列车，就是让普通的磁悬浮列车在真空管道中运行。由于没有空气摩擦的阻碍，这种列车将运行至令人难以想象的速度。每小时 1000 千米，只是一个保守的对外口径。实际上，所有研究者一开始就把这一运输方式的常规运行速度定位为每小时 4000 千米，经过技术改进，每小时 6500 千米将是一个中期目标。而当磁悬浮列车技术改进之后，有专家甚至提出，真空管道磁悬浮列车的理论极限速度能够接近第一宇宙速度，达到每小时 20000 千米。这意味着，真空管道磁悬浮列车将把北京与华盛顿纳入 1 小时交通圈，用数小时完成环球旅行已经成为科学家努力的目标。并且，由于管道是密封的，列车的行驶可以不受任何气候条件的影响。

（二）附带作用

"星际列车"系统还有一项优势，那就是它能够将数吨重的材料快速送至轨道，这一能力可以用来有效地防御任何大型天体撞向我们。研究人员也把这一功能看作是"星际列车"系统最重要的应用。我们人类还没有防御小行星或彗星撞击的能力，甚至还没有提前发出撞击警报的能力。如果继续使用现有的发射系统，这种情况仍然无法得到改善。为了能够真正实现防御天体撞击，人类需要更强大的报警系统以及多个大型高速拦截系统，这些系统可以预先安装于轨道上，随时监测和抗御可能到来的威胁，这就需要将数吨重的设备发射到轨道上，这对于当前的高成本发射系统来说，是不现实的。

三、中国相关研究

中国在此项研究中已经走在世界前列，2007 年，该项目被列为国家自然科学基金项目，由张耀平教授等专家申请的大量相关专利已被受理，一场交通运输革命已经迫在眉睫。

(一)新磁悬浮不惧环境影响

2004年12月29日,一场有八名"两院"(中国科学院、中国工程院)院士参与、多名国内权威专家出席的研讨会在四川成都低调召开。众多学界权威参与此次会议的主要议题是真空管道高速交通。简而言之,就是建造一条与外部空气隔绝的管道,将管内抽为真空后,在其中运行磁悬浮列车等交通工具,由于没有空气摩擦的阻碍,列车将运行至令人瞠目结舌的高速,大大缩短地球表面任意地点间的时空阻隔。管道由于是密封的,因此可以在海底及气候恶劣地区运行而不受外界影响。

沈志云提出,我国应将目标定位在发展每小时600~1000千米超高速地面交通,分四个阶段推行,2020—2030年实现运营。

(二)理论上可达2万公里时速

首先将真空管道磁悬浮概念引进中国的科学家,是毕业于西南交通大学的张耀平,在2007年成功申请国家自然科学基金项目"真空管道高速磁浮交通基础研究"后,他的研究得到了政府层面的资助。在陕西省有关方面支持下,他调至该省西京学院,专门组建了真空管道运输研究所,正全力推进这一"运输革命"进入现实。张耀平在接受晨报记者专访时介绍,最早提出真空管道磁悬浮运输概念的,是美国兰德咨询公司和麻省理工学院的专家,真正将这一运输方式落实为图纸的,是美国佛罗里达州机械工程师戴睿·奥斯特(Daryl Oster),经过多年的研究与设计,戴睿于1999年在美申请获得真空管道运输(ETT)系统发明专利。

2001年,与戴睿相识并成为密友的张耀平将这项技术首次引进中国。2002年,戴睿和妻子前往中国,帮助张耀平和同事在西南交通大学组建了专门研究机构。经过多年努力,张耀平的研究获得了中国学界和政府全方位的支持,他认为,这项技术所需的技术已经完全成熟。院士大会上专家们提出的每小时600~1000千米时速,是一个保守的对外口径。虽在现代不宜提得太高,但只要磁悬浮列车改进之后,克服技术障碍,那就相当于一颗卫星。我在与长江学者张耀平教授及其研究生座谈时,他们提出,真空管道磁悬浮列车的理论极限速度接近第一宇宙速度,要达到每小时2万千米是可以实现的。

张耀平在接受采访时称:我的研究进度最快,如果国家能将这项技术上升到三峡工程、长征火箭这样的国家高度,我们就能在21世纪运输革命中占得先机。

(三)带来交通运输巨大变化

戴睿和张耀平在接受晨报记者采访时指出,真空管道磁悬浮技术的意义,类似于当初蒸汽机取代马力,将带来划时代的变革。民航、铁路运输将被大面积取代,人类将进入更清洁、高效的旅行时代。

张耀平介绍,自己的团队已经连续申请了许多专利,已经克服了真空管道在建设中的实际障碍。"例如,管道与管道之间的接头处,必须密封严实。另外,管道沿线有许多抽气泵站,还要为维修、检查以及紧急情况预留能打开的开口,在真空管道运输系统正常工作时,这些开口都密闭,必须保证不漏气。在沿线各车站车辆进出主管道的空气锁部位,系统连续运行时少量漏气不可避免,但闭合时的密封一定要可靠,达到相应的密封要求。管道中是真空状态,而在其中运行的磁浮车辆中必须是适宜人乘坐的大气环境,因此车辆必须具有良好的密封条件。"

为了解决建造和运行中的难题,张耀平和他的团队夜以继日地工作,"真空管道中的隔离室"、"一种真空管道运输系统中磁悬浮车与车站间的对接装置"、"一种用于真空管道系统中的密封门"、"真空管道高速交通运行抽气系统"等专利相继问世。

　　张耀平私下说,科研项目唯一的需要,就是要从国家层面统筹建造第一条实验线路,要有建设三峡大坝和开发大飞机、长征火箭项目的魄力,这个项目无法由某一高校、公司或单位单独完成,但一旦完成,中国将在技术革命中占据主导地位。

【复习思考题】

一、简答题
1. 智轨列车的核心技术有哪些?
2. 简述奔驰 Future Truck 2025 Concept 的长途货运车辆的研发宗旨。
3. 奔驰 Future Bus 自动驾驶公交车的特点有哪些?
4. Arma 巴士的优势有哪些?
5. nuTonomy 无人驾驶出租车的研发技术是什么?

二、论述题
1. 结合"智轨"的产生谈谈未来城市公共交通运输设备的发展趋势。
2. 结合实际对真空管道磁悬浮星际列车的可行性进行分析。

参 考 文 献

[1] 佟立本.交通运输设备[M].北京:中国铁道出版社,1997.
[2] 佟立本.交通运输设备[M].2版.北京:中国铁道出版社,2003.
[3] 宋瑞.交通运输设备[M].北京:中国铁道出版社,2003.
[4] 殷勇,鲁工圆.交通运输设备[M].成都:西南交通大学出版社,2014.
[5] 吴晓.交通运输设备[M].北京:人民交通出版社,2015.
[6] 吴芳.铁路运输设备[M].北京:中国铁道出版社,2007.
[7] 宋瑞.铁路运输设备[M].北京:中国铁道出版社,2012.
[8] 李海军,张玉召,杨菊花.铁路运输设备[M].成都:西南交通大学出版社,2012.
[9] 范钦满,周桂良.物流装备与运用[M].北京:清华大学出版社,2011.
[10] 刘运通,石建军,熊辉.交通系统仿真技术[M].北京:人民交通出版社,2002.
[11] 刘伯森,黄耀谅.GMDSS通信设备[M].大连:大连海事大学出版社,2005.
[12] 任其亮,刘博航.交通仿真[M].北京:人民交通出版社,2013.
[13] 梅云新.中国管道运输的发展与建设[J].交通运输系统工程与信息,2005(02):108-111,115.
[14] 计三有,刘德鹏.集装箱码头交通运输组织建模及仿真技术研究[J].水运工程,2006(05):22-25.
[15] 吴建华,李红祥,周鹏.虚拟航标系统的开发与仿真[J].中国航海,2007(4):54-57.
[16] 许建峰,翁跃宗.港口视景仿真开发工具的应用研究[J].中国航海,2008,31(3):256-260.
[17] 戚爱华.综合运输体系中管道运输的发展状况[J].综合运输,2010(06):17-20.
[18] 赵继新,杨军.虚拟仿真技术在交通运输类专业实践教学中的应用[J].西部交通科技,2013(11):70-73.
[19] 周桂良,毛丽娜,吴鼎新,朱艳茹.仿真技术在交通运输专业实验教学中的应用[J].物流工程与管理,2017,39(11):158-160,187.
[20] 李锋.集装箱自动化堆场物流系统仿真与分析[D].武汉:武汉理工大学,2005.
[21] 王应桥.功能完备的航海模拟器中GMDSS模块的研究[D].大连:大连海事大学,2005.
[22] 宋浩然.GMDSS遇险通信模拟系统的研究与设计[D].大连:大连海事大学,2010.
[23] 田洪,李锋,夏冰.集装箱码头全自动化智能堆场装卸系统仿真分析[C].物流工程三十年技术创新发展之道.2010.